人事担当者が知っておきたい、⑧の実践策。⑦つのスキル。

ステップアップ編
人事の青本
JINJI no AOBON

第2版　労務行政研究所 編

労務行政

は し が き

　少子高齢化に伴う市場の縮小、経済のグローバル化による競争の激化など、日本企業を取り巻く環境は大きく変化しており、ダイバーシティの推進、ライフスタイルの変化やキャリア志向、働き方の多様性への取り組みに加え、地政学リスクや気候変動といった新たなリスクへの対応も求められています。さらには、急速に進化するデジタル技術の活用は、新たな付加価値の創造、企業競争力の強化という経営戦略の実現に向けて必要不可欠になっています。

　こうした経営環境の変化を受けて人事部門の役割も大きく変化しており、経営戦略と人材戦略の連携を強化する「戦略人事」が注目されています。人事部門は管理業務の部門としての役割だけでなく、企業成長の原動力になることが期待されているのです。そのためにも人事部門には、求められる実務能力を備え、経営を取り巻く環境と自社の実情を踏まえて、幅広い視点から課題を捉えて行動できる人事担当者の育成が急務となっています。

　本書は、こうした人材育成ニーズに応えるために、人事・労務の実務に携わりながら、さらにステップアップを目指す担当者を支援することを目的にしています。

　本シリーズは、人事の仕事に携わる方を対象にした解説書として、入門編（緑本）、基礎編（赤本）、ステップアップ編（青本）の3冊から成っています。ステップアップ編の本書は、人事担当者として知っておくべき日本の人事管理の変遷、人事部門の機能と具体的な人事施策の企画・運用について詳説するとともに、人事担当者として身に付けるべきビジネススキルや、法令や判例、各種データの情報を駆使して実務に活かしていくための必須知識、労使交渉の現場で課題となる事柄への対応など幅広い内容を盛り込みました。

　基礎編（赤本）と併せて、人事担当者の育成の基本書として多くの場面でご活用いただければ幸いです。

2024年12月

　　　　　　　　　　　労務行政研究所　『労政時報』編集部

Contents

第1章　日本の人事管理の変遷
時代で捉える人事処遇、人事管理制度の変容と展望

林 浩二　株式会社日本総合研究所　リサーチ・コンサルティング部門 プリンシパル

1　はじめに 18

2　時代別に見る人事処遇制度の流れ 18

戦前期の人事管理—身分資格制度の時代……19

復興期から高度経済成長期へ—年功資格制度の時代……21

安定成長期—職能資格制度の時代……23

バブル崩壊から低成長へ—脱資格（脱属人）への模索……26

3　これからの人事管理 33

戦略不在との決別……33　　戦略人事のその先へ……34

サステナブル人事の時代……35

4　おわりに—人事部門の役割とは 36

四つの役割……36

「人事プロフェッショナル」の確立を……38

第2章　人事部の仕事（ステップアップ編）

西尾 太　フォー・ノーツ株式会社 代表取締役社長　人事の学校 主宰

1　はじめに 42

2　人事部門の構築と機能 44

1　人事部門の構築 44

人事部の形成過程……44

経営、人事、職制、社員の相互の関わり……47

人事部門の"三権分立"……48

2　企業成長と人事機能 49

3　人事部門と他部門・社外との関係 52

経営との関わり……52　　職制・組織との関わり……53

社員個人との関わり……53 　　他の管理部門との関わり……54
社外との関わり……57

3　人事ポリシーの明確化　　58

1　人事ポリシーとは何か　　58
人事ポリシーの構築……59 　　人事における一貫性と継続性……60
経営とのコミュニケーション……61
人事ポリシーの位置づけ……61

2　人事ポリシー明確化のためのフレーム例　　62
人事ポリシー策定の手順……62 　　フレームごとの考え方……63

3　人事ポリシーの明文化と活用　　81
人事ポリシーの整理……81 　　人事ポリシーの活用……81

4　人材配置　　83

1　人員計画　　83
定員計画・要員計画・人員計画・代謝（採用）計画の立案……83
要員計画・人員計画の策定……83
計画策定時の留意事項……84

2　人材の配置と異動　　88
配置における組織要望の取りまとめ……89
社員本人の意向の確認……89 　　自己申告制度……90
社内公募制度、社内 FA 制度……93

3　異動の段取り　　95
異動のプロセス……95 　　定期異動の段取り……95
異動ルールの策定……97

5 採用・選考 98

1 採用の前提 98

異動か外部からの調達か……98 雇用か雇用以外か……98

無期雇用か有期雇用か……99

2 求める人材像の設定 99

採用計画の進め方……99

人材ポートフォリオによる採用戦略……100

募集・採用のタイプ分け……102 新卒採用・中途採用……103

3 採用選考判定基準の設定 105

パーソナリティ・性格（スタイルの判定）……105

モチベーション（方向性を確認する）……106

ナレッジ・スキル（レベルを確認する）……106

エネルギー（レベルを確認する）……106

キャリアプラン・ライフプラン……106 ディフェンス……107

4 面接官の役割設定 107

選考の内容……107 ファンづくりの重要性……107

人事部門が担当する採用選考要素……110 推薦……110

5 面接の進行と確認ポイント 111

面接室のレイアウト……111 受け付け・案内……111

対面、あいさつ……112 ラポール（共感性）の形成……112

情報の提供……112 情報を取る……113

関係をつくる……117 質問を受ける……118

記録を取る……118 能力と適性を評価する……120

後味よく終わる……120

6 採用したい人材へのアプローチ 121

7 入社前後のフォロー 122

8 面接官として押さえておくべきポイント 123

面接の落とし穴……123

面接中の態度や姿勢の自己点検……123

6 人事制度の企画・運用　126

1 どのような人事制度を目指すか 126

2 人事制度の企画のポイント 130
会社が社員に求めるものを明確化する……130
社員に求めるものの整理……132
昇格・降格、任命・昇進・降職……134

3 等級制度の設計 135
等級制度の意味……135　　階層別要件の設定……137
職種別に要件設定する場合の留意点……139
等級の呼称……142　　職位との関係……142
等級と職位……143

4 評価制度の設計と運用 145
時間軸の視点―過去と将来（精算と投資）……145
時間軸の視点―長期的・中期的・短期的視点……146
短期的視点における評価……147　　目標管理制度……148

5 給与制度の策定と運用 169
給与制度と他の制度との関係……169
給与制度での給与に関する基本的な考え方……170
給与体系……171

6 福利厚生 183
福利厚生の意味……183　　福利厚生の要否の判断……183
属人的施策の是非……183　　カフェテリアプラン……185

7 退職金制度の今後 185

7 労務問題の種類と対応　186

1 人事面談の手順 186

2 人事面談に必要な知識 187

3 ケース別に見た対応法 187
人事面談における人事担当者の心構え……187
退職に関する面談の対応……187　　退職勧奨……188

解雇に関する重要な留意点……189　　業務外の傷病……190

メンタルヘルス問題（うつ病の場合）への対応……190

無断欠勤・行方不明……191

4　その他の個別的な問題 ―――――――――――――――――――――― 192

個別的な問題対応の留意点……192

社長・役員への情報の入れ方……192

社内恋愛・不倫……193

会社の方向性などへの不安や不満……193

プライベートの問題に関するもの……194

セクハラ・パワハラへの対応……194

5　調査と調査報告 ―――――――――――――――――――――――――― 195

金銭に関する不正などの重大案件……195

賞罰委員会と賞罰の決定……195

8　人材育成、教育・研修　　197

1　人材育成の全体像 ――――――――――――――――――――――――― 197

企業における教育の本質……197

企業における人材育成の問題点……197　　教育の領域……198

目的の分類……198

2　ディベロップメント教育 ――――――――――――――――――――――― 200

概要……200　　ディベロップメント教育の内容……201

3　スキル（技術）とナレッジ（知識）の教育 ―――――――――――――― 204

4　教育体系づくり ――――――――――――――――――――――――――― 204

5　教育・研修の実施 ―――――――――――――――――――――――――― 204

教育体系導入時の留意事項……204　　集合研修……207

公開講座……208　　通信教育、e ラーニング……208

メニューづくりとスケジューリング……209

適性検査・組織サーベイと研修……209

9 プロの人事担当者になるために　213

1 良い人事担当者とは　213
2 人事以外の経験　213
3 他社の人事担当者との交流　214
4 給与担当と採用担当　215
5 基本と型　215
6 分かっていないことを分かっている　216
7 人事担当者と資格　216
8 最後に　217

付録　人事部の仕事　課業別チェックシート　219

第3章　人事担当者に求められるビジネスマインドとスキル

舞田竜宣　HRビジネスパートナー株式会社 代表取締役　グロービス経営大学院 教授

1 はじめに　230
2 機能（ミッション）別のマインドとスキル　230
　人事機能の3段階……231
　タレントマネジメントとしての人事……232
　各機能に求められるマインドとスキル……233
3 役割（ポジション）別のマインドとスキル　236
　これからの人事の組織とキャリア……236
　HRサービス提供者に求められるマインドとスキル……237
　HRBPに求められるマインドとスキル……241
　CHROに求められるマインドとスキル……243
4 おわりに　245

第4章　人事データを活用した現状分析の進め方

樫野正章　株式会社リクルートマネジメントソリューションズ　技術開発統括部 コンサルティング部 部長

1 人事データを活用した現状分析の目的と意義 ………… 248

2 人事データの類型 ………… 249

3 人事データを活用した現状分析方法 ………… 250
　人事データを活用した現状分析の全体像……250
　データ分析の基礎知識……254

4 人事データを活用した現状分析のケース ………… 256
　ケース1：要員と人件費の現状分析……257
　ケース2：賃金分析……258
　ケース3：従業員意識調査の分析……266

5 最後に ………… 268

第5章　人事担当者に求められるコミュニケーション・スキル

村田 亮　株式会社Billage 代表取締役

1 はじめに―人事に必要なものとは ………… 270
　法律知識はどこまで必要か……270
　人事として常に求められるスキルとは……270

2 コミュニケーション・スキルの基本 ………… 271
　メラビアンの法則……271
　ノンバーバルコミュニケーションとは……272
　コミュニケーションの基本は情報の発信と受信……273
　効果的なコミュニケーションの取り方……274

3 コミュニケーション・スキルの応用・発展 ………… 277
　なぜ、映画・アニメ・漫画で感動できるのか……277
　強力なラポールの形成方法……277

4 人事担当者の担当職務別に見たコミュニケーションのポイント … 279
　採用担当：求職者とのコミュニケーション……279

教育・研修担当：現場社員とのコミュニケーション……283

人事企画・労務管理担当：労働組合、現場社員、管理職、経営層との
コミュニケーション……284

第6章　労働法の見方・読み方
人事担当者として必要となる法令・条文を読み解くスキル

吉田利宏　元衆議院法制局参事

1　本章のねらい ……………………………………………………………… 290

労働法の役割……290　　条文を読み解くスキルを磨く……290

2　条文の構造を知る ………………………………………………………… 291

題名……292　　法律番号……292　　目次……293

章名……294　　見出し……295　　条……295

項……296　　号……296

3　法律の全体構造を知る …………………………………………………… 296

法律の全体構造……296　　総則……298　　実体的規定……300

雑則……300　　罰則……301　　附則……306

4　法令の階層構造を知る …………………………………………………… 308

法令の階層性……308　　政省令への委任……308

政省令への委任事項の振り分け……309

施行令・施行規則以外の政省令……310

条例と規則……310　　通達（通知）……311

5　労働法を通じて法令用語を読む ………………………………………… 312

法令用語学習の意味……312　　又は・若しくは……312

及び・並びに……312

第7章 人事が知っておくべき重要労働判例

高仲幸雄 中山・男澤法律事務所 パートナー 弁護士

1 試用期間と本採用拒否 317
三菱樹脂事件 最高裁大法廷 昭48.12.12 判決

2 有期労働契約と試用期間 319
神戸弘陵学園事件 最高裁三小 平2.6.5 判決

3 就業規則変更の合理性 322
第四銀行事件 最高裁二小 平9.2.28 判決

4 合意による労働条件の変更 324
山梨県民信用組合事件 最高裁二小 平28.2.19 判決

5 使用者の指揮命令と労働時間の概念 326
三菱重工業長崎造船所事件 最高裁一小 平12.3.9 判決

6 転勤命令と権利濫用 328
東亜ペイント事件 最高裁二小 昭61.7.14 判決

7 過労自殺と使用者の法的責任 330
電通事件 最高裁二小 平12.3.24 判決

8 能力不足を理由とする解雇 332
高知放送事件 最高裁二小 昭52.1.31 判決

9 旧労働契約法20条で禁止される「不合理な労働条件」への該当性 334
ハマキョウレックス事件 最高裁二小 平30.6.1 判決

10 セクハラを理由とする停職の相当性 336
加古川市事件 最高裁三小 平30.11.6 判決

第8章　人事施策の企画立案に関する実務対応

金井恭太郎　マーサージャパン株式会社　組織・人事変革コンサルティング部門 プリンシパル

1 はじめに 340

2 ビジネスモデルを把握する 340

ビジネス起点の重要性……340

ビジネス起点の人事施策の企画立案……342

ビジネスモデルの把握に有効な三つの視点……343

ビジネスモデルに基づき人事課題を特定する……345

3 人事戦略を策定する 346

人事戦略策定の三つの視点……346

必要な人材の確保・有効活用……347

エンゲージメントの醸成……349

適切な人件費水準・構造の実現……351

4 人事施策に展開する 353

人事施策の全体像……353

人事戦略を人事施策に展開する……354

5 おわりに 355

第9章　労働組合・労使関係対応の基礎知識

向井 蘭　杜若経営法律事務所 パートナー弁護士

1 はじめに─増加する個別労使紛争と最近の傾向 358

2 基礎知識編
─押さえておきたい労働組合・労使関係対応の実務ポイント 359

不当労働行為に関わる実務知識
─労働組合法7条は、何をどう規定しているか……359

合同労組など、社外の労働組合からの団体交渉申し入れに
どう備えるか─押さえておきたい三つのチェックポイント……362

**3　実務対応編─企業内労組・合同労組との交渉対応に迷わないための
ケーススタディー6** ⋯⋯⋯⋯⋯⋯⋯⋯⋯⋯⋯⋯⋯⋯⋯⋯⋯⋯⋯⋯⋯⋯⋯⋯⋯⋯⋯ 366

ケース1：団体交渉を会社施設で行うよう求められた⋯⋯366

ケース2：団体交渉の開催場所として、社外施設を借りることに。
使用料は労使折半とすることでよいか⋯⋯366

ケース3：団体交渉を就業時間中に行うよう求められた⋯⋯367

ケース4：団体交渉に当たり、労働組合の上部団体の役員が同席して
きた。社外の者であり、交渉への同席を拒否したいが、問
題ないか⋯⋯368

ケース5：団体交渉終了後、労働組合から議事録（覚書）へのサイン
をよく求められる。拒否しているが、問題ないか⋯⋯368

ケース6：団体交渉が行き詰まり、これ以上の進展は見込めそうにな
い。見切りをつけ、交渉を打ち切りたいのだが⋯⋯370

第1章

日本の人事管理の変遷

時代で捉える人事処遇、人事管理制度の変容と展望

林 浩二
株式会社日本総合研究所
リサーチ・コンサルティング部門 プリンシパル

1 はじめに

　「企業（事業）は人なり」という言葉を聞いたことがないだろうか。松下電器（現パナソニック）の創業者である松下幸之助は、かつて若年社員に対し「得意先から『松下電器は何をつくるところか』と尋ねられたならば『松下電器は人をつくるところでございます。あわせて電気製品をつくっております』とこういうことを申せ」と言ったそうである[1]。

　この言葉に象徴されるように、長らく日本企業は "人重視の経営" と呼ばれてきた。しかし、1990年代初頭のバブル崩壊後の景気低迷の中で、賃上げ率の鈍化や教育訓練支出の低迷など、"人（従業員）を顧みる余裕がない経営" への転換が進んだ。こうした状況を変えるべく、改めて人を重視する経営への転換を促す "人的資本経営" という言葉に注目が集まっている。

　"人重視" という言葉には、"従業員を大切にする" ということのほかに「属人的」という意味合いがある。欧米諸国では「属仕事」、すなわち、職務（ジョブ）に即した処遇決定が行われるのに対し、日本企業では専ら年齢・勤続・学歴など、従業員の属人的な要素を重視した人事管理が行われてきた。

　属人的な人事管理の裏づけとなるのが「資格制度」である。資格制度とは、職位・職階など仕事に起因する要素とは別に、属人的な要素（学歴・性別・年齢・勤続や職務遂行能力など、個人に帰属する要素）によって従業員をいずれかの社内資格に格付け、基本的な待遇を決定する人事管理システムのことをいう。欧米企業には見られない資格制度の存在こそが、日本企業の人事管理の最大の特徴といえるだろう。

2 時代別に見る人事処遇制度の流れ

　属人的な人事管理は、年功賃金や長期雇用と表裏一体の関係にある。しかし、日本が近代化を歩み始めた明治時代からそのような慣行がアプリオリ（生得的・先験的）に存在したわけではない。明治期には定期採用した学卒者を終

1　PHP総合研究所編（1999）『松下幸之助「一日一話」』PHP文庫、30ページ

身雇用するという慣行はまだ成立していなかったし、重化学工業化の進展に伴う技能者不足の中で、好条件を求めて勤務先を転々と渡り歩く熟練工は少なくなかった。

年功賃金や長期雇用、定年制度など現代へと続く属人的な人事管理の基盤は、大正期から昭和前期にかけてその萌芽（ほうが）が見られる。以下、「資格制度」を一つのキーワードとして、わが国の人事管理の流れを見ていこう [図表 1]。

❶ 戦前期の人事管理──身分資格制度の時代

❶ 身分資格制度の特徴

戦前期の人事管理の最大の特徴は、職員と職工（工員）の著しい待遇格差である。それは出自や家柄に基づく前近代的な意味での封建的身分制とは異なるが、学歴をベースとした近代雇用社会における新たな身分格差だった。

確かに、現在でも本社総合職と工場技能職で異なる賃金テーブルが適用されるなど、ホワイトカラーと現業職で異なる労働条件を設ける企業も少なくない。しかし、この時代の職員・職工（工員）の格差は、単に賃金テーブルを巡る職種間の違いにとどまらず、社内の資格体系そのものが身分制的に組み立てられていた [図表 2]。また、多くの場合、基本給・諸手当・賞与などの報酬制度、定年制や退職手当の有無とその水準、労働時間から福利厚生に至るま

図表 1 ● 人事管理の流れ

戦前～戦中期	復興期～高度経済成長期	安定成長期	バブル崩壊～低成長期
～ 1945 年	1945 ～ 1970 年	1970 ～ 1990 年	1990 年～
身分資格制度　戦時体制	年功資格制度	職能資格制度	脱資格（脱属人）への模索
年功制の形成期 ▶	年功制の確立期 ▶	年功制の全盛期 ▶	年功制の動揺期 ▶

資料出所：筆者作成（特に記載がない限り、以下同じ）

19

図表2 ● 戦前の従業員資格の例

区分	資格	備考
職員	正社員・准社員・雇員・准雇員・見習員	役務に就けるのはすべて正社員以上
職工	工頭・一等・二等・三等職工	職工から職員への登格はすべて最下位の准雇員へ

資料出所：田中慎一郎（1984）『戦前労務管理の実態─制度と理念─』日本労働協会、25～28ページを基に筆者作成

で、人事労務管理のほとんどすべての面で職員・職工（工員）の待遇格差が存在した。

さらに、職員の中にも格差があった。大学卒・高校卒・中学卒の差のみならず、同じ大学卒であっても官立と私立ごとに、さらには同じ官立や私立であっても個々の大学銘柄別に異なる初任給が設けられるなど、現在なら「学校差別」と糾弾されかねない格差が公然と存在していたのである。こうした格差は採用後に付与される資格や上位資格への登用年数とも結びついていたため、単なる初任給の違いを超えて従業員としての身分差に直結するものだった。戦前の人事管理には、職員・職工（工員）の格差のみならず、両者の中にもさらに格差が存在するという意味で、重層的な格差構造（学歴を基盤とした格差構造）があったといえる。

ただし、こと職員に限っていえば、採用後は緩やかな年功秩序の下、昇給・昇格していくケースが少なくなかった。この意味で、戦前期の人事管理は年功的な色彩を併せ持った身分資格制度の時代と総括できるだろう。

② 現代へと続く人事管理システムの基盤

大正期に長期勤続奨励を図り導入され始めた退職手当制度が、昭和期になると広範に普及し、長期雇用と切っても切り離せない関係にある定年制[2]も浸透していった。また、もともとは盆・暮れの出費がかさむ時期の支給慣行から始まったとされる賞与制度も同時期に普及していく。人材育成についても、大規

2　当時は「停年制」と呼ばれた。

第1章　日本の人事管理の変遷

模製造業を中心に、義務教育を終えたばかりの者を雇い入れて教育訓練し、習熟度に応じて定期昇給していく仕組みが構築されるようになる。さらに、企業内の共済組合の設立等を通して福利厚生の基盤も徐々に整ってくる。

　立法面について見ると、工場法（1916年施行）や健康保険法（1927年全面施行）、労働者災害扶助法・労働者災害扶助責任保険法（1932年施行）など、現在の価値観から見ると物足りない部分があるものの、勤労者福祉の仕組みが徐々に整備されていく。このように、企業の人事雇用慣行の面からも法整備の面からも、現代へと続く人事管理システムの基盤が大正期から昭和前期にかけて築かれていった。

❷ 復興期から高度経済成長期へ─年功資格制度の時代
１年功資格制度の形成

　戦時下の経済統制の時代を経て、戦後復興の時代に移る。

　激しいインフレが続く中で、この時代は経済合理性よりもまずは勤労者が暮らしていけることを優先した賃金制度が必要だった。時代の要請の中で生まれたのが、いわゆる「電産型賃金」と呼ばれる賃金体系である［図表3］。これは、当時有力な労働組合だった日本電気産業労働組合協議会（電力産業の労働組合）の要求によって実現した賃金体系であり、他産業への波及効果も大きかった。

　［図表3］を見ると、基準賃金のうち生活保障給が約7割（68.2%）、これに勤続給（3.7%）、地域手当（8.0%）、冬営手当（0.7%）を加えると、実に8割超が職務や能力と無関係の属人的な要素で決定されていたことが分かる。さらに、能力給（19.4%）には年齢や勤続に基づく能力伸長度が加味されるから、結局のところ賃金のほとんどすべてが属人的に決定されていたといっても過言ではない。

　戦後の民主化の動きの中で、労働三法（労働組合法、労働関係調整法、労働基準法）の制定等と歩調を合わせる形で、戦前の身分的な資格制度も徐々に解体されていく。しかし、身に付けてしまった癖が簡単に矯正されないのと同じく、一度形成された人事雇用慣行は容易には崩壊しない。職員・職工（工員）のあからさまな待遇格差は影を潜めたものの、属人的な要素に基づく資格制度は温存された。

21

図表3 ● 電産型賃金体系とその構成（1947年4月現在）

資料出所：白井泰四郎（1982）『現代日本の労務管理』東洋経済新報社、232ページ

　それでは、存続した資格制度が何を基準に運用されたかというと、従業員の年齢・勤続という年功要素である。それは必ずしも年齢・勤続に応じて自動昇格する仕組みではないものの、年齢・勤続を最大の決定要因として徐々に資格が上昇していくシステムであり、生活給的な色彩が濃い賃金体系と相まって、「年功資格制度」とも形容すべき人事管理が形成されていく。

2 職務給導入への模索

　戦後復興が軌道に乗り、GDPが戦前を上回るレベルに回復した1956年の年次経済報告（経済白書）において、政府は「もはや『戦後』ではない」と宣言するに至る。こうした状況の中、生活給的な賃金体系の不合理性が徐々に認識されるようになり、経営主導で能率性向上を意識した「脱生活給」への転換が始まる。

　1950年代後半から1960年代の高度経済成長期になると、年功賃金の緩和に向けて鉄鋼業界など一部の業種では、アメリカに倣って職務給の導入に向けた検討を進める。しかし、この動きが経済全体に広まることはなかった。結局のところ、ジョブ（職務）を基に待遇を決定するという発想自体が、戦前期から続いてきたわが国の属人的な人事管理とかけ離れていたためである。

3 安定成長期―職能資格制度の時代

1 職能資格制度とは

　職務給の導入が局所的なものにとどまり、高度経済成長期から安定成長期に移り変わる中で、急速に台頭したのが新たな属人的な人事管理―職能資格制度―である。

　職能資格制度とは、資格制度の運用基準を年齢・勤続から職務遂行能力に転換した仕組みである。それまで体系立った定義が存在しなかった社内資格を「職能（職務遂行能力）：〜できる」という切り口で整理再編する。これにより「年齢・勤続や学歴にかかわらず、能力開発に励んで実力を蓄えれば誰であっても昇格できる」という意識を社内に醸成することが可能になった［図表4］。

　年功からの脱却と能力主義を標榜する職能資格制度は、右肩上がりの高度経済成長が踊り場に差し掛かり、ポスト不足に直面するようになった日本企業にとって極めて適合度が高い仕組みだった。職能資格制度は1970年代のオイルショック後の日本企業に瞬く間に浸透し、やがてバブル崩壊前夜の1980年代末には、わが国の人事処遇制度のデファクト・スタンダードとしての地位を確立する[3]。

　職能資格制度の最大の特徴は、それが属人主義的な人事管理であるがゆえに、仕事（職位）と待遇とを分離できる点である。「仕事（職位）と待遇の分離」ということ自体は、それまでの資格制度の場合も同じであるが、これを能力主義の立場から理論的に正当化したことが重要である。これにより、経済成長の鈍化に伴うポスト不足の中で、たとえ「課長」という職位が空いていなくても、課長適齢期に達した従業員に対して躊躇なく課長級の待遇を付与できるようになった。［図表4］に即していうならば、課長ポストの裏づけがなくても、5等級（主事）に昇格させることで課長と遜色ない待遇を実現できる[4]。このことは、従業員のモチベーション喚起と社内の年功秩序維持にとって実に

3　労働省「雇用管理調査（平成2年）」によれば、職能資格制度の採用率（同調査では「資格制度がある企業」）は、規模5000人以上の企業で9割超（91.4％）、規模1000〜4999人で8割超（82.2％）に達していた。

4　ただし、正規の課長には一定の役付手当が支給されるケースが多く、厳密には若干の待遇差は残る。

図表 4 ● 職能資格制度の例

職能資格 （呼　称）	資格定義	対応職位		
7等級 （理　事）	実務上の最高責任者として取締役を補佐し、全社経営に参画・貢献できる。	副本部長	部　長	技　師
6等級 （参　事）	部単位の業務全般を統括し、部組織を効率的かつ円滑に運営するとともに、全社経営に関する具体的施策を提案・貢献できる。	次　長 課　長		
5等級 （主　事）	統括責任者として日常業務全般を指導・監督できる。			
4等級 （主　査）	日常業務全般にわたり、下級者を指導・補完しつつチーム全体の業務を支障なく遂行するとともに、異常事態発生時においては自己の判断によって適切な措置を講じることができる。	副主任	主　任	副技師
3等級 （副主査）	日常業務の状態を正確に把握し、チームリーダーとして異常の際は上司が命じた回復措置を正確・迅速に実行できる。			
2等級 （社員Ⅱ）	業務の流れを理解し、定型業務を自己の判断で的確に遂行するとともに、自己の担当範囲については下級者に指導・助言できる。			
1等級 （社員Ⅰ）	上司の指示・命令を正確に理解し、上級者の指導・監督の下に定型業務を遂行できる。			

資料出所：製造業の事例を基に筆者作成

好都合だった。

　冷静に考えてみると、ポストの裏づけがないのにどんどん従業員を昇格させていけば、いつかは経済的に破綻することが目に見えている。しかし、1970 〜 1980 年代は高度経済成長が終焉したとはいえ、まだ年 4 〜 5％程度の安定成長を続けており、日本製品が国内外の市場を席巻していた時代である。「人が仕事を創り出す」という発想の下、従業員が能力を蓄積していけば自然と事業が拡大し、新たな仕事（ポスト）が発生すると信じられていたのである。もう一つ重要な点として、当時はまだ従業員の高齢化が進んでおらず、「ポストの裏づけなき昇格」が直ちに問題化する状況になかった点も指摘できるだろう。

2 職能資格制度の功罪

　職能資格制度は、わが国の人事管理に大きな痕跡を残した。
　職能資格制度の功績として、能力主義の発想に基づき資格制度を抜本的に整理再編することで、戦後も水面下で生き延びていた職員・職工（工員）の身分格差の残照を消したことが挙げられる。また、職能資格制度の下、賃金制度の合理化も図られた。生活給的な色彩を持つ年齢給・勤続給は部分的に存続したものの、基本給の中核として職務遂行能力の伸長度に応じて支給する「職能給」が創設され、諸手当もこの観点から整理再編された。さらに、職務調査を実施して課業を洗い出し、課業ごとに求められる能力要件を抽出して職能要件書を整備することで、精密で体系的な人事考課を実施することが可能になった [図表5]。このように、「能力主義」の旗印の下、人事管理の諸要素を論理的に統合した功績はいくら強調しても十分とはいえない。このことは、戦前から受け継がれてきた「資格」に基づく属人的な人事管理が、職能資格制度の登場によって最終的な完成型に到達したことを意味する。
　しかし実際には、能力は目に見えないがゆえに、能力主義の建前とは裏腹に年齢・勤続を能力の代理指標とみなして年功的な昇格運用を行う企業が後を絶たなかった。ほとんどの企業において、職能資格制度は「能力主義の仮面を着けた年功主義」に陥っていたのである。ただ、「能力本位」という誰も反論できないロジックで人事管理体系が精緻に組み立てられたがゆえに、職務（ジョブ）をベースとした処遇システムへの転換が一層困難になってしまった。その結果、本来であれば労働力人口の高齢化があまり進んでいなかった1980年代

図表5 ● 人事考課の構成

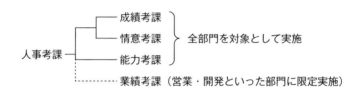

資料出所：楠田丘（1981）『人事考課の手引』日本経済新聞社、34 ページ

に、来たるべきグローバル化に備えて「人基準」から「仕事基準」の人事制度
への転換を準備する機会を逸してしまった。これにより、バブル崩壊後の長き
にわたる人事管理の迷走を引き起こしてしまった点は、職能資格制度の負の遺
産として指摘できるだろう。

④ バブル崩壊から低成長へ─脱資格（脱属人）への模索

1989年12月に日経平均株価が4万円目前に迫った後、1990年に入ると株価
下落とともに長引く不況の時代が幕を開ける。バブル経済の崩壊である。よう
やく日経平均株価がバブル崩壊前の最高値を更新したのは2024年2月であ
り、この間、実に34年の歳月が流れたことになる。「失われた30年」と呼ば
れるゆえんである。

1970年代は雇用者に占める中高年齢層（45歳以上）の割合は、20％台で推
移していた。その後、この割合は漸増し、1990年代半ばには40％を超える[5]。
もともと職能資格制度は能力本位の仕組みだったが、先に述べたとおり、能力
は目に見えないため年功的運用を誘発しがちだった。年功的に昇格した中高年
齢層の増大は人件費全体の肥大に直結し、職責に見合わない高資格者が問題視
されるようになる。急速に高齢化が進む中での景気低迷は、日本の経済社会に
とって大きな試練となった。

[図表6]はバブル崩壊後の人事管理の変遷を5年サイクルで整理したもの
である。以下、これに即して1990年代以降の人事管理の流れを詳しく見てい
こう。

① 1990年代─年功緩和の模索

1990年代前半時点では、年齢給の縮小・廃止など、年功賃金カーブの是正
という緩やかな制度見直しが改定の柱だった。やがて景気が回復し、日本経済
は本来の力強さを取り戻すはずであり、制度の抜本的改革ではなく昇給ピッチ
の抑制などの対症療法で当座をしのごうと考えたのである。

しかし、バブル崩壊後の不良債権処理が長引き、1990年代後半に入ると大
手証券会社や銀行が経営破綻に追い込まれ、金融機関の統廃合が相次ぐなど、

5　総務省「労働力調査」を基に算出。

図表6 ● 脱資格（脱属人）への模索期（1990年〜）における人事管理の変遷

	1990年〜 1995年	1995年〜 2000年	2000年〜 2005年	2005年〜 2010年	2010年〜 2015年	2015年〜 2020年	2020年〜
時代背景	・バブル崩壊 ・規制緩和推進	・不良債権処理 ・アジア通貨危機 ・リストラ・希望退職募集	・構造改革、規制改革 ・ニート、フリーター問題	・団塊世代退職 ・リーマンショック	・震災と復興 ・「アベノミクス」と景気回復	・景気拡大 ・人手不足	・ウィズ・コロナからポスト・コロナへ ・物価上昇
失業率	2〜3%	3〜4%	5%超	3〜5%程度	5%→3%へ	2%台	3%→2%台へ
人事管理のキーワード	・年功賃金の見直し ・年齢給の縮小・廃止	・職能資格制度の見直し ・自主的キャリア形成 ・コンピテンシー	・成果主義全盛 ・ベアゼロ、定昇凍結 ・人件費の変動費化と非正規社員の増大	・成果主義の見直し ・ワーク・ライフ・バランス ・60歳超の継続雇用	・グローバル人材の育成 ・多様な正社員	・働き方改革 ・同一労働同一賃金	・ジョブ型 ・人的資本経営 ・賃上げ回復
	年功緩和の模索 →		人事管理の構造改革 →		新しい働き方へ →		人重視＆脱属人 →

経済環境はますます厳しさを増していく。この時代になると、小手先の対応では不十分との認識の下、職能資格制度そのものに手を入れる企業が増えていった。

　当時の対策の一つが資格の大ぐくり化である。［図表4］で七つの資格等級を持つ会社の例を挙げたが、大企業の場合は12〜15程度の資格等級が存在するケースが少なくなかった。これを例えば半数程度に大ぐくり化して圧縮する。資格等級がたくさんあると、その分だけ昇格機会が増えるため、従業員のモチベーションを維持する上で好都合だ。しかし、細かすぎる等級の刻みは一つひとつの等級定義の曖昧化を招き、その結果、能力以外の判定要素—すなわち年齢・勤続—による昇格圧力が強まる[6]。資格を大ぐくり化し、それぞれの

6　等級の数が増えると、そのレベル差は「やや難しい○○ができる」「難しい○○ができる」「非常に難しい○○ができる」「極めて難しい○○ができる」というように副詞や形容詞、形容動詞の微妙な違いで表現するしかない。この結果、等級定義に即した適正な昇格運用が困難になる。

定義をクリアにすれば、定義に合致しない従業員の昇格を抑制し、職能資格制度本来の理念を取り戻すことができるはずだと考えられた。

この動きと合わせて、賃金管理の成果主義化も進んでいく。ただし、成果に応じて昇給・賞与に大きなメリハリをつけるためには、成果を正確に測定するための評価制度が求められる。この時期、期首に設定した目標に照らして、その達成度を評価する目標管理制度（MBO：Management by Objectives）の運用を厳格化したり、適用範囲を拡大したりする会社が目立つようになる。また、従来型の能力考課がともすれば潜在能力（〜できる）の評価に陥りがちだったという反省の下、成果につながる思考・行動特性（〜している）を評価する「コンピテンシー」という概念に注目が集まるようになる。

2 2000 年代—人事管理の構造改革

2000 年代になり、なかなか回復基調に乗らない経済構造にメスを入れるべく、小泉内閣による規制改革の時代に入る。これと歩調を合わせる形で人事管理の世界でも構造改革が始まった。戦前から脈々と受け継がれてきた属人的な人事管理—すなわち資格制度—の見直しに向けた動きである。

人件費高止まりの主たる要因は、職責に見合わない高処遇社員が多数発生してしまったからであり、その原因をたどると「仕事（職位）と待遇の分離」に行き着く。しかし、属人的な資格制度の伝統を突然 180 度反転させることは難しい。このことは、1950 年代後半から 1960 年代にかけて試みられた職務給導入の動きが不発に終わったことからも明らかである。こうした状況の中で、「人基準」から「仕事基準」への過渡的な仕組みとも呼べる「役割等級制度」が広まっていく ［図表 7］。

役割等級制度は、「日本版『仕事基準』の人事制度」と呼ばれることがある。まず、職位（ポスト）やその職責がある程度明確に定まっている管理職層には、仕事基準の考え方で「役職登用」に基づく処遇決定を行う。一方、職位と呼べるものが存在せず職責の輪郭も曖昧な非管理職層については、資格制度に類似した人基準の発想で「昇格」による待遇管理を行う。役割等級制度の場合、欧米のように個々の仕事（ジョブ）の洗い出しや職務記述書の作成は通常行わない。その代わり、等級別の期待役割を「役割定義書」として定める。

このようにして、戦前の身分資格に起源を持つ属人的な人事制度の構造改革が始まった。ただし、これは正社員の人事管理に限った話である。この時期、

図表 7 ● 職能資格制度・役割等級制度・職務等級制度

	職能主義（職能資格制度）	役割主義（役割等級制度）	職務主義（職務等級制度）
基本思想	・処遇は「社員の能力水準」によって決定	・処遇は「会社が付与する期待役割の大きさ」によって決定	・処遇は「職責の大きさ（job size）」によって決定
等級制度	・社員の能力の発展段階を「職能資格等級」として区分し、社員をいずれかの資格等級に格付ける ・等級数は 6 ～ 15 程度。管理職の等級よりも非管理職の等級のほうが多い	・会社が付与する期待役割の大きさに応じて「役割等級」を設定（詳細な職務分析等は通常行わない） ・職務等級制度より大ぐくり。管理職の等級のほうが非管理職の等級より多い	・職務分析・職務評価を実施し、社内のあらゆる職務（ポスト）を「職務等級」として序列付け ・等級は細分化され、通常 20 ～ 30 程度
賃金	・社員の能力レベルは他社比較できないため、外部市場（賃金相場）との直接的な比較は行わない	・自社が付与する役割の軽重は他社比較できないため、外部市場（賃金相場）との直接的な比較は通常行わない	・同等の職責の仕事について他社比較し、外部市場（賃金相場）との整合性を意識して賃金水準を決定
利点	・能力開発に向けたインセンティブを付与できる ・ジョブローテーションに柔軟に対応できる	・「仕事に応じた処遇」という発想を保持しつつ、職務主義に内在する硬直性を排除できる ・「ジョブ」概念が希薄な非管理職層にも適用できる	・同一労働同一賃金の要請に対応できる ・役職と賃金が連動するため、賃金の自動膨張を防止できる
欠点	・能力を適正に評価することが難しく、昇格管理が難しい（年功的な運用を誘発しやすい） ・職責と処遇のミスマッチを引き起こしやすい	・外部市場（賃金相場）に即した賃金設定ではないため、職務等級制度と比べて賃金処遇の決定根拠が曖昧	・ジョブローテーションに支障を来すおそれ ・「ジョブ」概念が希薄な場合には、職務評価が難しい
備考	・日本企業で独自の発達を遂げた「人基準」の人事制度	・日本版「仕事基準」の人事制度	・純粋な「仕事基準」の人事制度

人基準
人に報酬が貼り付く

仕事基準
仕事に報酬が貼り付く

別の形の雇用身分格差—正規・非正規の待遇格差—が社会問題化する。この問題自体は以前から存在していたが、2000 年代に入って急速にクローズアップされるようになった。長引く景気低迷の中で企業が正社員を削減し、賃金コストが低廉な派遣社員・パートタイマーなどの非正規社員に置き換える動きが加速したためである。

3 2010年代―新しい働き方へ

2008年に発生したリーマンショックを契機とした景気後退の中、日経平均株価はバブル崩壊後最安値（約7000円）を記録するに至る。さらに、景気が十分に回復しない状況下で2011年に東日本大震災が発生する。震災からの復興過程において激しい円高の影響もあり、日本経済は厳しい状況に追い込まれるが、2013年以降のいわゆる「アベノミクス」による異次元の金融緩和策等が功を奏し、少しずつ経済が回復基調に転じる。

この時期に早急な解決が求められたのが、先に触れた正規・非正規の待遇格差である。無期雇用の正社員は手厚く保護される一方、派遣社員やパートタイマーなど有期雇用の非正規社員は不安定な労働環境に置かれる。「どのような仕事を担当しているか」ではなく、「無期か有期か」という雇用契約の在り方による不合理な待遇格差が看過できないレベルに達していたのである。

この問題に対処すべく、同一労働同一賃金に向けた取り組みが始まる。同一労働同一賃金（Equal Pay for Equal Work）とは、「労働者の属性に関わりなく、同じ企業・職場で同じ仕事をしている限り、同じ賃金が支払われるべき」という原則のことをいう。諸外国では、主として男女や人種等の属性による企業内の賃金差別を禁止する意味合いで用いられるが、わが国においては、専ら「正規・非正規の待遇格差の是正」という文脈で使われる。

2018年に成立した働き方改革関連法では、正規・非正規の待遇格差の是正に向けて、均衡待遇・均等待遇という二つの原則が整理・明確化された[**図表8**]。これと併せて、長時間労働の是正と生産性向上を両輪とする働き方改革に向けた取り組みが加速した。このように、2010年代は「新しい働き方」への模索が始まった時代と総括できるだろう。

ところで、ここまで読み進めていただいた方であれば、正規・非正規の格差問題もまた、属人的な人事管理に起因していることに気づくのではないだろうか。「その人がどのような属性の人か」によることなく、職務内容に基づいて基本的な待遇を決定する人事管理であれば、正規・非正規の格差問題はもとより起こり得ないからである。

4 2020年代―人重視と脱属人を両立させる人事管理へ

2020年代は新型コロナウイルスの大流行による混乱で幕を開けた。

この時期に注目を集めるようになったのが「ジョブ型」や「人的資本経営」

第1章　日本の人事管理の変遷

図表8 ● 均衡待遇と均等待遇

区　　分	内　　容
均衡待遇 （パートタイム・ 有期雇用労働法 8条）	正規・非正規間の基本給、賞与その他の待遇差は、次の3点に照らして不合理なものであってはならない（「全体としての待遇」ではなく、個々の待遇別に検討する） ①職務内容 ②職務内容と配置の変更範囲 ③その他の事情
均等待遇 （同法9条）	次の2点が正規社員と同一である場合には、基本給、賞与その他の待遇において、非正規社員を差別的に取り扱ってはならない ①職務内容 ②（全雇用期間を通じた）職務内容と配置の変更範囲

（参考）パートタイム・有期雇用労働法14条2項
事業主は、その雇用する短時間・有期雇用労働者から求めがあったときは、当該短時間・有期雇用労働者と通常の労働者との間の待遇の相違の内容及び理由（中略）について、当該短時間・有期雇用労働者に説明しなければならない。

資料出所：パートタイム・有期雇用労働法を基に筆者作成

というコンセプトである。

①ジョブ型

　ジョブ型の雇用契約とは、ジョブ（職務）を媒介とした人と組織との契約のことをいう。この場合、各人は組織そのものというよりも、ジョブに対してコミットする。したがって、職務内容を明確にした職種別の採用となり、異なる職種への配置転換を行う場合には、契約の見直しが必要になる。また、事業再編等により担当職務がなくなれば、原則として雇用契約も終了する。一方、会社の側でも、人そのものに対してではなく、職務（の遂行）への対価として報酬を支払う。このため、報酬制度は年齢・勤続等の従業員属性に基づくものではなく、ジョブに連動した職務給になる。これがジョブ型のアウトラインである［図表9　上段］。

　これに対し、メンバーシップ型の雇用契約の場合、間にジョブ（職務）を挟まない人と組織との直接的な契約となる。各人はジョブではなく組織そのものにコミットするため、一般に会社への依存度が高まり、会社の配転命令に即し

31

図表9 ● ジョブ型とメンバーシップ型のイメージ

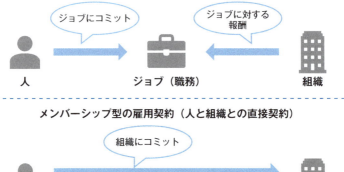

て柔軟に人事異動を行うことが求められる。建前としては従業員の職務遂行能力（スキル）に応じて報酬が支払われるが、実際には能力は目に見えず測定が難しいため、学歴・年齢・勤続などの従業員属性を能力の代理指標とした年功的な人事管理に陥りがちである。これがメンバーシップ型のサマリーである。改めて言うまでもなく、戦前から続くわが国の資格制度はメンバーシップ型の雇用契約を基盤としている［図表9　下段］。

②人的資本経営

2020年代前半の人事管理のもう一つのキーワードは、人的資本経営である。人的資本経営とは、「人材を『資本』として捉え、その価値を最大限に引き出すことで、中長期的な企業価値向上につなげる経営のあり方」（経済産業省）と定義されている。

失われた30年の中で、もともとは人重視だったはずの日本企業は、従業員をコストとみなす近視眼的な経営に陥ってしまった。人的資本経営のコンセプトは、この流れに「待った」をかけ、改めて中長期的な視点から人重視の経営への転換を促すものである。

ただし、ここでいう人重視とは、必ずしも 30 年以上前のような属人的な人事管理への先祖返りを意味するものではない。旧来型の属人的な人事管理は、正規・非正規の待遇格差や、男女間の昇進・賃金格差など不合理な人事雇用慣行を誘発してきた。

人的資本経営の時代に必要なのは、人重視と脱属人とを両立させる人事管理である。1990 年代初頭のバブル崩壊以降、脱資格（脱属人）の人事管理への模索が続いているが、まだ道半ばである。それが実現したときこそ、本当の意味で「人（従業員）を大切にする人事管理」が実現するものと思料される。

3　これからの人事管理

以上、わが国の人事管理の変遷をたどってきた。続いて、この先 5 〜 10 年程度を見据えて今後の人事管理の在り方を展望してみたい。

❶ 戦略不在との決別

人事担当者であれば誰でも、「戦略人事（Strategic Human Resource Management）」という言葉を聞いたことがあると思う。この言葉は昔から存在するが、掛け声だけで実際にはほとんどの日本企業はそれを実践してこなかった。他社動向ばかりを気に掛け、「横並び」を優先した人事管理が実行されてきたのである。実際、一昔前までは、どの会社も大同小異の職能資格制度を採用し、同じような賃金体系で似たような人事評価制度を取り入れていた。違うのは企業規模や業種による賃金水準くらいだった。

しかし、わが国でもようやく「戦略不在」から脱却する動きが広がりつつある。大きな契機は、マーケットの要請である。2023 年 3 月以後に終了する事業年度から、有価証券報告書等において人的資本や多様性に関する情報開示が求められるようになっている。一昔前までは社内の人事労務諸制度を外部に公表する企業はまれだったが、こうした流れの中で、近時は自社の人事・教育制度を社内外のステークホルダー[7]に積極的に開示する企業が急増している。戦

7　株主や消費者、行政、従業員など、企業に対して何らかの利害関係を持つ者のこと。

略人事を真剣に考えざるを得ない状況が生まれているのである。

戦略人事を実現するためには、人材の採用や育成、評価、報酬等の人事施策を会社の経営戦略に即して推進しなければならない。例えば、以下のような施策が、戦略人事の文脈からは「正解」とされる。

- イノベーションで競争優位を確保する戦略を採用するのであれば、異能人材を市場相場より高い報酬で獲得するための仕組みの整備や、従業員の主体的なチャレンジを促す評価・報酬制度を構築すべき
- 低コストを通じて競争優位を築く戦略を採用するのであれば、市場相場に即した合理的な賃金水準を設定し、徹底した業務効率化（改善）へのインセンティブを組み込んだ評価・報酬制度を導入すべき

要するに、人事管理の在り方は「他社との横並び」であってはならず、たとえ同じ業種・業態であっても経営戦略に即して異なる人事施策を組み立てるべし、ということである。

2 戦略人事のその先へ

企業活動にサステナビリティが重視される時代である。環境負荷の大きい製品を開発・製造して一時的に利益が上がったとしても、投資市場で ESG[8] への関心が高まっている状況下では、やがて「環境を顧みない企業」というレッテルが貼られ、長期的な事業継続は難しくなるだろう。また、人権や労働問題への関心も高まっている。中国・新疆ウイグル自治区の人権問題を巡り、欧米諸国を中心に新疆産の綿を使う製品の輸入規制が相次いで発表される事態に発展したことを記憶されている方も多いと思う。さらに、近年のフェアトレード運動に見られるように、劣悪な労働条件・環境で労働者を搾取してつくられた農作物や工業製品を敬遠する動きも活発化している。

サステナビリティへの関心がグローバルレベルで高まる中で、たとえ一時的に大きな利益を確保できたとしても、環境に負荷を与えたり社会的公正に反したりするような経営は、もはや許容されない時代になっているのである。

8　環境（Environment）、社会（Social）、企業統治（Governance）のこと。

こうした状況の中、これまで経営目標といえば経済的な利益一辺倒だったものが、今や多くの企業においてサステナビリティの要素を経営目標の一部として取り込むようになっている。そうである以上、これからの戦略人事もまた、サステナビリティを念頭に置いた施策を取り入れることが不可避になる。利益目標にせよ非財務的なサステナブル目標にせよ、戦略に適合する人材を採用し、育成し、動機づけ、定着させるための仕組みを構築しなければ、経営目標の達成はあり得ないからである［図表10］。

❸ サステナブル人事の時代

 サステナブル経営を人材面で支える人事の在り方を「サステナブル人事」（Sustainable Human Resource Management）という。サステナブル人事は、「短期的な利益を追求するだけでなく、長期的な企業価値向上の視点を持って、顧客や投資家はもとより、従業員、行政、社会などさまざまなステークホルダーに応える人材マネジメント」と定義できる。サステナブル人事は、いわ

図表10 ● サステナブル人事

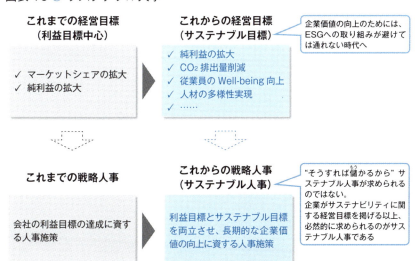

ば戦略人事の進化型として位置づけられるだろう。

　具体例を挙げて考えてみよう。例えば、炭素排出量の削減を経営目標の一つに掲げるのであれば、一義的にはそのためのイノベーションやサプライチェーン・バリューチェーンの見直しなど、人事の管轄外の取り組みが必要になる。しかし、人事も傍観者ではいられない。仮に「脱炭素」「環境保護」などの目標を会社が掲げるのであれば、その理念に心から共感する人材を採用する戦略が必要になる。そのためには、自社の採用サイトを通じて、そのような人材を求めていることを広くアピールすることが不可欠だ。併せて、選考基準の中に実務上必要となる人材スペックだけでなく、例えば環境保護に関するボランティア活動実績等を加点要素として明記しておくとよい。さらに、人事評価についても改善の余地がある。多くの会社では、ホワイトカラー職種に目標管理制度を適用していることと思う。目標管理制度の目標として、売り上げや粗利、業務改善等に関する項目を設定するケースが多いが、これらに加えて、省エネやリサイクルなど環境負荷軽減につながる目標を一つ以上設定することをルール化する。そうすれば、従業員一人ひとりの意識が必然的にサステナビリティに向かうようになる。

　このように、「いかにしてサステナブル経営の推進を人材面から支えるか」がこれからの人事には求められているのである。

4　おわりに─人事部門の役割とは

1 四つの役割

　最後に、戦略人事、さらにはサステナブル人事の推進に向けた人事部門の役割について考えてみたい。

　人事の役割については、ミシガン大学のデイビッド・ウルリッチが、『Human Resource Champions』（邦題『MBA の人材戦略』、1997 年）において提示し、その後も進化・発展させているフレームワークがグローバルレベルで浸透している。

　ウルリッチによれば、人事の役割は、「長期／戦略の視点 ⇔ 短期／運用の視点」（縦軸）と「プロセス活動 ⇔ 対人活動」（横軸）の組み合わせで整理されるという。四つの役割は比喩的に次のように呼ばれる [図表 11]。

図表11 ● 人事の役割モデル

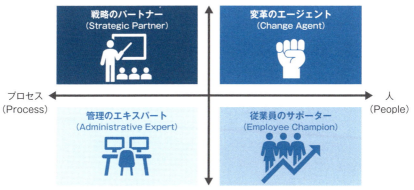

資料出所：Ulrich, David.(1996) *Human Resource Champions*, Harvard Business School Press, 24～25ページを基に筆者作成

- 戦略のパートナー（Strategic Partner）：人事と事業戦略をつなげる
- 変革のエージェント（Change Agent）：変革を支援・促進する
- 管理のエキスパート（Administrative Expert）：組織プロセスを効率的に運用・改善する
- 従業員のサポーター（Employee Champion[9]）：従業員の声を聴き、対応する

　本来的には四つの役割すべてを全うすることが期待されるのだが、これまでほとんどの人事部門は日々のルーティン業務や現場からの問い合わせ対応等に追い立てられ、［図表11］の下半分の役割（現在の課題解決の役割）しか果たせてこなかったのが実態だろう。

---

[9] "Champion"には、「優勝者」のほかに「擁護者・支持者」という意味がある。ここは後者の意味合いであるため、本章では「従業員のサポーター」とした。

❷「人事プロフェッショナル」の確立を

これからの人事部門は、現在の課題解決だけで満足することなく、長期／戦略の視点を持って会社の持続的な成長に貢献していかなければならない。すなわち、[**図表11**] の上半分の役割の遂行である。

こうした問題意識の下、近年、CHRO（Chief Human Resource Officer：最高人事責任者）という役職や、HRBP（Human Resource Business Partner：本社人事と事業部の連絡調整を担う旧来型の「事業部人事」を超えて、事業戦略の立案・推進を人材面から支える人事機能）に注目が集まるようになった。しかし、単にポストを新設したり、組織構造の見直しを行ったりするだけでは不十分である。人事を機能させるのは最終的には人（人事部員）であり、すべての人事部員が「プロ」になる必要がある。そのためには従来型の"管理部門のスタッフ"から脱皮し、人事というジョブ（職務）にコミットした"人事プロフェッショナル"という職種の確立が急がれる。

人事労務を巡る問題がますます複雑化・多様化する中で、今後は一人ひとりの人事部員が意識・行動様式、能力・スキルを継続的に向上させ、自らの専門性を高めていくことが期待される。それが実現したときこそ、経営課題の解決に資するソリューションを提供できる"人事プロフェッショナル"が確立されたといえるのではないだろうか。

林 浩二　はやし こうじ

株式会社日本総合研究所

リサーチ・コンサルティング部門 プリンシパル

京都大学経済学部卒業、コーネル大学大学院修了（労使関係修士）。厚生労働省を経て日本総合研究所。人事労務管理を専門フィールドとし、国内系から外資系まで幅広い企業において人事制度改革を支援。コンサルティング実績は、製造業、建設業、商社、金融、IT産業、小売業、サービス業、メディア業界など多数。著書に『進化する人事制度 「仕事基準」人事改革の進め方』『基本と実務がぜんぶ身につく　人事労務管理入門塾』『コンサルタントが現場から語る　人事・組織マネジメントの処方箋』（いずれも労務行政）などがある。

参考文献

荻原勝（1984）『定年制の歴史』日本労働協会

楠田丘（1981）『人事考課の手引』日本経済新聞社

白井泰四郎（1982）『現代日本の労務管理』東洋経済新報社

田中慎一郎（1984）『戦前労務管理の実態―制度と理念―』日本労働協会

Ulrich, David（1996）. *Human Resource Champions,* Harvard Business School Press

第2章

人事部の仕事
（ステップアップ編）

西尾 太
フォー・ノーツ株式会社 代表取締役社長
人事の学校 主宰

1 はじめに

　人事部門が、経営戦略に基づく人事戦略を立案し、施策を企画、実行、運用、管理していくためには、人事としての考え方をしっかりと持つこと、それを経営陣と共有することが大切である。

　人事としての考え方は、企業の経営理念（ミッション・ビジョン・バリュー）から導かれる。「何のために働いているのか」「なぜその事業をしていくのか」「どこに向かっていくのか」「何を大切にしているのか」などが明確な企業は「良い企業」といえる。

　人事戦略は、企業の戦略から導かれるものだ。そして人事として明確にしていくものは、「会社の社員に対する考え方」を明示する人事ポリシー、社員のキャリアステップや評価、それに基づく給与を決めるための施策としての人事制度の方針、求める人材像と育成の方向性、人材育成のための異動配置・ローテーションの考え方、教育体系構築の考え方などである。

　過去どうだったか、現在はどうか、そしてあるべき姿はどうか。あるべき姿と現状のギャップ（乖離）から課題が明確になり、解決のための企画と実行が行われる。施策を一過性に終わらせず、継続的に効果を生むためにも、この一連の構造を意識しておかなければならない ［図表1］。

　各種人事施策は、世間で流行の施策を単に取り入れるだけでは効果を生まない。自社の人材に対する考え方や企業としての成長ステージ、管理職や社員の人事的な成熟度に合わせて企画されないと、その施策の運用は行き詰まってしまう。結果として徒労に終わり、経営と社員に多大な労苦をかけるだけに終わってしまう。

　【ステップアップ編】としての本章では、人事部門として捉えておきたい考え方のフレーム、運用を見据えた企画、運用時の留意事項など、戦略立案と企画の実際について考えていく。

図表1 ● 人事戦略は、あるべき姿に向かう道筋で、
　　　　人事企画は、そのための課題設定と解決を担う

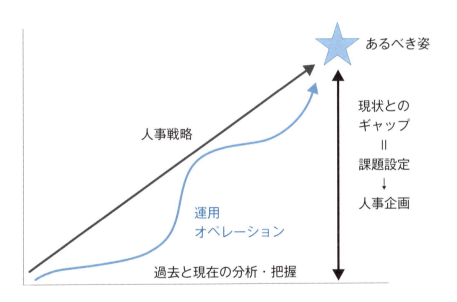

2 人事部門の構築と機能

1 人事部門の構築

1 人事部の形成過程

『人事担当者が知っておきたい、10の基礎知識。8つの心構え。』の【基礎編】において、会社における人事は、経営と社員の方向性を合わせていく仕事であると述べた。そして、企業内における人事の領域は、[図表2]のようになる。

ここでは企業の成長段階を踏まえた人事部門の構築について考える。企業成長と人事領域の職務を大まかに想定すると[図表3]のようになる。

まず、創業期から成長期にかけては、創業社長や経営陣が、人事の職務の多くを担当している。また、給与計算などのオペレーション業務は、社外、例えば社会保険労務士に依頼する場合も多い。

社員数がおおよそ30人を超える規模になってくると、組織が形づくられ、職制（組織の長、ラインマネジメント）が配備される。併せて人事制度（評価制度と給与制度）の必要性が高まってくる。経営者が個々の社員の仕事ぶりを

図表2 ● 人事部門の仕事は、5領域（人的資本管理）を中心に展開する

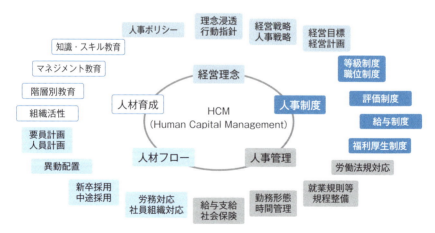

図表3 ● 企業の成長段階と人事部門の仕事の変化

［注］ 社員規模はイメージであり、企業の成長スピードにより異なる。

把握しにくく、評価できなくなってくるため、評価や給与を「仕組みで決めていく」ステージになる。

　この段階になって、人事専任の担当者が配置され、また人事領域全般に詳しい経験者の外部調達（中途採用や業務委託の人事コンサルタント）を行う必要性も出てくる。そして、人事としての機能（呼び方は企業によってさまざまであり、総務部門と分離していないケースもある）が形づくられることになる。

　さらに企業規模が大きくなり、100人以上になると、独立した組織として人事部が必要になり、部員を増やし、採用や給与計算など人事部内での職務分担が明確になってくる。

　さらに社員が300人以上になってくると、人事部門が、人事部、人事企画部、教育研修部などに分離していき、職務の専門化が進んでいく。

　大まかにいえば、以上のような変遷を経て人事部門は組織として独立し、規模も大きくなっていく。

ここで、改めて人事部門が担う職務や分野を確認すると［**図表4**］のようになる。企業規模や人事部門の組織の状況にかかわらず、おおむね30人を超えた段階で、これらすべての機能が必要になってくる。人事部門は、これらすべての職務と分野を想定して仕事をすることが基本である。

　人事部門の構築は（優先順位、重要度、緊急度の違いはあるにせよ）、これらすべてを想定しなければならない。［**図表4**］のように、職務と分野で分けると10のボックス（仕事）がある。10人でそれぞれの仕事を担えれば、それに越したことはないが、成長期にある企業にとって、人事部門に10人の人員を割くことはまずあり得ない。そこで、これら10の仕事を何人で行い、どのように分担するかを決めていくことが必要となる。

図表4 ● 人事部門が担う職務や分野

<table>
<tr><td colspan="2" rowspan="2"></td><td colspan="3">分　野</td></tr>
<tr><td>人事・採用</td><td>給与・厚生</td><td>育成・評価</td></tr>
<tr><td rowspan="4">職

務</td><td>戦略
Strategy</td><td colspan="3">理念浸透、人事ポリシー構築
人事制度ポリシー構築、人事制度企画
採用・配置戦略、人材育成戦略
給与・福利厚生戦略</td></tr>
<tr><td>企画
Planning</td><td>定員計画、要員計画、
人員計画、採用・代謝計画
人件費等計画・精査
人材配置案起案</td><td>人事システム企画・導入
人事関連規程起案
給与制度・退職金制度整備
福利厚生企画</td><td>等級制度・キャリアパス
設計、評価制度設計
教育体系設計
教育プログラム企画</td></tr>
<tr><td>運用・管理
Management</td><td>採用活動（新卒・中途）
人事異動調整
人件費／要員管理
各種労務案件・リスク対応</td><td>規程整備・改定
人事システム運用
給与制度・退職金制度運用
福利厚生運用</td><td>等級・評価制度運用
評価調整・確定
昇降格運用
教育プログラム実行</td></tr>
<tr><td>オペレーション
Operation</td><td>選考オペレーション
発令業務
各種申請処理
契約更新</td><td>給与計算・支給実務
社会保険手続き
福利厚生実務
入退社・異動対応手続き</td><td>等級・評価制度運用資料
作成
評価集計
研修オペレーション</td></tr>
</table>

❷ 経営、人事、職制、社員の相互の関わり

　ここで、①人事・採用、②給与・厚生、③育成・評価の三つの分野の相互と、経営、職制、社員との関わりを示すと、[図表５]のようになる。

　経営と密接に関わり、経営戦略の通訳的な役割である人事戦略領域があり、これを担うのが通常は「人事部門長」である。経営との接点を持ち、その動きと中長期的な戦略を見据えながら、人事戦略を立案し、方針を示し、目標を設定する。その配下に①人事・採用、②給与・厚生、③育成・評価の三つの分野が形づくられる。

図表５ ● 人事部門と経営、職制、社員との関わり

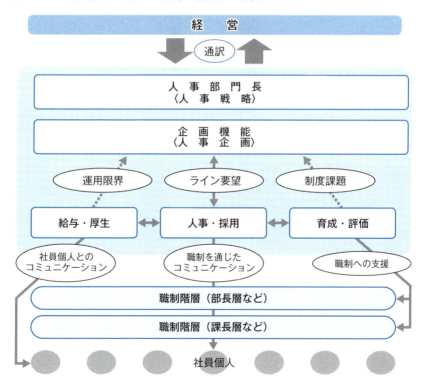

■1 人事・採用

　社員の配置と採用を担う。事案それぞれが定性的で、かつ一つひとつの決断が重要であるため、最も戦略と密接に関わる分野ともいえる。そして人事・採用担当は、必要な人員や社内で起こっている諸問題に関して、特に職制と密接に連絡を取り合う。経営や人事部門長と職制を結ぶ接点に「人事・採用」は位置づけられる。

■2 給与・厚生

　社員個々との接点を持ち、社員のプライベート情報を各種申請などによって最も捉えられる位置にある。結婚・離婚・転居・出産・弔事などの情報はまずここに入る。また、経験上、メンタルヘルスやハラスメントなどの職制を経ない情報も、給与担当者に入ることが多い。これら個人的な情報を捉え、必要なものを人事・採用担当に伝える一方で、社員個別の状況に対応できない規程やルール、そして職制の問題などについては人事・採用担当や人事部門長に伝え、さらに育成や評価に関する社員個人の不満などの問題を育成・評価担当に伝える役割を持つ。

■3 育成・評価

　職制を支援する分野といえる。人材育成の課題や制度運用の問題点などを通じて顕在化していない組織的な課題を捉え、人事企画に「制度課題」としてフィードバックする機能を持つ。

❸ 人事部門の"三権分立"

　別の視点から見ると、上記■1〜■3の分野には、それぞれ「企画」「運用・管理」「オペレーション」という職務があり、それを［図表6］のように整理できる。すなわち、人事部門には「立法」「司法」「行政」の機能がある。

■1 立法＝企画

　企画（立法）は、現実の状況を見据えるとともに将来を想定して、経営の考えを確認しながら、ルールや決まり事、仕組みを構築する機能である。制度企画、規程策定・改定、採用基準の策定などを行う。

■2 司法＝運用・管理

　運用・管理（司法）は、制度や規程に基づき、現実を運用し、規程が及ばない個別事情に対して都度対応を判断する。また、採用基準に基づいた選考活

図表6 ● 人事部門の"三権分立"

	企　画	運用・管理	オペレーション
機能的な位置づけ	立　法	司　法	行　政
意識する時間軸	将来像	現　在	過去（実績）
折衝の相手	経　営	職　制 マネジメント階層	社　員 個々の背景
前 提 条 件	社員の総意	制度／現実	運用実績／個別事情
課題解決の鍵	価値観	調　整	規　程

動、人事制度の運用などを行う。

■3 行政＝オペレーション

　オペレーション（行政）は、規程などの決まり事に従って、給与計算、社会保険手続き、採用活動進捗管理、教育実務などを運用していく。

　規程が現実にそぐわなくなれば、行政から司法に個別事情に対する判断を委ねる。個別事情にとどまらない場合には規程そのものを変えたり、新たなルールを策定するために立法に働き掛けたりする。その新たなルールは、行政にそのとおり実務を運用していくことを求めるというサイクルとなる。

2　企業成長と人事機能

　[図表7] を使って、企業成長と人事機能の変遷を再確認しておきたい。

　まず企業の創業期は、給与計算と支払いがメインである。社会保険労務士にアウトソースするケースも多い。その後、企業成長に伴い、おおむね社員が30人を超えたあたりから、当初社長が決めていた社員の給与を、仕組みで決めなければいけないステージが来る。支払う給与の根拠を明確にすることが求められ、それが人事制度の構築につながる。

図表7 ● 企業の成長と人事機能の変遷

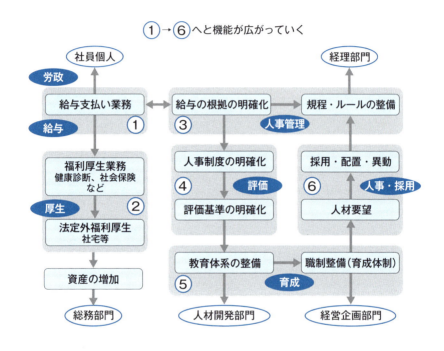

　人事制度を構築するということは、社員を評価する基準を整備するということである。評価基準が明らかになると、その基準に対して社員教育が求められる。また、社内の業務が多種多様になり、人事部門が制度に関連する教育だけ行うわけにはいかなくなる。そこで、部門ごとにOJTをはじめとする教育が必要となり、職制（組織の長、ライン・マネジメント）の整備によって、現場で人材育成が行える仕組みを作ることになる。これが発展すると、人事部門とは別に、教育に特化した「人材開発部」「教育研修部」といった部門ができるようになる。また職制の整備は、組織編制と密接な関係にあり、組織、職務権限、職務分掌を定める経営企画業務につながっていく。
　さて、職制が整備されると、採用・配置・異動という人の流れが複雑化してくる。そして、この複雑化に伴い、さらに給与に対する根拠の明確化が求めら

れるというサイクルができてくる。

　また、社員組織とマネジメントとしての職制との関係性も生まれてくる。社内に労働組合がないとしても、社員の総意をどう捉えるか、組織をどのようにマネジメントするかという個と組織双方との関係構築を図る（これをここでは「労政」という）。

　一方、給与支払いは、直接的な給与の問題だけではなく、フリンジベネフィット（給与以外に提供する経済的利益・サービス）としての福利厚生という側面も持つ。この部分が総務部門の業務領域へとつながっていく。現在、自社がどの成長段階にあるのか、職制や社員の人事的な成熟度などを想定しておくと、次に何が問題になってくるのか、事前に見えてくる部分がある。

Column

人事部門の三権分立には、バランスが大切

　「立法」に偏りすぎると、「変わること」「新しい制度を入れること」などに偏重し、「変えることありき」となり混乱を招いてしまう。人事マネージャーや担当者が変わることにより、とにかく「変えたがる」傾向はよく見られるものである。本当に適切なタイミングで的確な「制度変更」なのかを慎重に見極めるべきだ。「制度を変更したが運用できずに、また制度変更」ということを繰り返さないように留意いただきたい。

　「司法」に偏りすぎると、「現状に対処していく」ことに注力しすぎて、根本的に何が問題なのかが見えなくなり、その場しのぎの対応となりがちになる。これが頻繁に起こるならば、「立法」によって仕組みを変えていくことを考えるときだ。

　「行政」に偏りすぎると、各論に陥りすぎ、また前例にこだわりすぎて、全体が見えなくなる。「変化」に抵抗し、かつ手続きを重視しすぎるがあまり、本来何のためにそれが必要だったのか、本質を見失ってしまう。この場合、目的に立ち返らなければならない。

3 人事部門と他部門・社外との関係

社内における人事部門と他部門との関係について確認しよう [図表8]。

1 経営との関わり

人事は企業経営の一部ともいえる。ヒト・モノ・カネ・情報といった経営資源のうち、「ヒト」を司（つかさど）るのが人事である。

この「人」という経営資源に関して、人事部門は経営（社長、経営陣）からの要請に基づいて、経営的視点によって職務を遂行する。また、必要な戦略・施策を経営の一部として担う。

一方、（労働組合がある会社は若干異なるが）経営者の多くが、人事部門に対して、「経営に対して社員の状況・意見を伝える役割」を求めている。個別の案件に関する情報や、総意としての情報提供を行い、経営の意思決定を求め

図表8 ● 人事部門と他部門との関係

第2章　人事部の仕事（ステップアップ編）　2　人事部門の構築と機能

ることも職務の一つである。経営との関連においては、「経営的視点」と「社員的（組合的）視点」の両方が必要である。人事部門は労働組合ではないので、一方的に社員の声を代弁するものではないし、経営に要求を突きつける部門でもない。経営の要請と社員の状況を総合的に勘案し、経営に対して必要な施策を提議し、その承認をもって施策を実施するという二面的な職務を担っているのである。

2 職制・組織との関わり

　人事部門は職制（部長・課長などの管理職）に対して、人事的側面における経営の意思・施策を伝え、現場での展開を支援する。企業価値を高めるための職制の編成、任命時における任命者への情報提供などがこのカテゴリーに入る。また、配置、評価、教育などの場面においても、経営的視点に基づき職制と関わることとなる。そして、マネジメントを適正に実施するための各種の支援も行い、個別人事案件におけるサポートや代行も担う。

仕事の領域　**Column**

　その仕事は人事部門が行うのか、職制（管理職）が行うのかについて、よく議論になることがある。この点は早期に明らかにしておくべきである。管理職の役割と権限を明らかにする一方で、人事の権限・職務を規定しておく。例えば、勤怠データに基づく給与計算は人事が行うが、労働時間管理は管理職の職務である。評価の集計や最終結果の通知書は人事が作成するが、被評価者にフィードバックするのは管理職の職務である。異動の内示資料は人事が作るが、内示そのものは管理職の職務である……等。また、管理職の職務遂行が十分でないときに、支援・指導をすることも、人事の重要な役割である。

---

3 社員個人との関わり

　それぞれの社員はさまざまな事情を抱えている。会社として支援できるもの

もあれば、そうでないものもある。しかし、個々の社員の問題や要望に対応し、必要であれば経営に伝える、あるいは規程などの決まり事を作ったり、変えたりすることも人事の大事な職務である。

通常、人事部門には、社員個人の要望や問題については職制を通じて伝えられる。しかし、極めてセンシティブな問題（職制自身に問題がある場合や、社内に知られたくない情報）については、人事担当が直接その声を吸い上げる必要がある場合も多い。そのため、人事部門は、社員から直接話を聞くルートも持っておくべきである。ここでも、職制と人事部門の職務は明確にしておくことが望ましい。

④ 他の管理部門との関わり

企業規模によっては、人事部門以外の経営企画、総務、経理といった各部門の機能を人事担当者が兼務している場合も多い。人事と他の管理部門の機能を混在させずに、それぞれの役割を認識しながら業務を進めていくことが大切である。

ここでは、経営企画、総務、経理のそれぞれの機能が別組織になっていることを前提として、それらとの関わりについて解説する。他の管理部門の機能と人事機能の役割の違いや分担、関連を想定しておくことは、業務を遂行していく上で、とても大切である。

■1 経営企画部門

上場企業では、一般的に「経営企画部門」を持っている。しかし、新規事業を担う部門だったり、秘書機能だけを担っていたりと、その役割は会社によって大きく異なる。本質的な経営企画部門の業務は、主に経営計画立案を司り、これに基づく組織設計（職務分掌・職務権限の規定）、予算実績管理、役員に関する事項や各種規程の改編などを行う。

人事は経営企画と非常に密接な関係にあり、経営企画部門が行うことと人事が行うことは、はっきりと切り分けて役割分担しなければならない。経営計画は経営戦略から導かれ、組織は経営計画に基づくので、組織づくりは経営企画部門が担う領域といえる。経営企画が組織をつくり、そこに人事が人材の配置を提議するというのが基本的な役割分担といえよう。

規程の取りまとめについては、総務・法務部門が行うこともあるが、全社的

54

な規程の在り方、経営計画やIR（Investor Relations＝企業が株主や投資家に対して財務状況など投資の判断に必要な情報を提供していく活動全般）、会社全体としての法令遵守などの課題については、経営企画部門が行うのが合理的といえる。

　人事関連規程は人事が司るが、職務分掌規程や職務権限規程を含め、全体を管理するのは経営企画部門といえる。人事部門が組織と人事の両方を担当してしまうと、非常に力が大きくなり、牽制（けんせい）が利かなくなるおそれもある。健全な組織運営において、機能の分散化は必要な要素といえよう。

　また、人員計画といわれる範疇（はんちゅう）の中には「定員計画」がある。この定員計画も、経営計画に基づく予算に基づいて決定される。どの部門がどの程度の売り上げを見込み、それに対する経費をどのくらい見込むかは経営計画そのものである。その経費のうち、人件費をどのくらい見込むかという人件費予算に基づき、定員計画を策定する。いわば、それぞれの仕事を何人でするのかということである。定員計画を経営企画部門が策定し、それに基づき人事部門が要員計画（雇用形態別の人員数）を立案し、人員計画（個々の社員の配置計画）を策定して配置するという役割分担が基本である。

　これら経営企画部門の機能と役割については、ぜひ確認し、一度整理しておくとよい。

２ 総務部門

　総務と人事が同じ部署であるケースも少なくない。しかし、本質的には、「ヒト」を管理する人事と「モノ」を管理する総務、「社員」を管理する人事と「株主」を管理する総務は、似て非なるものといえる。

　総務部門は、人が働く物理的な環境を整える仕事（オフィスや設備など）、株主総会をはじめとする株主に関する仕事を主な職務とする。人事とは密接であるが、本質的には、求められる機能・スキルは別物であると捉えておく必要がある。

３ 経理部門

　「カネ」を扱うのが経理部門で、給与計算に関連する人事の仕事の最終的なアウトプットが経理に集約される。人事にとっての経理は後工程になる。人事がいいかげんな仕事をしてしまうと、経理に多大な迷惑をかけることになる。また、人件費の状況などについては、経理から数値情報を得ることになる。

経理は、ほとんどの仕事の最後の砦である。経理担当の「最終ライン」としての気持ちを酌みながら、人事は仕事をしなければならない。

4 システム部門

人事情報や給与計算などの情報をシステムで司るのがシステム部門である。社内情報ネットワークなどの環境を整備する。人事部門とシステム部門は、人事関連システムの構築・運用において密接な関係にある。全社システムにおける人事関連システムの必要性について、常に情報交換し、そのシステムをシステム部門に委ねるのか、切り離して人事部門独自に構築・整備するのか、その際の経理システムとの連携はどうするのかなど、システム部門の動きは人事の業務運営に強く影響を及ぼすことを認識しておくべきである。

5 その他の部門

①法務部門：契約関連において人事と関わる。また危機対応、弁護士対応などにおいても関連する。規程を司るケースもある。

②財務部門：管理部門の中で、人事と財務との関係性は強くない（退職給付債務についてなど限定的である）。財務は資金調達を主に行う。

③内部監査：人事の業務遂行を監査する。

6 採用の困難度合い

企業の成長に伴い、法務、財務、内部監査の専門家採用のニーズは、人事の採用担当を悩ませる。特に企業法務ができる法務部長は、その数が極めて少ない。加えてシステムの部長クラス、総務の管理職クラスは、採用でとても苦労する分野である。

財務については、銀行出身者など金融業界経験者を採用することが多い。経理と財務は、人事と総務のように似て非なるものである。採用担当者は、ここをしっかり見極めておかなければならない。

システム部門については、人事にとって最も分かりにくい領域である。各論に詳しいシステムエンジニア経験者などはなんとか採用できるが、（人事と同じく）全体像を描けるシステム責任者の採用は極めて困難である。法務や経理は、スペック（専門性）を把握できれば、戦力化をある程度予見できるが、システムについては、現在の企業ステージにおいて経営戦略に基づきながら、どのくらいの予算で、どのようなシステムを、どれだけの期間をかけて作るのかといった絵を描ける能力が求められ、そのような人材は極めて少ない。

経営企画部門は、前述のとおり、会社によってその役割と機能がさまざまである。特に「組織づくり」に精通した経営企画経験者は極めて少ない。採用担当は、常にこれらを意識して網を張っておく必要がある。

⑤ 社外との関わり

人事は、社外とも多方面につながっている。むしろ、つながらなければならない。具体的には、採用媒体企業、コピーライター、デザイナー（求人広告、採用サイトなど）、教育研修会社、派遣会社、人材紹介会社、HRテック・システム関連の会社、各種アウトソーサー、社会保険労務士、弁護士、そして他社の人事担当者などである。有益な情報をもたらしてくれるネットワークを、うまく構築していくことが必要である。

人事担当者は、すべてを深く理解しておくに越したことはないが、時間的にも効率的にも効果的にも限界がある。それよりも、「あれ、なんかおかしいぞ」「これで本当にいいんだろうか」という「におい」を嗅ぎ分けて"スイッチ"が入るようにしておくことが必要で、いざとなれば専門家に相談すればよい。一つの分野を深く極めるよりも、スイッチが入ることが大切である。スイッチが入れば、しかるべき人に、しかるべきタイミングで聞くことができる。そのための社外ネットワークを持っていなければならない。

3 人事ポリシーの明確化

1 人事ポリシーとは何か

　人事ポリシーとは、「企業の、そこで働く人に対する考え方」である[**図表9**]。

　「そこで働く人」とはどのような人だろうか。「そこで働く人」には、雇用契約で働く人、業務委託契約など雇用契約外で働く人、他社と雇用契約を結び自社で働く人（派遣社員、出向者）などが含まれる。

　本稿における言葉の定義として、「従業員」とは、その会社と雇用契約を結んだすべての人たち、すなわち「正社員」「契約社員」「アルバイト」「パートタイマー」などの各雇用形態の総称のこととする。ただし「派遣社員」については、雇用契約を結んでいないため従業員に含めない場合が多いが、人事施策上は「従業員」と同じく考えるべき場面も多い。

　また「社員」とは、特に指定がない限り、所定労働時間をフルタイムで働く無期雇用社員（いわゆる正社員）のことを指すものとする。雇用形態別の議論

図表9 ● 人事ポリシーとは

ミッションやビジョンを実現するための、
人事施策を企画・運用していく上での大方針となるもの

「企業の、そこで働く人に対する考え方」

社員：一般的には正社員を意味する
従業員：すべての雇用形態で働く人を意味する
そこで働く人：雇用契約以外の契約も含む

※これらの言葉の定義については各社で明確にしておく

が必要な際は、「正社員」「契約社員」などと呼称する。

　昨今は、フリーランスの活用や他社で雇用されている人を副業として業務委託契約等で受け入れるケースなども増えている。人事は雇用契約以外の人材の活用も視野に入れる必要がある。

❶ 人事ポリシーの構築

　経営理念が明確な場合でも不明確な場合でも、人事が各施策を企画・実施する上では拠り所となる考え方を明確にしなければならない。これがないと各施策は一貫性に欠け、また個別の労務問題においても不整合を起こしやすくなる。人事ポリシーとは、「企業の、そこで働く人に対する考え方」であるが、これはそれぞれの企業によって違う。「他社と比べてどうなのか」ではなく、「自社はどう考えるか」が重要である。いうなれば、「自社固有の価値観」だ。

　例えば、次に掲げる二つの対極をなす項目に対して、自社ではどのように考えているだろうか。

- 長く働いてほしい ←→ 短期的に成果を上げてほしい
- 管理監督を重視する ←→ 自発的発想・自主性を重視する
- チームプレーを重視する ←→ 個人プレーを重視する
- 優秀層を引き上げる ←→ 非優秀層を含め底上げする

　これらは企業によって考え方が違う。その価値観や企業ステージ、業種等によって異なる考え方がある。

　人事部門が、以下のような人事施策を企画・実施していくに当たって、常に立ち返るべき根幹となる考え方（人事ポリシー）を持つことによって、一貫性と継続性を確保できる。

- 採用・代謝
- 評価
- 教育・研修
- 配置・異動
- 人事制度、各種人事施策の企画・運用
- 個別労務問題への対応

❷ 人事における一貫性と継続性

　人事において「一貫性」は極めて重要である。人によって極端に対応を変えてしまったり（変えるなら変えるなりのポリシーがあれば別であるが）、場当たり的な対応をし、後になって不整合を起こしたりすることが、働く人たちからの信頼を最も失う。

　働く人たちからの人事部門への信頼は、すなわち会社への信頼である。人事部門が信頼されていなければ、会社が信頼されていないということになる。したがって、経営から人事部門への信頼も失う。

　その一貫性の拠り所が「人事ポリシー」である。ただし、人事ポリシーは一度策定したからといって変更されないわけではない。企業ステージによって変更されることも当然ある。

　人事にとっての「継続性」は、変更のときに「それまで」と「これから」がどう変わったのかを認識しているということだ。「変わった」ということを認識しておかないと混乱を招く。併せて「変えるべきもの」と「変えてはならないもの」も常に留意していなければならない［図表10］。

　これら「一貫性」と「継続性」の根底にあるのが、人事ポリシーである。経営理念が明確でないという場合でも、「われわれ人事部門は、どう考えて人に対応していくか」を明らかにしなければならない。

図表10 ●「人事」で大切なこと：一貫性と継続性

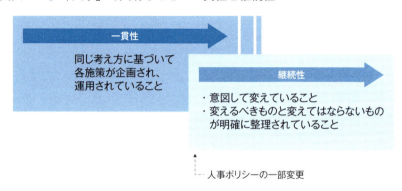

3 経営とのコミュニケーション

人事ポリシーの策定に際しての経営層とのコミュニケーションは、人事の大切さを理解してもらう絶好の機会にもなり得る。共に考えることで、経営者からも「頭の中が整理できた」「自分がどういう考えなのか整理できた」といったコメントをもらうことも多い。

さらに、人事ポリシーを策定しておけば、経営にブレが生じたとき、それを思いとどまらせたり、いさめたり、あるいは再度確認して人事ポリシーを変更するなど、人事にとっては経営への強力な牽制・確認材料となり得る。

経営者は常にさまざまなことを考えている。それまでにない発想をすることも多い。それを受け止めるのも人事の仕事だが、その発想が人事ポリシーとずれていることも少なくない。

人事の仕事は、例えば新卒採用や人事制度改定など、数年以上先を見据えた施策も多い。短期的にころころと変化してしまってはならない。一方で経営者はスピードと変革を望む。ここに経営と人事のギャップが生まれる。しかし、経営の要望に対応しないわけにはいかない。そうしたとき、人事はどうすればよいのか。

まずは、新たな経営の要望が、「今後も継続的に行うもの」なのか、「試しにやってみろ」や「今回だけ」なのかを確認しなければならない。つまり、人事は、その対応が「例外」なのか「変化」なのかを常に見極めなければならない。

4 人事ポリシーの位置づけ

[図表11] は各種人事施策の位置づけを示しているが、人事ポリシーは、自社オリジナリティの領域である。[図表11] は下に行くほど多くの企業が同じ環境に置かれている領域で、おおむね汎用的であり、上に行くほど、「企業によって違うもの」「オリジナリティ」である。人事ポリシーは、企業によって大きく異なる。「他社がやってうまくいっているから」という施策を自社に導入しても、うまくいかない理由はここにある。「うちの会社はこう考える」というものは、企業によって違うので、そこを明確にしておかなければ、人事施策の成功は望めないのである。

図表11 ● 人事ポリシーの位置づけ

2 人事ポリシー明確化のためのフレーム例

1 人事ポリシー策定の手順

　人事ポリシーの策定に際しては、通常は経営（特に社長、経営陣）との議論を通して確認していくという作業から入る。[図表12]に示したフレームを活用して議論していくと策定しやすいだろう。

　この中から経営が選択した内容を受けて明文化し、再度経営の承認を受けることとなる。また、明確な経営の承認を得なくても、人事部門内の統一の考え方として持っておくことも価値がある（その場合、経営の価値観・意思に反しないようにすることは当然だ）。明文化の方法に決まったものはないが、分かりやすくしておけばよい。

　このフレームは「これだけ」「これがすべて」というものではなく、各社が工夫して構築していただきたいが、おおむねこのフレームを経営に確認することにより、その会社の「人」に対する考え方が確認できる。

　このフレームは多くの項目で「選択」を伴うが、必ずしもいずれかに決めるというものではない（ただし、どれをより重視するか、といった議論はぜひし

図表 12 ● 人事ポリシー明確化のためのフレーム例

①成果主義／行動主義／能力主義／職務主義

②年齢主義／勤続主義／年功主義／生活保障主義

③後払い／時価払い

④投資／精算（Attraction & Retention：A & R ／ Pay For Performance：PFP）

⑤長期雇用／新陳代謝

⑥基本給とは、賞与とは（積上積下／洗い替え）

⑦手当は何のために払っているか

⑧報酬水準

⑨２：６：２のうち重視する層（底上げ／格差）

⑩資本／資源

⑪Ｘ理論／Ｙ理論

⑫仕事型／組織型／職場型／生活型

⑬リーダーシップ／マネジメント

⑭コア／スペシャリスト／マネージャー／オペレーター

⑮エキスパート／ゼネラリスト

⑯ピラミッド組織（△）／ "逆" ピラミッド組織（▽）

⑰組織形態

⑱チームプレー／個人プレー

⑲求める人材像

⑳評価したい要素

てほしい）。

　それぞれのフレームで経営と議論することは、とても意義があり、経営が人事ポリシーを明確に意識するきっかけにもなる。また、これらは人事を担当していく上での基礎的知識ともなるので、しっかりと理解してほしい。

2 フレームごとの考え方

1 人事の方針―成果／行動／能力／職務

　自社の人事において、いま大切にする考え方は何か。何を評価し、何に対して給与を払うのか。大きくは成果主義、行動主義、能力主義、職務主義に分け

63

られる。世の中の人事制度は、これらを単独あるいは組み合わせて作られている。また、企業成長とともに変化していくことも想定しておきたい。

①成果主義：一定の期間（年度・半期等）における成果・業績を重視する。

②行動主義：コンピテンシー（成果を出すための欠かせない行動）を根幹に据える考え方で、「顕在化した能力としての行動」に焦点を当てる。

③能力主義：人事制度では「職能主義」ともいわれる。各人の仕事を遂行する能力に焦点を当てる。能力は積み重なっていくという考え方が根底にあり、年齢主義、勤続主義、年功主義とも親和性が高い。ただし、能力は発揮されなければ（行動として顕在化しなければ）周囲から確認できない。すなわち、評価できない。

④職務主義：仕事（職務）に値段を付けるともいえる考え方。「ジョブ型」といわれている仕組みの背景にあるものだ。例えば、人事部長はいくら、営業部長はいくらなどと、ポストに値段を付けて処遇する。外資系企業に多く取り入れられている考え方であり、グローバル化、職務の専門化を志向する大企業で昨今導入が進んでいる。ジョブ・ディスクリプション（Job Description：職務記述書）を作成し、仕事の内容を明確にすることが前提となる。効能も多いが、組織変更などへの対応が煩雑になる。ジョブローテーションによる育成を基本としてきた日本企業（メンバーシップ型）で、この考え方がなじむか、慎重に考慮する必要がある。

2 人事の方針―年齢／勤続／年功／生活保障

上記**1**に加えて、日本企業の慣行として以下の方針を重視する根強い考え方がある。

⑤年齢主義：年齢給に代表される、年齢を重視する考え方。

⑥勤続主義：勤続年数を重視する考え方で、長期雇用を前提としており、まだまだ企業に根づいている。退職金は勤続主義を前提に設計されているケースが多い。休職期間や年次有給休暇の付与日数も勤続年数をベースに決まる。

⑦年功主義：毎年の功績の積み上げを重視する考え方で、能力主義に近いが、能力よりも過去の功績を重視する点が異なる。若年層では給与を抑え気味にし、中高年になったら手厚く処遇するなど、終身雇用を支える考え方ともいえる。

⑧生活保障主義：社員の生活を重視し、「生活できるか」を考慮して住宅手当・

家族手当などに反映することが多い。また、中高年になると住宅ローンや子どもの教育費などがかかるという考え方の下、年功主義との親和性も高い。

以上のように、自社は、人の何を重視するのか、その方針を明確にしていくことで、人事ポリシーの"軸"が決まってくる。「何が正しいか」ではない。「自社はどう考えるか」である。最近の傾向としては、行動主義＋成果主義を選択する企業が多く、終身雇用の見直しなどとともに、年齢・勤続・年功の考え方が薄れてきてはいる（ただし、いまだ根強い）。

3 後払い／時価払い

これは、給与を「後払い型」にするか、「時価払い型」にするかという違いである。

前記2の年功主義では、給与を「後払い型」としてきた事例が多い。若いときの給与は抑え、50代に給与水準のピークを持ってくる。生活保障的な意味合いも強い。

一方「時価払い」は、「現在の貢献度（貢献度とは何かという議論も必要）に対して、今払う」という考え方である ［図表13］。

なお、「後払い型」は若年層の離職につながることも考慮に入れておきた

図表13● 「後払い」と「時価払い」

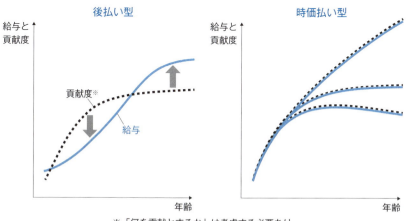

※「何を貢献とするか」は考慮する必要あり

い。また、これまでの「後払い型」の結果、給与が高止まりし、さらに 70 歳までの就業確保を想定している大手企業などでは、40 代以降の早期退職優遇制度などの導入が進んでいる。それらを踏まえても、現況では、「時価払い」を志向したほうが良さそうではある。

4 投資／精算（Attraction & Retention：A & R ／ Pay For Performance：PFP）

　バブル経済崩壊後、成果主義重視の風潮の中で叫ばれたのが、Pay For Performance（PFP）である。Pay For Performance とは、社員個々の成果を公正に評価し、報酬を支払うという考え方で、たとえ能力があっても、勤続年数が長くても、成果に結びつかなければ高い処遇は受けられない。給与は「上げた業績・成果」に基づく「精算」的な意味合いが強くなる。

　その後、行きすぎた成果主義への反省から Attraction & Retention（A & R）を重視する人事施策が増えてきた。Attraction & Retention とは、人材の惹きつけと引き止めに重点を置く考え方で、自社に人材を惹きつけ、優秀な人材を辞めさせないことを重視する。給与や賞与よりも、その企業自体の魅力、理念・ミッションや社員が成長できる環境を重視する。考え方としては、将来の仕事の成果を期待する「未来軸」ともいえる。その意味で給与は「投資」的な意味合いとなる。

　こうした考え方を組み合わせて、基本給は「投資」、賞与は「精算」と捉えるケースが多い［図表 14］。

5 長期雇用／新陳代謝

　上記 4 とも関連するが、社員に長く働いてほしいのか、長期勤続を想定せず人材の新陳代謝を高めたいのか、これは企業の業態、成長ステージによって異なるだろう。「長く働いてほしい」というのが日本企業の一般的な考え方かもしれないが、終身雇用の維持が難しい昨今において「長期」とはどのくらいの期間を指すのか。10 年でも「長い」という経営者もいる一方、「10 年で一人前にやっとなれる」という業種や職種もあるだろう。人材が適度に入れ替わったほうがよいとする経営者もいる。こうした考え方の違いで人事施策は大きく異なっていくことが考えられる［図表 15］。

6 基本給とは、賞与とは（積上積下／洗い替え）

　基本給は、何に対して支払っているのか。もちろん「労働の対価」ではある

66

第2章　人事部の仕事（ステップアップ編）　3　人事ポリシーの明確化

図表14 ● 「投資」と「精算」

Attraction & Retention	Pay For Performance
投資と考える	**精算と考える**
成果・業績を期待できる ➡「投資価値」	成果を上げた／業績を上げた ➡「精算価値」
未来の成果に対する **『投資』**	**直近の業績に対する** **『精算』**
例：基本給	例：賞与

図表15 ● 「長期雇用」と「新陳代謝」

Attraction & Retention	Pay For Performance
中長期	**短期**
（中長期的な勤続を想定する）	（長期勤続を想定しない）
・中長期的に人材を育成する ・安定・安心・長期展望 ・行動重視（コンピテンシー）	・短期的な業績を重視する ・成果・ドラスチック・今稼ぐ ・成果重視（目標管理）

　が、人によって基本給が違うのはなぜか。これは前記 **1** の人事の方針によるところも大きいだろう。

　［図表14］を見れば、基本給は「投資価値」に対して払っている。投資価値が上がれば昇給する。投資価値が下がれば降給する。ただし、基本給の降給についても人事ポリシーでの定め方次第であり、「降給はありか、なしか」は大事な議論のテーマである。

　投資価値は急激に大きく変わらないと考えると、前年度実績に基づいて昇降給を決定することが自然だろう。これを「積上積下方式」という。

　一方、賞与は何に対して支払っているのか。直近の年度・半期における業績・成果に対して払っているのであれば、前年度実績を考慮しないで決定するということになる。企業業績が悪いときに「賞与ゼロ」はあり得るのか。この

67

点も議論してほしいポイントだ。業績・成果に対して払うという前提であれば、前年度実績は考慮しない「洗い替え方式」がなじむだろう。しかし、「賞与も生活給の一部である」「賞与は年収の一定割合を占める一時金である」という考え方もある。これらの自社の考え方をぜひしっかり整理してほしい［図表16］。

7 手当は何のために払っているか

社員に対してさまざまな手当を設定している企業もあるだろう［図表17］。その各種手当は何のために払っているのか。住宅手当や家族手当は「生活保障的」なものなのか。営業手当は何のために払っているのか。

自社の手当を検証し、その意味合いを確認してほしい。評価に関わりなく支給される生活関連手当を廃止する動きもある一方、住宅手当・家族手当を充実させている企業もある。手当を支給することの意義と効果をよく検証してほしい。

手当は一度支給し始めると、労働条件の不利益変更との関係で廃止するのが難しい。手当の新設は慎重に行ってほしい。

図表16 ●「基本給」と「賞与」の考え方

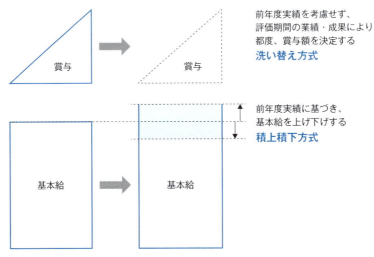

図表 17 ● 手当の種類と支給目的

分類	名称	支給目的
生活関連手当	家族手当	扶養家族の人数に伴う生計費負担の増加に対する補助
	住宅手当	住宅費の負担に対する補助
	食事手当	食堂のない事業所勤務者に対して福利厚生のバランスを考慮して補助
	地域手当・勤務地手当	都市と地方との生計費格差に対する補助
	寒冷地手当	寒冷地における暖房費の負担に対する補助
職務関連手当	役職手当（役付手当）	役職に伴う職務負荷の増加に対して支給
	営業手当	外勤に伴う職務負荷や雑支出に対して支給
	公的資格手当	業務関連の資格取得を奨励するために支給
	交替勤務手当	交替勤務の職務負荷に対して支給
	特殊勤務手当	守衛や警備員など特殊な作業・職務に対して支給
実費弁償的手当	通勤手当	職場まで通勤するためにかかる交通費の補助
	単身赴任手当	単身赴任に伴う生計費負担の増加に対する補助
業績奨励手当	歩合手当	業績向上の意欲喚起のため、実績に連動させて支給
	精勤手当・皆勤手当	真面目に勤務することを奨励するため、欠勤や遅刻がなかった場合などに支給
その他の手当	調整手当	給与制度の改定などに伴う経過措置として支給

8 報酬水準

　経営の本音として、報酬水準は高いほうがよいと考えているかどうかである。定型業務中心の業態であれば、報酬水準はある程度抑えたいところだろう。

　人事は、経営から「高い報酬水準を目指す」という言質を取ることも大切である。それが社員に希望を与える。また、経営理念が浸透している会社では報酬水準が必ずしも高くないケースがある。社員が理念に共感し、働く意義を見いだしているからだ。「お金で買えない価値がある」ことも認識すべきであ

図表 18 ● 動機づけ要因と衛生要因（ハーズバーグの二要因理論）

動機づけ要因 満たされると「やる気」になる要因	衛生要因 不足していると「やる気」をなくす要因
・達成 ・達成に対する承認 ・仕事そのものへの興味・関心 ・責任 ・昇進	・会社の方針と管理 ・監督 ・給与 ・対人関係 ・作業条件

る。社員に「お金」以外のやりがいを持ってもらえるような仕掛けを用意しておくことも大切である。

　モチベーションに関する代表的な基礎理論を提唱したアメリカの心理学者F・ハーズバーグによれば、金銭や人間関係などの衛生要因は満たされなければ不満を感じるが、それだけではやる気を引き出すことはできず、仕事のやる気は仕事そのものに対する興味・関心によってもたらされるという［**図表18**］。給与が高ければモチベーションが高まるわけではなく、給与は衛生要因（それが不足しているとやる気がなくなる）にすぎない。水準の多寡もさることながら、給与が評価に基づいていることが重要で、それが自らの仕事ぶりに対する承認や自分の存在価値の証しとして大きな意味を持つ。

　高い給与を払えば、社員はやる気を高めて、さらに頑張るだろうと考える経営者は少なくない。しかし、そうとは限らないことを人事は想定しておかなければならない。これは人事制度の構築において極めて重要な考え方である。業態の特性や労働時間の長さなどの事業の実態を踏まえて、よく検討することが重要である。

9 2：6：2のうち重視する層（底上げ／格差）

　組織については、よく「2：6：2」という経験則が語られる。組織の利益に多大な貢献をする優秀層2割、一般的で普通の中間層6割、業績が悪いあるいは足を引っ張る下位層2割で組織は構成されるというものだ。

　この2：6：2についてどう考えるかは、経営者によってさまざまである。優秀層2割を思い切り引き上げるなら、処遇格差を大きくする施策を展開することになる。この場合、中間層6割と下位層2割の双方に代謝圧力がかかる。中

間層 6 割を重視するのが最も無難かもしれないが、その場合、優秀層 2 割はそれに飽き足らず会社を辞めてしまうおそれがある。また、下位層 2 割を含めた全社員を重視しようとすると、下位層 2 割へのフォローのかけ方次第で、優秀層 2 割と中間層 6 割が去っていくこともあり得る。もしくは、「やってもやらなくても同じ」と思われ、「みんなが頑張らなくなる」おそれもある。

特に下位層 2 割をどう考えるか。給与を本当に下げるのか、代謝を働き掛けるのかは、重要な人事ポリシーの一つである。

ここは経営と人事の覚悟が試される。総花的では有効な人事施策は打てない。人事はメリットとデメリットのバランスを見極めることが重要である。

🔟 資本／資源

人材を「資本」と見るのか、「資源」と見るかの違いである。「人的資本経営」という概念が昨今多く語られている。人材を「資本」として捉え、その価値を最大限に引き出し、企業価値向上につなげていく経営の在り方だ。この概念は 1990 年代から語られていたが、いま改めて注目されている。「資本」は投下し（無駄になることもあるが）、リターンを期待する。一方、「資源」は使い果たすもの、あるいは他のものに形を変えて価値を生むと考える。

人は資本と見るほうが良さそうだが、全従業員（その企業で働く、あらゆる雇用形態の人）、また雇用契約以外の人を資本とみなすかについては議論が必要だろう。ある経営者は「社員にはエンジンとタイヤの種別がある」と言っていた。代替しにくいもの（エンジン）と代替しやすいもの（タイヤ）と言い換えてもいいだろう。これは経営的視点でドライに考える必要がある。

🔟 X 理論／Y 理論

経営者や管理職の従業員観、就業観を大きく二つに分類した X 理論／Y 理論は、アメリカの経営学者ダグラス・M・マクレガーが唱えた有名な理論である［図表 19］。

彼は、命令型の統制方法を X 理論とし、個人の自己実現欲求を満たすことで人間の可能性を引き出す統制方法を Y 理論とした。

工業化社会における工場労働は X 理論に立脚することが多かった。現在でも、根底では X 理論である会社は多い。また、コンプライアンスを重視するのならば、少なくとも何割かは X 理論であるべきだろう。一方、従業員の自主性、自律性を重視するのならば Y 理論に立脚することになる。細かく管理

図表 19 ● 「X理論」と「Y理論」

アメリカの経営学者ダグラス・M・マクレガーが経営管理について提唱したもので、
人間に対する本質的な見方を二つの異なる理論として対比させたもの

X理論(性悪説)	← →	Y理論(性善説)
人間は仕事をするのが嫌いで、仕事はしたくないものだ。 企業目標達成のためには、統制・命令・処罰による脅しが必要である。 人は金のために働く。 普通の人間は命令されるほうが好きで、責任を回避したいと思っており、安全を望んでいる。		仕事で心身を使うのは娯楽や休息と同じように自然なことである。普通の人間は生来仕事が嫌いというわけではない。 人は自らを委ねた目的に役立つためには自ら命令し、自ら統制するものだ。 最も重要な報酬は、自我の欲求や自己実現の欲求の満足といったもので、これらは組織目的に向けて努力すれば直接得られるものである。 普通の人間は責任を引き受けるだけでなく、自ら進んで責任をとることを学習する。 組織的問題の解決に際して、比較的高度の想像力、工夫力、創造力を働かせる能力は多くの人に備わっている。

しないということだ。

　自社がどちらに基づいて従業員を捉えるかは、人材を活用していく上で、さらにはさまざまな人事施策を展開していく上で、極めて重要な考え方となる。

⑫モチベーションリソース—仕事型／組織型／職場型／生活型

　上記⑪に関連するが、社員にどのようなモチベーションリソース（やる気の源泉）で働いてほしいかを想定する［図表20］。

①仕事型：顧客に「ありがとう」と言われることがうれしい、社会に貢献している実感がある、など仕事そのものが好きで、やりがいを感じる

②組織型：自身が働く企業が好き、その組織にいることが誇りだ、など組織内での役割・責任にやりがいを感じる

③職場型：組織型の一類型で、職場にいる仲間と仕事をするのが楽しい

④生活型：稼いだお金で得られるものがやる気の源泉。家族と過ごす、欲しいものを買う、旅行に行くなどのプライベートの充実が目的

　生活型であれば、給与や福利厚生の充実に関心が高いことが想定される。あるいは労働時間を少なくして、余暇を充実させたいという場合もある。組織

図表20 ● モチベーションリソース（やる気の源泉）

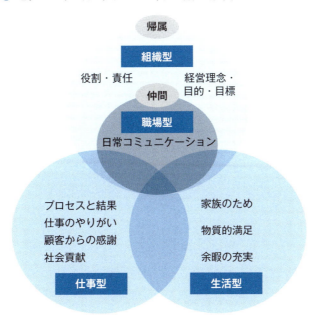

資料出所：リクルート「モチベーションリソース革命」より筆者作成

型・職場型は、会社のステータスあるいは経営理念への真の共感、会社の雰囲気・仲間意識などを高めていく施策が必要になる。仕事型については、自らの判断で仕事をする裁量を広げるなどの施策が重要になってくる。

13 リーダーシップ／マネジメント

　リーダーシップとマネジメントは、違う概念である。リーダーシップは「動きを創る」ものであり、マネジメントは「無駄をなくしていく」ものである[図表21]。別の言い方としては「風呂敷を広げる」「風呂敷を畳む」ともいえるだろう。

　[図表22]のように企業や事業にはサイクルがある。このサイクルによって求められるリーダーシップ、マネジメントの重要度は変化する。このサイクルの変化は人材の代謝（入れ替え）にもつながる。成長期・安定期にいる企業は、[図表22]の左上または右上に位置し、マネジメントを重視するステージ

図表 21 ● 「リーダーシップ」と「マネジメント」

動きを創る リーダーシップ	無駄をなくしていく マネジメント
理想的なビジョンを描き、周囲に働き掛け、動かすこと	経営資源を効率的に活用し、最大の成果を上げること
資源を勝ち取る＝自らリスクを背負う	与えられた資源の配分＝選択、戦術
インフォーマルな権力―私的な影響力	公的な権力―職務権限
強制力がない…人心に訴える⇔人間関係	強制力がある…職務権限⇔権限依存
情緒的、共感性、動的、柔軟、臨機応変	論理的、合理的、計画的
自立変革型組織	計画管理型組織
鼓舞、人間、気持ち中心	統制、仕組み、システム中心
方向づけし、共感性を育む能力	目標達成のため徹底・継続する能力
人間性、洞察力	論理性、分析力
理想的、有効性重視、価値観・納得、可能性のある方法	現実的、効率性重視、成果・結果、確率の高い方法
全体、流れを見る	部分、細部を見る
目的重視、使命重視	手段重視、経験重視

資料出所：ジョン・P・コッター『リーダーシップ論』（ダイヤモンド社）より筆者作成

（仕組みを整え、効率的に回す）にいることが多い。一方、変革期・新規開拓領域にいる企業は、右下・左下に位置し、新たな動きを創るリーダーシップを重視するステージといえる。これにより、「求める人材像」も変わっていく。

🔢 コア／スペシャリスト／マネージャー／オペレーター

人事においてとても重要な考え方のフレームとして「人材ポートフォリオ」がある［図表23］。

人材ポートフォリオとは、職務内容や職務ごとに求められる成果に基づいて人材をマッピングし、配置・異動、育成に活用するツールである。社員がキャリアプラン、ライフプランをこのフレームで考察することで、「どのように働きたいか」「仕事をどのように捉えているか」について分かりやすく整理できる。

人材ポートフォリオは、採用、社員面談、育成の各場面において「何を目指

図表 22 ● 事業サイクル

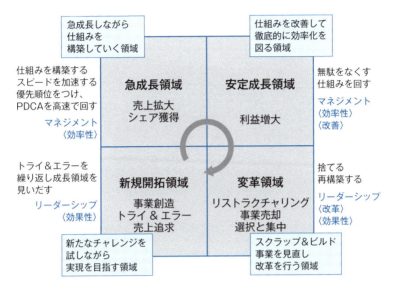

すか」「どのように働くか」を社員一人ひとりに考えさせ、明らかにする際にも有効に機能する［図表24］。詳細は後掲「5　採用・選考」で解説する。

15 エキスパート／ゼネラリスト

　人材ポートフォリオにおけるスペシャリストとコアに近い概念である。専門的人材の育成と配置を重視するのが「エキスパート」、さまざまな分野の知識や経験を持つ人材の育成を重視するのが「ゼネラリスト」である。

　エキスパートを志向するならば専門職制度などを用意して専門的な知見・経験を積ませることを重視し、ゼネラリストを志向するならばジョブローテーションによって広い視野を形成させるといったように、育成や配置の仕方も変えていかなければならない。

　ちなみに「ジョブ型」は、エキスパートの育成に向いており、「メンバーシップ型」はゼネラリストの育成に適しているといえる。

16 ピラミッド組織（△）／"逆"ピラミッド組織（▽）

　ピラミッド組織、"逆"ピラミッド組織とは、組織の形態と意思決定の在り

図表23 ● 人材ポートフォリオ

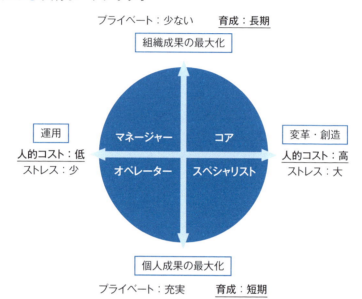

資料出所：リクルートワークス研究所「ワークス40」を基に追記構成

方を示したものである［図表25］。従業員にどのような働きを求めるか、それは組織形態とも関係する。

　仕事の要素（価値のある仕事の仕方）として、以下の四つに分けられる。
- Do重視：言われたこと、決められたことをきっちり遂行すること
- How重視：どのように進めていくべきか、やり方を自ら考えて行うこと
- What重視：何をすべきか自ら考えること
- Why重視：なぜそれをするのか、何を目指すのかを考えること

　ピラミッド組織（△）は指示・命令徹底型が特徴で、なぜそれをするのか（Why）、何をすべきか（What）については経営層が考え、どのように進めていくべきか（How）をミドル層が考えて指示し、現場がきっちり遂行する（Do）という組織体である。

　一方、"逆"ピラミッド組織（▽）は現場支援型が特徴で、顧客に一番近い

図表24 ● 人材ポートフォリオ別に見た仕事の内容

ポートフォリオの位置	左下 ◔	左上 ◔	右下 ◔	右上 ◔
区分	オペレーター	マネージャー	スペシャリスト	コア
仕事内容	決められたことを指示（マニュアル）どおりに実行する	• マニュアル等に従って、組織を運営する • オペレーターを取りまとめる	専門領域において高い価値を提供する	• 組織を通じて価値を創造する • 組織の変革を実行する
結果	• 結果は分かっている • 誰がやっても同じ結果を求められる	• マネジメント力によっては、結果が変わる • やるべきことは（ある程度）決まっている	• 結果は分からない • 価値創造が求められる	• 結果は分からない • 価値創造が求められる
キャリアスタイル	• プライベート優先 • 生活のために働く • 他の区分の育成期間	• オペレーターの延長 • 組織を取りまとめたい • 責任ある仕事をしたい	• 専門家志向 • 資格志向 • クリエイティブ志向	• 経営志向 • 変革志向
ライフスタイル	• ONとOFFを切り分けたい • 残業はしたくない • 自分の時間を大切にしたい	• ある程度ON優先 • やるべきことは決まっており、それを行えば、ONとOFFを切り替えられる	• 組織でなく、個人としての価値を大切にする • 自分のペースを大切にする • ただし、OFFも知識・スキル・人的ネットワーク獲得が必要	• ビジネスキャリアをメインとしたライフスタイル • 人的ネットワークづくり • ビジネススクール • ON優先で、自分の時間も仕事のことを考える
契約形態・雇用形態例	• 正社員（一般職・技能職） • アルバイト・パートタイマー、契約社員 • 派遣社員の一部	• 正社員（地域限定あり） • 技能職（職長） • 一部、契約社員の店長など	• 請負、委任・準委任契約 • 高度な専門性を持つ契約社員・派遣社員	• 正社員 • 委任契約
報酬	• 時給制・日給制が多い • 相対的に安い	• 月給制（概して安い）	• 月給制 • 契約制（職種によるが高い報酬も期待できる）	• 月給制 • 年俸制＋インセンティブ（価値を生み出せば高い）
育成	• 短期 • マニュアル	• 中期（数年） • オペレーター経験	• 即戦力（自社育成をしない場合が多い）	• 長期（数年以上） • 多領域の経験を積ませる
職種例	• パートタイマー・アルバイト • 店舗スタッフ • 工場作業員 • 技能職 • 一般職	• 店長 • 職長 • 旧来の管理職	• 士業（弁護士・公認会計士・建築士） • 医師・看護師など有資格者 • エンジニア・クリエイター	• 経営者 • 経営スタッフ • 新規事業開発・企画スタッフ • 部長以上の管理職（ビジョン策定・戦略策定）

図表25 ● 組織の考え方

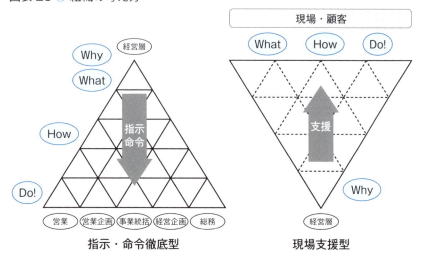

現場で、何をすべきか（What）、どのようにするか（How）を考え、そして実行する（Do）。ミドル層と経営層はそれを後方から支援するという組織体で、顧客の要望が多様な業態に向いている。

"逆"ピラミッド組織（▽）の場合は、問題意識が高く、課題抽出力、対策立案力のある、いわゆる"考える"人材を採用するところから想定しなければならず、権限委譲も進めていく必要がある。そのためミドル層以上が、相当の発想の転換をしなければならない。

両組織は求める人材像が異なる。Whatを指向する人材を採用したにもかかわらず、Doのみをさせてしまえば離職を招く。逆も然りだ。

17 組織形態

これは自社の組織の形態がどうなっているのかということである。組織には、文鎮型（フラット型）、ツリー型（ピラミッド型）、マトリックス型などがある［図表26］。成長期においては文鎮型からツリー型にステージが移行することが多い。その場合、組織の結節点として機能するミドルマネジメントの育成は欠かせない。そうした成長ステージごとに重視すべき視点を経営に与えるのも人事の役割の一つである。

図表26 ● 組織形態の例

文鎮型組織

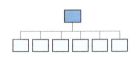

- 中間層がない組織形態
- ツリー型と比べて、上から下へ指示がスピーディに伝達されるメリットがある
- 企業の創業期に多い

ツリー型組織

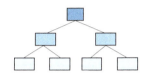

- 組織が拡大し、それを管理するため縦に長い階層を持つ組織形態
- そのため、中間管理職の層を多く持つ
- 指示・命令は常に上から下へ降りてくるのが一般的

マトリックス型組織

	支店A	支店B	支店C
商品1			
商品2			
商品3			
商品4			

- 複数の軸をマトリックス的に組み合わせて編制した組織形態。1人のメンバーが複数の担当を持つことが多い
- 縦割り組織にありがちな非効率性・不透明性がない半面、メンバー管理など運用面での難しさがある

　自社が、現在どのステージにいて、次にどのような組織形態を志向するかは、人事制度や採用・育成・配置等に大いに影響を与える。

18 チームプレー／個人プレー

　これは、チームでメンバーが協調しながら業務を遂行していくことを重視するか、個人が主体性を発揮して実績を上げることを重視するかに違いがある[図表27]。

　チームプレー重視で、役割を分担あるいは協働して実績を上げていくならば、チームインセンティブ、部門評価などの施策の重要度が増す。採用でも協調性が高い人材が求められる。

　個人プレー重視ならば、個人インセンティブ・賞与などの比率を高めること

図表27 ●「チームプレー」と「個人プレー」

チームプレー
協調性を重視する
チームに対しての献身を求める
チームワークで成果を出す
※チームインセンティブ

個人プレー
主体性・独自性を重視する
自ら考えて動くことを求める
個の力で成果を出す
※個人インセンティブ

になる。一人ひとりの業績が明らかになりやすい仕事ならば、個人プレー重視が向く。採用すべき人材は、自分としての確固たる意見や基準を持ち、主体的に判断・行動できる一匹狼型が適しているといえる。

協調性の高い人材に独自性を求めること、また一匹狼に協調性を求めることはなかなか難しいものだ。組織形態と相まって採用と配置には留意したい。

19 求める人材像

求める人材像については、経営に対して定性的に「どんな人が欲しいですか」と、そのイメージをストレートに聞くとよい。さまざまな要素が出てくるだろう。ただし、すべて同時に実現することはないことを想定しておかなければならない。「協調性があって、自律的に考えて行動し、独自の信念を貫いて結果を出す」などという人材は、なかなかいないだろう。自社として求める人材像のスペック（仕様）を定め、それに優先順位を付けていくことが必要になる。人事ポリシーを策定する際には、とかく「あれも、これも」となり、総花的になりやすい。それが逆にポイントを分かりにくくし、特徴がないものになりやすいことに注意すべきである。

20 評価したい要素

改めて経営に「どんな人を評価するのか」、そのイメージをヒアリングするのもよい。「頑張った人」という答えが多く挙がってくるが、「頑張った」とはどういう状態なのかを突っ込んで聞くことで、解像度を上げていくことが重要になる。

結果として評価するのは、業績を上げた人なのか、たとえ運が悪くて業績は上がらなくても、そのプロセスをしっかり遂行した人なのか、チームワークに

第2章　人事部の仕事（ステップアップ編）　3　人事ポリシーの明確化

優れている人なのかなど視点と基準を決めておく必要がある。また、視点は階層別に異なってくる場合もある。部長層は何を評価するか、課長層、メンバー層ごとの違いをそれぞれ確認することが望ましい（汎用的な、階層別に求められる要件については、後掲「6　人事制度の企画・運用」で解説する）。

3　人事ポリシーの明文化と活用

❶ 人事ポリシーの整理

これまでに掲げた 20 のフレームを確認したら、ぜひ人事ポリシーを明文化してほしい。明文化は多くの会社で行われており、各社のホームページの会社概要の中で紹介しているケースがあるので参考にするとよいだろう［図表 28］。

❷ 人事ポリシーの活用

人事ポリシーは、すべての人事施策の根幹である。制度構築、採用、教育などの場面で、必ずポリシーに立ち返って、そこから外れていないかをその都度確認してほしい。

また、経営に対しては、人事ポリシー策定時のヒアリングに基づいて「こうおっしゃっていましたよねぇ」という一言が効く。そうした"釘"を刺しておけば、経営から人事ポリシーと違う施策や対応を指示された際に、「例外的にそうするのか」「以後、その対応をスタンダードにするのか」を明確にできる。それも人事の仕事の価値である。

「今回だけですね？」「今後はこうするのですね？」といった会話における確認は、経営および職制の人事的視点の育成にも役立つ。例外的な案件を例外と認識しながらも対処することを自覚してもらうことが重要なのである。

人事の仕事をしていくに当たっては、人事ポリシーと環境変化への対応を検証しながら戦略と施策を検討していくことが重要になる。「他社が行っているから」という理由だけで、いたずらに単発的な施策を導入しても定着しないケースは多い。自社独自の考え方を吟味していないからである。人事ポリシーと環境変化を見据えながら、説得力のある人事施策を検討してほしい。

81

図表 28 ● 人事ポリシーの例

1. 人事制度は、行動主義＋成果主義に基づき設計します。
2. 社員を、より高い価値を生み出していく「資本」と考えます。
3. 社員の成長の方向性は、「組織を動かし、変革を起こし、新たな価値を生み出すコア人材」と、「個人として、高いパフォーマンスを発揮し、新たな価値を生み出すスペシャリスト」の二つのキャリアを目指すこととします。
4. 社員には顧客に何を提供すればよいのかを考え、実行する「What To Do」を求めます。マネジメント層には、メンバーに対し、「なぜそれをするのか」「我々はなぜここにいるのか」「我々は何を目指すのか」について、自分の言葉で語ることができる「Why」を求めます。
5. 社員は仕事をすることが好きである、という前提に立ちます。社員は、会社の目的に役立つためなら、本来は他者からの指示・命令ではなく、自ら考え行動するものであると考えます。
6. 社員は、仕事そのものにモチベーションを感じる存在であると考えます。
7. 会社は社員に対し、より多くの経験を積み、成長し、より大きな価値を顧客に提供してもらいたいと考え、できるだけ長く働いてほしいと考えています。
8. 社員の大多数が成長していける人事施策を実施していきます。
9. 周りを巻き込んで新たな価値を創造するリーダーシップを重視します。ただし、その前提には、目標に向かってマネジメントを徹底していく必要があります。マネジメントは、他者からの強制によってではなく、個々の社員が自己統制できることを前提とします。
10. チームプレーを重視します。

4 人材配置

1 人員計画

1 定員計画・要員計画・人員計画・代謝（採用）計画の立案

　人事の赤本【基礎編】「3　人材フローの基礎」でも触れたが、個別の人事（ここでいう人事は配置・異動を意味する）の前提として、定員計画、要員計画、人員計画、代謝（採用）計画がある。これらをひとまとめにして「人員計画」と呼ぶ場合があるが、概念として確認していただきたい［図表29］。

　昨今は雇用形態や契約形態も多様になっており、かつ、AI・RPAといった「機械」を業務で活用するケースも増えている。正社員に限らない「労働力」をどういった構成で確保するかを考える必要もある。

2 要員計画・人員計画の策定

　経営戦略に基づく年度目標の達成のために必要な人員数の計画（経営計画）から定員計画が導かれ、それに基づき、要員計画を立てる［図表30］。計画策定には、経営計画からのアプローチと組織の現状からのアプローチがあり、双

図表 29 ● 人員計画

- 定員計画　目標の達成・業務遂行に本来必要な機能・組織・予算・人件費・人員数
- 要員計画　予算、現状に見合う構成員の設定（社員数、派遣社員数など）
- 人員計画　要員計画に対する人員の配置、期間内の変動予測
- 代謝（採用）計画　要員計画と人員計画のギャップを埋める施策

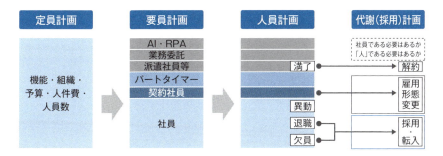

図表30 ● 要員計画・人員計画の策定

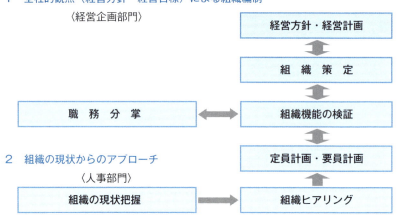

方を検証しながら、具体的な要員計画と人員計画につなげていく。

組織の現状の把握は職制(管理職)へのヒアリングによって行う。定員計画・要員計画策定フォーマット［図表31］、人員計画・代謝計画策定フォーマット［図表32］を使うと便利である。

3 計画策定時の留意事項

人員数としては、職制が増員を要望してくるケースが多い。時間外労働の増加や業績が伸び悩んでいることなどの解決策として戦力増加を求めてくるのだ。一方、経営からは人員の抑制の方針が示されることも少なくない。現場の増員要望と経営の抑制要望を、どのように折り合いをつけていくかが人事部門のミッションといえる［図表33］。

人員数を検討する際の着眼点は二つある。

一つは「効率化」の観点である。現場において仕事をより効率的に処理することで、増員しなくても現状またはそれ以上のパフォーマンスを発揮できる可能性を探る。この際には、経営効率という点において人件費生産性(付加価値〔一般的には売上総利益〕÷人件費)や労働分配率(人件費÷付加価値)(**人事**

図表31 ●定員計画・要員計画策定フォーマット例

●●グループ集計　●●グループ

人件費予算

人件費予算実績	予実差異		見込	

2024年 定員	全雇用形態	12 名	備　考
現人員数 （11月1日現在）	正社員	7 名	
	契約社員	0 名	
	派遣社員	3 名	
	アルバイト	2 名	
	業務委託	0 名	
	出向受入	0 名	
	別枠	0 名	
	AI・RPA	0 体	
定員差異事由			業務削減とRPAにより、人員減の見込み ただし、受発注業務のシステムの課題があり、アルバイト人員は今後も必要
10月1日定員修正申告 修正申告 有	正社員・契約社員	7 名	
	その他	5 名	期初定員2名超過
申告内容（理由）			●●業務の増加のため、派遣社員、アルバイトを増員 2025年度には減員の予定

●●グループ集計　●●グループ

人件費予算

雇用形態別 想定人件費配分

2025年度 要員見込	全雇用形態	9 名	備　考
2025年定員修正申告 （社員・契約社員以外も申告）	正社員	6 名	
	契約社員	1 名	
	派遣社員	0 名	
	アルバイト	2 名	
	業務委託	0 名	
	出向受入	0 名	
	別枠	0 名	
	AI・RPA	2 体	
2025年度定員に向けての対応策			●システム化により、テンポラリー人員の削減は可能 ●機能の、新規事業Gとの調整が必要 ●●グループとの業務統合を検討中
申告内容（要望）			

図表32 ●人員計画・代謝計画策定フォーマット例

組織名	業務区分	現定員申告（現業務機能を担当者別に記入）			人員			2025年4月要員案	
		業務内容	経験値	雇用形態区分	人員	雇用形態区分	現業務	雇用形態区分	対応等
人事部	GL	マネジメント、予算管理、事業計画立案	●●経験5年以上	正社員	山田○○	正社員		正社員	
	職種①	人事採用チームリーダー	●●経験2年以上 4等級以上	正社員	山下○○	正社員		正社員	
	職種②	給与厚生・育成評価チームリーダー	●●経験2年以上 3等級以上	正社員	山口○○	正社員		正社員	総務Gと機能調整
	職種③	●●担当（現在総務Gに当該機能あり）→定員カウントせず	3等級以上	その他	欠員	その他	総務Gに機能あり	その他	
	職種④	採用担当(1)	2等級以上	正社員	山本○○	正社員		正社員	
	職種④	採用担当(2)	2等級以上	正社員	川田○○	正社員		正社員	
	職種⑤	採用アシスタント		派遣	山岸○○	派遣		派遣	
	職種⑥	給与・厚生担当(1)	2等級以上	正社員	川上○○	正社員		正社員	
	職種⑥	給与・厚生担当(2)		正社員	永井○○	正社員		正社員	採用・異動で確保
	職種⑦	育成・評価担当	3等級以上	正社員	玉川○○	派遣		派遣	
	職種⑧	育成・評価アシスタント		派遣	北尾○○	派遣		AI・RPA	人員は職種⑥に統合
	職種⑨	勤怠管理アシスタント		アルバイト	沢田○○	アルバイト		契約社員	対外交渉業務あり
	庶務	グループ庶務、電話対応、配布物管理							

上記集計	雇用形態区分別集計	定員数	人員数	備考	人員数	備考
	正社員	8	8		8	
	契約社員				1	
	派遣社員	3	3		2	
	アルバイト	1	1			
	業務委託					
	出向受入					
	その他					
	AI・RPA				1	

図表 33 ● 人員数および要望・定員の集計表例

部	課	2024年10月1日 人員数				2025年3月末 予測人員数				2025年4月 要望人員数				ギャップ				2025年4月 定員・要員数			
		社員	契約社員	アルバイト	派遣社員	社員	契約社員	アルバイト	派遣社員	社員	契約社員	アルバイト	派遣社員	社員	契約社員	アルバイト	派遣社員	社員	契約社員	アルバイト	派遣社員
A部	A課	4			1	4			1	4			1	0	0	0	0	4			1
	B課	4			2	3			2	4			2	−1	0	0	0	3			3
	計	8	0	0	3	7	0	0	3	8	0	0	3	−1	0	0	0	7	0	0	4
B部	A課	2				1				2				−1	0	0	0	2			
	B課	1				1				2				−1	0	0	0	1			
	C課	1	0	0		1	0	0	1	1	0	0	1	0	0	0	0	1	0	0	1
	計	4	0	0	0	3	0	0	1	5	0	0	1	−2	0	0	0	4	0	0	1
C部	計	2	0	0	0	2	0	0	0	2	0	0	0	0	0	0	0	2	0	0	0
D部	計	7	0	1	0	7	0	1	0	7	0	1	0	0	0	0	0	6	0	1	0

の赤本【基礎編】55～56ページ参照）の推移を見ておくことが重要だ。

　もう一つが「効果性」の観点である。増員に伴い、より高い売り上げや利益が見込める可能性である。また、増員することによって、時間外労働の削減に伴い時間外労働の割増賃金が減り、結果的に人件費が下がることもある。

　人員計画は、一概に絞り込むのではなく、増員か維持か減員かという判断については、経営および事業責任者との折衝が重要になってくる。人事は、職制の代弁者として、現場の要望を事業責任者や経営に伝える役割も持つ。

　一方、逆のケースもある。経営が増員を要望しているにもかかわらず、現場がそれを望まない場合だ。新卒採用数などにおいては、経営は中長期的な事業運営を展望して、多数の人員の採用を計画したいと考える。しかし、現場は、経験のない新卒者が大量に入社しても「育てられない」と拒否反応を示すといったケースである。

　階層別（年齢別）の人員数、退職率のデータを基に、将来の人員数を予測する。その際、中長期売上計画による売り上げの推移予測と、採用数と退職者の動向による人件費予測を大まかに立てる。例えば、20人の新卒採用をした場合、おおよそ毎年何人退職するのか、彼ら彼女らが30歳になったときに何人程度残っているかを予測する。なお、退職率は「1年間の退職者数÷期初人員数」で計算するとシミュレートしやすい。

　これらの計算自体は難しくないが、変数（売上計画や退職率の推移）が多いので精緻な予測とまではいかず参考程度にしかならない。しかし、人事部門としての将来予測を客観的な数値に落とし込んだ上で、経営が考える戦略の実現についてロジックを構築し、それによって現場を説得していくことは重要なプロセスである。

2　人材の配置と異動

　人材の配置と異動は、組織パフォーマンスの極大化と個人の成長のために行われる。人材育成のためには計画的な異動が求められる ［図表34］。

　実際の異動実務は、職制（特に直属上司）の意向と本人の意向を中心にしながら、組織の要請に基づき実施していくことになる。

図表 34 ● 配置と異動

配置とは
　①個人の能力・適性、②仕事の複雑さの度合い、③本人の意思の三つを適合さ
　せ、公平性と効率性の両面から、企業の持つ人的資源が十分に機能するように、
　採用時や組織再編時などに、人員を計画的に分配し、適切な仕事を割り当てるこ
　と

異動とは
　人材フロー（社内における人の流れ）において、適正配置を具現化しようとする
　こと

配置と異動の仕組みの例
　自己申告制度：社員が仕事やキャリアなどに関する希望を会社に申し出る仕組み
　社内公募制度：担当する業務内容をあらかじめ明示し、その業務に従事したい人
　　　　　　　　材を社内から広く募集する制度
　社内ＦＡ制度：社員が異動したい部署に自身を売り込むことによって、希望の人
　　　　　　　　事異動を実現する制度

1 配置における組織要望の取りまとめ

　人員計画の立案に際して職制に要望人員数をヒアリングする場合、個別人事
についても確認しておくとよい。所属メンバーそれぞれの現状や課題について
情報交換をする。その上で上司からの要望として、以下の点をまとめておく。
①異動の意向：「異動させたい」「異動させたくない」「要検討」
②異動させたい場合の異動先候補や想定する職種
③その理由

2 社員本人の意向の確認

　配置の際に本人の意向をどれほど重視するかは会社によって違う。しかし、
「やりたい仕事をする」ときに、人はモチベーションが高まり、パフォーマン
スが上がることを考えれば、本人の意向を全く容れないというのも問題である。
　もちろん、いつも本人の意向どおりになるとは限らない。基本は組織の要請
が優先される。しかし、個々の社員がどのような仕事をしたいかを捉えてお
き、組織の要請とマッチングできれば効果は大きい。

> **Column**
>
> ### 異動の現実：人事 vs 職制
>
> 　職制は、仕事が「できる」とされているメンバーを異動させたがらない。人事部門としては、その人材の育成のために配置転換を働き掛けなければいけないときがある。したがって、職制の要望を聞くだけではなく、人事部門として「誰をどうすべきなのか」という考えを持たなければならない。その際の強力なツールとなるのが「自己申告制度」である。自己申告の内容を根拠に、職制に部下の異動を迫ることができる。

3 自己申告制度

　上記を踏まえると、本人から申告をもらうことは大切である。人は、自分で選んだり、自分の考えを表明したりしたものに対しては満足感、納得感が高く、自己責任の意識も生じる。

　社員からの申告を得る方法は、「上司がヒアリングする」「人事がヒアリングする」「自己申告制度を導入する」などがあるが、マンパワーや本意を把握する意味では「自己申告制度」が有効だ。

　自己申告制度は、大企業を中心に多くの企業で実施されている施策の一つである。会社が一定の規模以上（おおむね50人以上）になったら、導入を検討するに値する。

　自己申告の方法には、以下の二つのケースがある。

A：社員が職制を通じないで、人事部門に対して直接申告する

B：社員が職制を通じて申告する

　Bについては、人事制度における評価面談などに「仕掛け」をすることが可能である。人事部門が「社員に申告させたい内容」を職制に事前に伝え、ヒアリングしてもらうようにすればよい。

　ただし、多くの場合、例えば異動希望や職場・仕事への不満、上司への不平など「上司に言えない・言いにくい」申告内容も多いのが事実であり、その意味で自己申告制度はAを指すことが多い。ここではAの方法を前提に話を進める。

第2章　人事部の仕事（ステップアップ編）　4　人材配置

■1 自己申告の内容

自己申告の内容は、おおむね［図表35］の設問が一般的である。

①②…現在の仕事の状況を尋ねるもので、満足度調査としての役割も持つ。また、職場の環境がどういう状況なのかを把握できる。

③…身上に関する申告は、社員が会社に知っておいてほしいことを申告してもらう。仕事に影響を与えるかもしれないプライベートの情報だ。上司に相談できないことなどもある。住宅の購入予定、結婚予定、家族の教育や介護などの問題についても知っておくと、人事管理全般に有益な情報となる（身上に関する申告はプライバシーに関わることでもあり、秘密が守れる環境で行わないと申告してもらえない。人事部門へ直接申告する仕組みとし、必要な場合以外は人事部門内限定の情報として扱う）。

④…キャリアプランは、どのような働き方を希望し、どのような将来の目標を持っているかを申告させる。中長期的な人材育成には欠かせない観点である。

⑤…異動希望の意向と希望時期を確認する。希望時期として「すぐにでも異動したい」というのは、キャリアへの焦りや、現職場から離れたい、仕事を変えたいという切実な要望が含まれていることが多い。希望時期が「3年

図表 35 ● 自己申告の設問例

①現在の仕事の内容
②現在の仕事に関する満足度等
③身上に関する申告
④キャリアプラン
⑤異動希望
⑥（異動希望者のみ）異動希望部署・職種
⑦勤務地変更希望
⑧異動希望理由
⑨自己申告に関しての、人事担当者との面談希望の有無
⑩（管理職のみ）自分の後継者候補とその理由

以内」といった申告は、中長期的な観点からの希望であり、現況での危機感は低いと判断できる。「現在の職場のままで違う仕事をしたい」という意向は、職場自体に不満はなく、また良好な人間関係であることを推定できるが、仕事内容に満足していないと推定できる。

⑥…異動希望者には、異動希望部署・職種を具体的に記述させる。

⑦…勤務地変更希望は、家族の状況等において、転勤が難しいかどうかを確認する。よく「マンションを買うと転勤になる」といわれるが、それでもあえて転勤させるかどうかの判断材料になる。家族の介護、子どもの教育・受験、本人や家族の健康状態を理由に異動命令が無効とされた裁判例もあるので注意が必要である（明治図書出版事件　東京地裁　平14.12.27判決、ネスレ日本事件　大阪高裁　平18.4.14判決、NTT東日本事件　札幌高裁　平21.3.26判決など）。

⑧…異動希望理由には、ネガティブでない理由が記述されていることが望ましい。この記述内容に納得感があるかどうかは大切だ。

⑨…自己申告に関する人事担当者との面談希望の有無は、もし人事担当者に時間的余裕があれば、ぜひ設問に入れておきたい。申告書だけでは表せない要望や問題を話したい、人事担当者の耳に入れておきたいなど、有益な情報を収集できる。可能ならば、「人事部の誰と面談したいか」も記入させる。責任者と話したいのか、同年代と話したいか、同性と話したいかなど、社員の希望を反映させると、率直な申告が得られやすくなる。

⑩…管理職が誰を後継者と見ているか、どう育てていこうとしているかを確認する。育成の視点を持たせることと、次世代の人材発掘の情報として有用である。

　人事担当者は、申告されたすべての情報を読み込まなければならない。また、それらをデータベースに取り込み、いつでも確認できる状態にしておくことが望ましい。

2 自己申告制度の運用ポイント

　自己申告の情報は、経営と職制に対して人事部門の発言力を強くする "武器" になる。異動希望者の比率が高い職場は、何らかの問題を抱えている可能性が高いといった推論が成り立つ。人事部門にとっては、現場の状況を把握する有効なツールとなり得る。

第2章　人事部の仕事（ステップアップ編）　4　人材配置

　これらの情報は、原則として公開せず、人事部門内限定の情報とすべきである。でないと、申告が率直に行われず、自己申告制度自体が形骸化（けいがいか）してしまう。
　しかし、すべての情報を誰にも伝えなければ全く意味をなさないので、制度としては、ルールを決めておくことが大切だ。ルール案は、以下のとおりである。

- 全体傾向は経営会議に報告する
- 身上に関しては必要な場合にのみ職制に個別に伝えるが、本人が開示を求めないものについては守秘対象とする
- キャリア・異動希望については、本部長レベルに伝える

④ 社内公募制度、社内 FA 制度

　社内公募制度は、新規事業の立ち上げや事業拡大に伴い人材が必要となったとき、社内で人材を募集・採用するシステムで、特定の部署の人材要望に対して、通常の異動ルートではなく、社内に公募することで人材の異動を実現する仕組みをいう。大企業を中心に、多くの企業で実施されている。
　ただし、後述するように異動の連鎖が起こり、社内に混乱を招くこともあるため、安易な導入は勧められない（次ページコラム「**異動の連鎖**」参照）。新規事業の立ち上げなど経営の最優先事項の場合にだけ実施するなど、何らかのルールが必要になる（公募による異動者が出た部門の意向は配慮しない、後任の確保を異動の条件にしないなど）。
　社内 FA 制度（社内フリーエージェント制度）は、社員が自分の意思でやりたい仕事をつかみ取る、あるいは就きたいポストを選び取るという点が特徴である。社員が自ら手を挙げて、「こんな仕事がしたいので、私を採ってくれる部署はありませんか？」「希望のポジションと待遇は○○です！」、あるいは「あそこの部署の○○でこんな仕事がしたい」など名乗りを上げて、人材が欲しい部署からの打診を待つ、あるいは直接その部署に自らを売り込むことを認める制度である。

　以上、人員計画から配置・異動までを述べてきたが、成長期の企業では、異動が適切に行われていない、あるいは全く行われていないというケースが多い。
　短期的な目の前の仕事に追われている、変化が激しく計画的な人員の配置が

93

できないといった背景があると思われるが、人材育成の観点からすると、ある程度の計画的な異動は必要である。特に定着率に悩む企業の多くは、人事制度の整備と並んで配置に問題があるところが少なくない。

　制度の整備と異動、特に自己申告制度の導入と配置への反映は、会社への社員の信頼度を高め、定着率を向上させることに寄与する。一方、職制からは、重要な戦力である部下の異動に抵抗されることが想定される。それでもある程度の強権を発動し、異動を働き掛けていくのも人事部門の重要な任務である。

Column

異動の連鎖

　「社内公募制度」や「社内FA制度」など、人事異動を促進するための施策を展開する場合に注意しておかなければならないのが、「異動の連鎖」である。

　社内公募や社内FAで異動が行われる場合、引き抜かれた部門の人員の補充をどうするかという問題がよく起こる。その補充ができないために、結局異動がご破算になり、制度への不満や人事部への不信を増幅しかねない事態が起こっている。

　1人を異動させると、引き抜かれた部門に別の人材を異動させて補充する。またそこに異動によって他の人材を補充する……といったように、玉突きに異動が発生する。1人の異動のために何人もの異動が起こってしまうことにもなりかねない。そうした事態を回避するためにも、臨時の異動については、経営の最優先事項として扱う（異動を優先し、補充は後とする）ことを社内で合意するとともに、一つの責任所在（本部、部など）の中に異動を限定しておくほうが組織運営上は適切といえる。

第2章 人事部の仕事（ステップアップ編） 4 人材配置

③ 異動の段取り

1 異動のプロセス

定期・臨時のどちらの異動においても、同様のプロセスを確定しておく必要がある。ルール外の人事異動の働き掛け（関係のない部署の職制が、あるメンバーを裏で口説くなど）を極力避けて、異動の秩序を守るためである。

1 人材要望申請

各職制から、どこの部門の誰が欲しいなどの要望を人事部門に伝える仕組みを確立しておく。

2 異動案策定

誰をどこに異動させるかの案を策定する。案の根拠となるのは、上司の評価、上司の意向、異動先の意向、本人の申告、現職の経験年数、これまでの職歴、評価履歴などである。人事はこれらのデータを収集し、データベース化しておくことが求められる。

3 異動案検討・確定

以下のように、誰がどのような場で決裁するのかを決めておく。

- メンバーレベル：現所属・異動先双方の部長の承認
- 課長レベル：現所属・異動先双方の本部長の承認
- 部長レベル：経営会議および社長

4 異動申請書の稟議

決裁者の承認を得たことを確定する書式等を用意する。口頭での異動確認は、後にトラブルになることがあるため、必ず書類などに残しておく。異動申請書には必要な情報を記入できるようにしておくことが望ましい。

2 定期異動の段取り

年に1回、あるいは組織変更時に、大きな異動が行われることが多い。大まかにその段取りを［図表36］に示した。

特に⑧異動人材の折衝の段階では、人事と職制の間で、以下のような"綱引き"が繰り広げられることになる。

所属長：「彼（彼女）は、この段階では異動させたくない」

人事：「本人は異動したいと言っていますよ」

95

図表 36 ● 異動の段取り

手　順	備　考
①予算策定および組織編制	⇒経営企画部門が中心となって策定
②編制された組織に基づき、その新所属長（部長以上）を経営にて決定	
③新所属長の内示	
④定員計画の策定（経営企画部門）	
⑤要員計画策定（人事部門）	
⑥人員計画策定と異動案策定	⇒この段階で自己申告や、それまでの職制からの情報把握が役に立つ
⑦異動案を新所属長と折衝	⇒新所属長の下で、課以下の組織とその長の人選が行われる。その際の情報提供と示唆を行う
⑧異動人材の折衝	⇒異動元と異動先の所属長との折衝を人事部門が行う
⑨異動案完成・確認	⇒役員会レベルにおいて確認を行う
⑩組織人員表（組織図に人材を当てはめた表や図）を作成	
⑪現所属長より内示	
⑫新所属長との連絡開始	
⑬発令・通達	
⑭赴任	

　所属長：「抜けたら部が成り立たない、困る」

　人事：「辞めちゃうかもしれませんよ」

　所属長：「私が本人にしっかり話すから、今年だけは勘弁してくれ」

　人事：「辞めさせないようにしてくださいよ。じゃあ、来年は異動させてくださいね」

　所属長：「分かった。ありがとう」

　そして、翌年「去年異動させるっておっしゃいましたよね！」と言って異動を迫ることになる（だいたい翌年も「まだ、ダメだ」と言ってくる）。

　こうした“綱引き”にしっかり勝たないと、社員はいつまでたっても希望がかなえられず、やがて退職していくこともある。

異動に関する仕事は、まさに組織全体の最適化と現場の職制との丁々発止による調整に明け暮れることである。人事権が人事部門になくても、その行使について常に「見てるぞ！」という、人的資源を監督する姿勢を見せることも、人事部門には大切だ。

> ## Column
> ### 異動先がない社員をどうする？
>
> 全社的な異動を決めていく際に、異動先がない社員が何人か出ることがある。これについては、退職を勧奨するのか、どこかの部署に引き取ってもらうかを決めなければならない。つらい仕事であるが、経営としっかりコミュニケーションをとって方向性を定めて実行していくしかない。優秀な人材とセットで異動させるという"裏技"は、よくある話である。

③ 異動ルールの策定

特に異動後の人員の補充をどうするのかについては、明確なルールを定めておいたほうがよい。ルールの例を挙げると以下のようになる。

１ 新規プロジェクトなどの経営上の緊急かつ重要な案件

まずは異動を優先し、補充ができなくても強行する。引き抜かれた部門を納得させるためにも組織的な手続きが重要となることから、役員会における決議を必要とする。その上で人事部門が異動案を策定し、役員会決裁を経て実施する。この異動においては現所属長の承認を必要としないこととする。

２ 社内公募

これも緊急かつ重要な案件に限るべきで、現状よりも優先すべき組織上の重要性がある場合に行う。この場合も補充より異動を優先する。この異動においても現所属長の承認を必要としないこととする。

３ 人材要望申請

期中における人員補充・強化に関して、職制が人事部門に対して要員を要請する。決裁者・決裁機関の承認を経て、異動人材をリストアップまたは採用を行う。異動の場合は、現所属長の意向を確認し、承認をもって異動を行う。

5 採用・選考

① 採用の前提

❶ 異動か外部からの調達か

必要な人材を確保する手段として、内部調達（社内での異動）によるか、外部調達（社外からの獲得）によるかを、まず判断しなければならない。

外部調達はコストがかかるので、社内で本当に調達できないのかを吟味する。社内にいない人材なのか、緊急度が高いのかなどを検討し、どうしても外部から調達しなければならないというときに「外部調達」を選択する。

また、特に新卒採用については、自社の人員構成などを踏まえ、数年先の見通しを立てた上で実施を決定していくことも大切だ。

❷ 雇用か雇用以外か

外部調達という手段を選択した場合は、次に「雇用」か「雇用以外」かを検討する［図表37］。雇用以外には、委任、準委任、請負、派遣という方法があることを念頭に置く。

雇用して内部に人材を抱えることのメリットとデメリットをよく検証してほしい。一般論としてだが、昨今の傾向では、雇用すれば忠誠心が高まると必ずしも期待できるわけではないように思う。状況に合わせながら、都度慎重に検討すべきだろう。

「雇用すれば使い勝手がよい」と考える人がいるが、現在では必ずしもそうではないこと、いったん雇用すれば、そう簡単には解雇できないことなど、人事管理上のリスクを常に想定してほしい。

また、「有資格者を雇用」する必要があるかも検討したい。有資格者でなくてはできない仕事ならば検討の余地があるが、有資格者でなくてもよい仕事、例えば経理、法務、人事などについては、税理士、公認会計士、弁護士、社会保険労務士といった士業を時に応じて有効活用するほうが合理的な場合がある。公認会計士と経理部の仕事、弁護士と法務部の仕事、社会保険労務士と人事部の仕事は違うものだ。資格だけでなく、志向・経験・対人能力を見てほしい。

第2章　人事部の仕事（ステップアップ編）　5　採用・選考

図表 37 ● 雇用することの意義

	雇　　用	雇用以外
調達コスト	一般的に高い	低い
人的コスト	長期的に高い	短期的に高い
育成コスト	長期育成により高い	育成を想定しない
忠誠心	期待できる（？）	期待できない
柔軟性・多様性	契約範囲内で無理が利く	限られた契約範囲内にとどまる
ノウハウの蓄積	期待できる	期待しにくい（ノウハウの移管はある）
契約解除リスク	高い、あるいは困難	低い

③ 無期雇用か有期雇用か

　雇用するとなった場合、無期雇用か有期雇用かを検討する。政府が非正規雇用労働者の就労の安定化を図る方針を打ち出していることから、“非正規雇用”とされる有期雇用に対しての風当たりは強くなっているが、必ずしも無期雇用である必要はない。

2　求める人材像の設定

① 採用計画の進め方

　採用計画の立案に際しては、以下のように、いくつかの要素を検証しなければならない。

①どのような人を、どの部門に、どのようなポジションで採用するか
- 雇用形態
- 人材ポートフォリオ

②どのように採用するか
- 募集経路
- 採用メッセージ
- 採用選考方法
- 処遇の決定

❷ 人材ポートフォリオによる採用戦略

前記「3　人事ポリシーの明確化」でも触れたが、採用戦略を考える際に「人材ポートフォリオ」を知っておくことは重要である。人材ポートフォリオには、以下のように二つの軸がある。

■1 仕事軸

仕事に関しては、「組織を通じて成果を最大化する仕事」と「個人として成果を最大化する仕事」という軸がある。そして、「決められた業務を正しく効率的に行う仕事（運用）」と「新たな価値を創造したり、現状を変革したりする仕事（変革・創造）」の軸がある。さらに、これに以下の二つの軸を重ねる。

■2 人件費と育成期間

「できるだけ人件費を抑えて人材を獲得したい／人件費は高くても仕方がない、それでもより良い人材が欲しい」という軸と、「育成期間を短くしたい／長期間かけて育成したい」という二つの軸がある。

これらを重ねたのが［図表38］のマトリックスである。一般的にマトリックスの上半分は組織で仕事をするパターンである。そのため、生活はある程度仕事中心になるだろう。マトリックスの下半分は、個人で仕事をするため、プライベートを大切にしやすい。また、軸の左側（運用）は「結果が分かっている」「求められた結果を出す」仕事であるのに対し、右側（変革・創造）は「新たな価値を創る」「新たな変革を起こす」「より高い付加価値を生む」仕事である。そのため、多くの情報を得て、自身の専門分野を常にブラッシュアップし、新たな企画を多く出して試行錯誤を繰り返す仕事である。ある意味で、これらの仕事にはきりがない。体は会社にいなくても、頭は常に仕事とその周辺の情報を収集していなければ、新たな価値を生み続けることはできない。

このように、このマトリックスは、キャリアスタイルとライフスタイルを考えるに当たって、非常に分かりやすいツールである。

これを基に、自社内に今どの領域の人材がどれだけいて、今後どの領域の人材が必要になるか、あるいは不要になるかを考え、採用する場合にはそれぞれどの雇用形態をとるかを決めればよいのである。

①オペレーター

「育成段階の正社員」「契約社員」「アルバイト」「パートタイマー」が適している。また、「一般職」「技能職」という職群は、ここに入る。

図表38 ● 人材ポートフォリオ

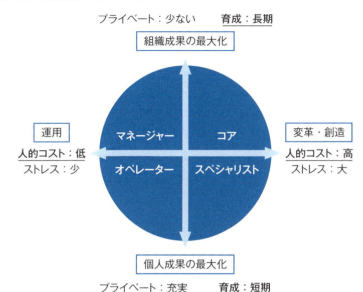

資料出所：リクルートワークス研究所「ワークス40」を基に追記構成

②マネージャー

「オペレーター」を管理し、定型業務の進捗に責任を持つ。通常は正社員である。オペレーターとして一定の経験を持って、マネージャーに登用される場合が多い（店長、職長など）。また、いわゆる「管理職」もこの領域に入るが、「管理だけする管理職は要らない」という経営者も多い。また、流通業・飲食業などでは、この後のキャリアステップに悩む会社が多く、独立支援などの施策を展開している例もある。ただ、企業のマネジメントを支えるのは間違いなくこの人たちだ。この領域の人材育成は極めて重要である。

③スペシャリスト

特定の分野における専門性によって、価値を創造する。技術系の会社では、技術職・研究開発職などを正社員、特に専門職として処遇しているケースが多い。ただし、人事は、その専門性の陳腐化が想定される場合、その処遇には十分注意すべきである。また、多くの専門職制度は、実態として「マネジメント

できない人に対する苦肉の策の処遇制度」になっているケースも多く、安易な専門職制度の導入には慎重な検討が必要である。有期雇用契約社員としての雇用や、公認会計士、弁護士、社会保険労務士など雇用ではない契約で活用する場合も多い。事業の展開領域以外の分野では内部育成しない（例えば通常、会社は弁護士を社内で育成していない）ため、即戦力は外部から調達することが多い。

④コア

いわゆる「総合職」で、オペレーター、マネージャー、スペシャリストなどを経て、組織を通じてより高い価値を出すよう育成され、コア人材となる。経営幹部とその候補者である。社内の実務の経験を持ち、特定分野では（専門職ほどでないにしても）一定の専門性を持ち、マネジメントも行いながら、会社の次の方向性を打ち出し、新たな価値を創造する。企業の成長・発展のために、変革や新たな顧客サービス・製品を企画し、実行し、その成果に一定の責任を求められる。この層の外部調達は容易ではない。なお、ベンチャー企業では、創業メンバーがこれに当たるが、コア人材を内部育成するのは難しい。したがって、長期的に考えて、新卒から育成するか、成功率は低いが中途採用するかを判断しなければならない。

以上のような要素を検証、確認し、採用計画を立案する。

3 募集・採用のタイプ分け

採用計画は、どのような人材を、何人、どのようにして採用するかを立案することである。採用を行う場合の目的は、以下の4点に分けられる。

①経営計画に基づいた計画的な新卒採用
②経営計画に基づいた計画的な中途採用
③欠員補充のための採用
④突発的な人材ニーズによる採用

特に成長企業や中小企業の場合は、③と④が多くなる傾向にある。それでも、持続的な事業展開のためにも、①と②については経営層と十分擦り合わせをして、「計画的に」実施していきたい。

第 2 章　人事部の仕事（ステップアップ編）　5　採用・選考

④ 新卒採用・中途採用

①新卒採用

　新卒採用は「計画的」であることが前提である。業態の急拡大などによる新卒採用はあるが、いずれにせよ新卒採用は、実際の入社日の 1 年半以上前から動き出すため「計画的」に進めることが求められる。

　新卒採用数を毎年増減する会社があるが、過去にあったバブル期の過激な採用熱と、その後の氷河期の苦悩を想像していただきたい。バブル採用組の質・量の問題、また氷河期を経た社内の世代の断絶が、多くの企業に大きなダメージを与えたのは事実である。また、その後もリーマン・ショック前の 2008 〜 2009 年における採用の過熱と、2010 年採用の急速な冷え込みという現象が繰り返されている。近年では、少子高齢化による若年層の人材不足により、新卒採用熱が高まっている。しかし、新興企業・中小企業では採用過熱期には良い人材を採りにくい。できるだけ毎年コンスタントに採用することで、社内に適切な人材の層を作る努力をしていただきたい。

　また、新卒が入社 3 年で 3 割辞めるというのは、時節柄やむを得ないかもしれないが、企業側の教育・育成体制の不備、および人事制度の未整備によるところも大きいといえる。新卒採用を行う際には、人事制度の整備、特に等級制度などキャリアステップの整備は欠かせない。

　なお、新卒採用の手順については、採用媒体各社より情報を容易に入手できるので、ここでは省略する。

Column

留学生採用

　日本に来て日本で就職を希望する外国人留学生は、今後も増加していくことが想定される。非常に優秀で、かつ日本語も堪能な留学生は多数いるため、有効な採用ルートの一つとして検討する価値はある。ただし、現状では、留学生に向けた就職情報の不足、留学生の日本の就職活動のスタイルへの理解不足などがあり、障壁があることは想定しておかなければならない。

2 中途採用

中途採用をする際には、以下のように、いくつかの方法があるので、目的とコストを考えて選択する。

- 求人サイト・媒体（正社員求人サイト、アルバイト・パート求人サイトなど）
- 人材紹介会社
- ヘッドハンター、エグゼクティブ・サーチ・ファーム
- 公共職業安定所（ハローワーク）
- 派遣会社からの紹介予定派遣

いずれにしても人材ポートフォリオの観点から検証し、どのような人材を、何人、どのように採用するかを明確にすることが大前提となる [図表39]。

図表 39 ● 外部採用と中途採用

経営幹部の外部採用	・業界内の人脈を通じて進める場合以外は、ほとんどがエグゼクティブ・サーチ・ファームを用いて行われる ・企業は職務要件および人材要件をサーチ・ファームに提出し、契約事項として採用活動を依頼する ・活動の成否にかかわらず、サーチ・ファームには報酬が支払われる（通常、対象ポジションの初年度年俸の 20 〜 40％程度） ・報酬には最低保証が定められることも多い（「当該ポジション初年度年俸の 35％、もしくは 700 万円のいずれか高いほう＋必要経費」など） ・個別の契約によってサーチ・ファームを雇うことから、リテイナー・ベース・サーチと呼ばれる
中堅社員の中途採用	・リクルーティング・ファーム、就職雑誌・新聞広告、ウェブサイト、ジョブフェアなどを用いて行われる ・リクルーティング・ファームはエグゼクティブ・サーチ・ファームとは異なり、企業および求職する個人の双方が提供した情報に基づき、両者のマッチングを図っていく ・リクルーティング・ファームには企業側から報酬が支払われる（通常、採用対象ポジションの初年度年俸の 30 〜 40％程度）が、これは成功報酬であり、マッチングが成功しなければ報酬は支払われない ・成功報酬ベースのため、サクセス・ベース・サーチと呼ばれる ・従業員による推薦も有効な手段である（リファラル採用）

第2章　人事部の仕事（ステップアップ編）　5　採用・選考

3　採用選考判定基準の設定

これまで見てきた前提の下で、選考における判定基準を作る。判定基準の主な視点は、[図表40]のとおりである。（　）内のカテゴリーごとに判定基準を作っていく。

中でも、「①会社の経営理念への共感」は、最も重要な判定基準である。どんなに能力が高くても、経営理念への共感がなくては戦力化に至らず、経営陣や社員の支持も得られないだろう。真に共感しているかどうかを判断しなければならない。

また、経営理念は、そこにいる社員の「働く目的」となり得るものである。なぜ働くのか、どのような価値を社会や顧客に提供したいのかといった軸でも確認していきたい。

1　パーソナリティ・性格（スタイルの判定）

パーソナリティは行動の傾向（癖）である。これで会社に合うか合わないかを確認する。つまり、レベルではなくスタイルを見るということになる。

明るく、素直で、元気で、しかも変革ができて、協調性もあって、信念まであるという人材はいないものである。何かしらの強弱がある。

図表40 ● 採用基準のフレーム

⑴会社軸
　①会社の経営理念への共感（働く目的・モチベーション）
　②会社風土とのマッチング（パーソナリティ・性格）

⑵仕事軸
　①想定する仕事への意欲があるか（モチベーション）
　②想定する仕事ができる知識・能力があるか（ナレッジ・スキル）

⑶人物軸
　①会社で仕事をするだけのエネルギーがあるか（エネルギー）
　②入社動機・転職動機は納得できるものか（キャリアプラン）
　③将来像を描いているか（キャリアプラン・ライフプラン）
　④仕事をする動機は備えているか（モチベーション）
　⑤リスクはないか（ディフェンス）

協調性、独自性（信念の強さ）、意見を強く言うこと、指示に従うことなど何に重きを置くのか、会社の社風と照らし合わせて、その人の傾向を見ていく。例えば、仕事のアウトプットに高い価値を置く会社に、私生活を最優先にする人は合わないといえるだろう。

② モチベーション（方向性を確認する）

モチベーションを確認するといっても、単に「やる気があるか、ないか」を見るわけではない。何に対してモチベーションが働くかを見るのである。

経営理念への共感がモチベーションにつながるか。「なぜ仕事をするのか」ということについてのモチベーションは何か、仕事にモチベーションを持ち得るのか、仕事以外にモチベーションを求めているかなどを見る。

モチベーションは、基本的に「好き嫌い」に由来する。会社にあるものを、その人が好きになるかどうか、何を好きになってもらえばよいかを見ていく。

③ ナレッジ・スキル（レベルを確認する）

想定する仕事に対しての知識やスキルがあるかを確認する。基本的には経験値を確認していく。それには本人に実体験を具体的に語ってもらうのがよい。人事担当だけでなく、想定する配属先の管理職にも面接に出てもらって判定する。

④ エネルギー（レベルを確認する）

社員となる以上、少なくとも1日8時間程度は働いてもらわなければならない。これを基本として、頑張り続けるだけのエネルギー総量があるか、ストレスがかかったときに対処できるか、不遇でも頑張り続けられるか、エネルギーの"埋蔵量"と必要なときに発揮できる"産出量"を見る。

つらかったときにどのように対処したかや、長く頑張った経験などを聞き出して判定する。また、仕事をする上で必要な知的レベルがあるかも確認する。

⑤ キャリアプラン・ライフプラン

今回の応募が、その人の人生の中でどのような位置づけにあるのかを確認する。過去・現在・未来を踏まえて、しっかり考えられているか、これまでの流

第 2 章　人事部の仕事（ステップアップ編）　5　採用・選考

れを変えたいとしたら、将来どうなりたいと思っているのか、自分で道を切り開こうとしているか。明確なキャリア上のビジョンとプラン、ライフビジョンとプランがあるかを確認する。このビジョン・プランがしっかり見えている人が、それらと適した場に出会ったときにモチベーションが維持・向上する。

⑥ ディフェンス

人事的なリスクを抱えていないか、仕事を妨げる、あるいは会社に迷惑をかけるリスクがないかを確認する。

また、社会人としての基本的な素養を持っているかも欠かさずに確認する。つまり、基本的なコミュニケーション能力やマナーである。

［図表41］に採用基準の例を示したので、参考にしてもらいたい。

4　面接官の役割設定

① 選考の内容

選考で伝達・確認すべき内容を整理すると、おおむね次のようになる。
①企業 PR：会社をアピールし、興味を示してもらう（選考の前段にある）
②会社とのマッチング：会社の経営理念・価値観に共感し、受け入れられるか
③意欲・志向：仕事に対する姿勢・志向・目的意識（モチベーション）
④パーソナリティ、エネルギー：有用な働きを生み出すもととなる性質
⑤ナレッジ・スキル：想定される職務に関する知識・能力・適性
⑥ファンづくり：応募者に対する意欲づけ。人間関係の構築
⑦ディフェンス：社員として適さないリスクを持っていないか

上記①〜⑦について、選考を担当するレイヤーごとに整理すると［図表42］のようになる。1 次面接、2 次面接、最終面接にかけてのそれぞれの役割・見るべきポイントを整理して、面接官に依頼することが、複眼的に選考を進めるために大切である。

② ファンづくりの重要性

ファンづくりとは、営業行為そのものである。来てほしい人に入社してもらうためには、個人的な人間関係の確立が欠かせない。「なぜ、その会社に入っ

107

図表 41 ● 採用基準例

採 用 基 準 例	
理念共感	経営理念について自分の言葉で語れること
	経営理念に関して納得感のある質問をしてくること
ナレッジ	当該職種に関して2年以上の経験を有すること
	質問に対して的確な答えをしてくること
	当社の持つ知識を超える知識領域があること
スキル	当該職種に必要なスキルを持っていること
	基本的なPCスキルを持っていること
	一定のマネジメントスキルを持っていること
パーソナリティ	チームで仕事をした経験を有すること
	チームをリードした経験を有すること
	自らのアイデアを具現化して成果を出した経験があること
	「計画派＜アドリブ派」であること
	人の話を最後まで聞けること
	物おじしないこと
	自分の長所・短所について客観的に分析できること
エネルギー	通常業務を超えて頑張ったという経験を語れること
	厳しい状況を乗り切った経験があること
	その他、エネルギーを感じられること
キャリアプラン	キャリア上の自分の選択の理由を語れること
	これまでの経験に一貫性が見られること
	これまでの失敗を振り返り、適切な反省があること
	3年後のあるべきキャリア像を具体的に語れること
	5年後のありたい姿を語れること
ライフプラン	プライベートの安定感を保持していること
	守るべきものを持っていること
	5年後のライフプランを語れること
ディフェンス	基本的なコミュニケーション能力を有していること
	基本的なマナーを有していること
	過去に大きな病歴、長期欠勤がないか、あっても理由が明確なこと
	その他、リスクと想定される要素がないこと

図表 42 ● 選考を担当するレイヤーごとの役割

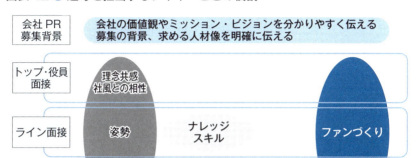

たのですか？」という質問をすると、「○○さんと一緒に働きたかったから」「人事担当の人が魅力的で」など、選考過程で出会った人の印象を理由に挙げる人が少なくない。個人的な人間関係が、入社決定の要素になることを認識しておいてほしい。

応募者が会社に入りたいと考える場合には、以下の四つの価値観があるといわれる。
①仕事の意味と価値を追求する
②良い人間関係を求める
③社会的なステータスや安定感を求める
④仕事の見返りを求める

応募者がどこに価値を置いているかを見極めながら、その価値観に合わせて適切な情報を提供していき、人間関係を構築していく。「応募者のことを真剣に考える姿勢」「求めているものに対して、率直に（悪いことも含めて）伝える」ことが、ファンづくりの基本である。応募者の信頼を得ることが、入社に向けた強い動機づけにつながる。

3 人事部門が担当する採用選考要素

学生向け会社説明会や求人媒体への寄稿などの企業 PR は、人事部門が企画して仕切るが、その前提として経営者や各部門の管理職に協力を仰いで、全社的な動きとして行う。

特に、新興企業・中小企業の人事部門はマンパワーが足りないため、各部門に協力を仰ぐことが大切である。そして、人事部門は有効な企業 PR の内容について吟味しておかなければならない。

人事部門が確認する要素は、モチベーション、エネルギー、パーソナリティ、キャリアプラン・ライフプラン、ディフェンスである。特にディフェンスについては、経歴詐称、犯罪歴、多重債務、反社会的勢力との関係、精神疾患、会社業務に影響を与えるプライベートの人間関係・交友関係、趣味・嗜好・性癖などのリスクを想定しておく必要があり、確認が必要と考えられるものは適切な範囲内で確実にチェックしておく。経歴詐称は昨今非常に多いため、前職における源泉徴収票のコピーや卒業証明書などの提出を求めたほうがよいと考える。

4 推薦

採用選考における面接官の役割は、応募者を「上へ推薦するか否か」ということである。決して面接官（人事）が採用を決定するわけではない。

書類選考や面接は「情報収集のプロセス」と認識すべきで、採用の権限は経営にある。面接官（人事）の守備範囲は、客観的な情報を付した推薦（または非推薦）までである。

推薦には、次のような情報を添えるとよい。

①能力別のカテゴリー評価（5段階で評価することが多い）
②カテゴリー評価の判断根拠
③根拠を証拠づける情報（面接中のコメント、行動など）
④価値観に関する情報とその根拠
⑤パーソナリティに関する情報とその根拠
⑥エネルギーに関する情報とその根拠

第2章　人事部の仕事（ステップアップ編）　5　採用・選考

5　面接の進行と確認ポイント

人事担当者が行う一般的な面接の進行と留意事項について確認しておこう。

1　面接室のレイアウト

面接における部屋のレイアウトについて、応募者と面接官の距離は1～1.5メートルぐらいが適切だろう。それ以上遠いと堅苦しくなり、それ以上近いと圧迫感を与える。

本当にリラックスした雰囲気で応募者の本質に迫りたければ、応募者に椅子だけでなく、机も配置するレイアウトが適している（面接官側だけ机があり、応募者は離れた所に椅子だけあるという設定は、応募者に圧迫感を与える）。

2　受け付け・案内

約束の時間に対して、どのタイミングで受け付けを済ませたかは重要である。

1 約束の時間に10分以上早く来社

基本的にNGである。少しでも相手の都合を考えるならば、約束の時間より10分以上早く来ることが、いかに迷惑か考えが及ぶはずである。ここが分かっていない応募者は、周囲への配慮に欠けると考えるべきだろう。もちろん、遅刻は論外である。交通機関の乱れなど致し方ない場合も考えられるが、その場合は「事前連絡」があったかどうかがポイントである。

2 コートを脱いで、手に持っているか

冬、コートを着た状態で受付まで来てしまった人は、マナーを分かっていない。逆に夏であれば、上着を脱いだ状態で来社するのはマナー違反となる。帰るときも、会社の人に見えるところでコートを着てはいけない（面接中やその前後に、人事担当者側から「暑いので（寒いので）どうぞ」と一声を掛けてあげるのはよいと思うし、それに従うぶんには何ら問題ない）。

3 案内担当者の印象

面接官ではなく、応募者を部屋に案内した人が受ける印象はとても大事である。案内担当者に良い印象を与えない人に、有用な人は少ない。意外に本質はそこにある。

111

4 面接官入室時

面接官が後から入室した場合、応募者が椅子に座ったままなのはマナーとして NG であり、立ち上がるべきである。そもそも人生経験が豊富な人は、最初から座らず、面接官が入室するまで「立って待っている」ことも多い。

ただし、このマナー違反は学生に多い。学生の場合は大目に見てあげるべきだろう。

③ 対面、あいさつ

まず面接官のほうから自己紹介をする。その上で応募いただいたこと、面接に来ていただいたことへのお礼を述べる。そして、応募者の氏名などに間違いがないか確認する。

④ ラポール（共感性）の形成

情報交換にしても人間関係構築にしても、まずお互いが本音で語り合う雰囲気が漂わなければ成り立たない。この本音で語り合う雰囲気をラポール（共感性）と呼ぶ。

ラポールの形成は、態度、姿勢、言葉遣い、目線、声などの非言語情報と呼ばれるものに依拠する。豊かな情感、人情味といってもよいだろう。心の温度が自然と態度に表れ、それが伝播して相手に伝わり、和やかな雰囲気がつくられる。雑談の中から、（選考に直接関係なくても）相手との共通の話題のネタを見つけ、そこを広げていくことにより関係がつくられていく。出身地、居住地、学校、好きな野球のチーム、好きな食べ物、おいしいレストランなど話題はなんでもよい。

⑤ 情報の提供

会社の概要、募集の概要・目的、求める人材像などを説明する。業界、会社、仕事あるいは自身について、応募者に適切な情報を提供するのが面接官の役割の一つである。応募者の募集に関する認識に誤解や間違い、行き違いがないかを確認する。

情報提供が適切であるほど相手は信頼し、近づいてくる。もちろん、分かりやすく伝えることが大切である。概念が単純で、しかも聞いていて自然にイ

メージが湧いてくると、相手は理解しやすい。

　経験の少ない面接官にとって、業界、会社、仕事、自分を分かりやすく伝えることは難しい。プレゼンテーションの自己訓練を普段から積んでおく必要がある。この場合に留意すべきポイントは、次のとおりである。

①視線、態度、雑談等で相手の心をほぐす

②相手が何を求めているかを会話の中から探る

③理解力のレベルと理解の仕方の特徴を知る

　また、話す内容についても、日々、小ネタを集めておかなければならない。社長の様子、社員の様子、エピソードなどを用意しておき、面接の種類や次元によって、その小ネタを組み替えて使用するのである。

⑥ 情報を取る

　採用で重要なのは、その応募者の急所（必要な情報）を押さえることである。そのためには、事前の情報を整理して、想定問答集を作成しておく。「なぜ、何を、どう見て、最終確認をするか」といった選考のポイントを整理しておくことだ。

　また、直接本人から情報を引き出すには、相手をリラックスさせる必要がある。そのための技術・手順を以下に示す。

①雑談の形式を続け、「情報を伝え合う」雰囲気をつくる

②笑いが起こるような雰囲気にして、応募者をくつろがせる

③面接官自身のことや面接官の失敗談なども伝えながら、ネガティブな話題でも気楽に話せるように仕向けていく

④面接官個人として、応募者の話に興味関心があり、聞いているという姿勢を示す

⑤応募者の話を遮らない、否定的なコメントをしない

⑥くつろいだ雰囲気の中から、選考に大切なポイントを見つけ出す

⑦ポイントを見つけたら、できるだけ具体的に話をしてもらう

⑧そのポイントの話をしっかり記憶しながら、要点を記録する

⑨聞き漏らしている情報がないかを確認する

⑩できるだけ多くの質問をしてもらう

⑪どのような質問をしてきたかを記録する

⑫面接終了後、記憶したことを改めて記録する

　以下は、面接で情報を得るための質問とその解釈の例である。

＜新卒・中途採用に共通して有効＞

1「中学・高校時代は、どのように過ごしていましたか？」

　「どのように」という拡大された質問にはねらいがある。応募者が、「どのようにとは、勉強ですか？　部活ですか？」と尋ねてきたら、論理的だと考えてよいだろう。逆に、設問の範囲や意図をくまずに話し出す人は、筆者の経験によれば、入社後、コミュニケーションでストレスを発生させることが多い。

　勉強でも習い事でも部活でも、何かに一生懸命に取り組んだ経験のある人材は、おおむね安心感があるとみてよい。また、いわゆる帰宅部系であっても、「それについて今どう思いますか？」と質問し、本人から客観的な分析や反省が聞かれるようであれば問題ないだろう。

　逆に、習い事や部活を頑張っていたとしても、「親の意図を強く受けすぎていた」「理由なく頑張っていた」ようでは、仕事を進める際に、「Why」と「What」を考えられない傾向があるので注意が必要だ。

2「高校卒業時の進路は、どのように考えていましたか？」

　自分の考えか、親の考えか？　どのような考えで進路（大学の場合は、大学と学部）を選んだのかを聞く。

　高校を卒業するぐらいの年代であれば、自らの意思があってしかるべきである。またそうでなくても、なぜそうしたのかを語れなければならない。

3「大学時代は、どのように過ごしていましたか？」

　ここでは特にアルバイト歴と稼いだお金の使い途を聞くとよい。アルバイトの経験は、社会を知る絶好の機会である。そこで何を考えたかを聞いていきたい。ただし、家庭教師や塾講師のアルバイトなどでは、経験してきた世界が狭い場合があるので要注意だ。

　遊びの経験も大切である。本人が学生時代に遊んでいたことを認めて、それを自ら振り返ることができていれば、それも人としての信頼感へとつながる。

4「就職活動は、どのような考え方で臨まれましたか？」

　就職活動についての考えを聞く（中途採用においては、最初の就職活動のときの様子を聞く）。最初の就職はよく考えず、親や周囲の影響などで決めてし

まう場合も多い。就職する会社を決めるに当たっての考え方を確認したい。なぜその業種、その職種なのかを本人の言葉として引き出してほしいと思う。

中途採用の場合は、内定した会社とその中から入社した会社を選んだ理由を聞く。これらは、その人を知る上でとても重要な情報となる。

ここまでの質問は、中途採用でも有効である。その人の人生の流れを本人が自ら選択し始めた頃（中学校以降）からつかむことは、相手を理解する上でとても大切だ。

＜中途採用に有効＞

5 **「（前職の）その会社で得たものを総括したら、どのようなものでしょうか？」**

要点をまとめる能力はコミュニケーションの円滑さを予見できる。分かりやすく、総括できているかがポイントである。

長々と話している場合、「途中からあえて反応をしない」ことも有効だ。それに気づかず話を続けるようなら場が読めない、相手への配慮ができないと判断してよい。優れた人は、それでも語りたければ、「もう少し続けてもいいですか？」と尋ねることができる。

6 **「退職された背景は、どのようなものでしょうか？」**

退職理由は必ず聞かれると応募者は事前に想定している。したがって、受け答えの内容を信じすぎないほうがよい。給与への不満をストレートに「給与が不満です」と答える人はまれである。

事情を客観的に語れているか、何が問題なのかを構造的に、あるいは自己反省的に語ることができれば信頼感がある。しかし、これを見抜くのはなかなか難しい。したがって、退職後、次の会社を選択するに当たって重視したことを聞いたほうが効果的な場合もある。

複数の会社の退職実績がある人の退職理由は要注意である。会社都合やワンマン経営への不満を理由とした退職が続くケースなどは、本人に「学習能力がない」とみてよいだろう。会社を見る目が養われていないのである。また、他責的なコメントばかり出る応募者にも要注意だ。

7 **「今、何か勉強していますか？」**

向上意欲は年齢と関係ない。勉強しなければ成長しない。自らの成長を他人

任せにしてはならない。

「最近勉強されていますか？」「これって参考になるなぁと思ったものはありますか？」「あなたの勉強法は？」などの質問は有効である。少なくとも本を読んだり、新聞を読んだりすることくらいはしていてほしい。さらに、「本を読みます」という答えであれば、「なんという本ですか？　その中で自分の成長につながったことはありましたか？」など掘り下げて具体的に語ってもらうと、本当に勉強しているかが見えてくる。

8 「次の会社に望む事柄を三つ挙げてください」

大切な価値観などに優先順位を付けさせて、「三つ挙げてください」とするのは、答えをロジカルに組み立てられる能力を見るのに効果的である。

漠然とした事柄を三つや五つに集約する作業を、質問から回答までの短時間に組み立てる能力は、仕事でもとても重要である。

なお、エグゼクティブ層の採用であれば、「次の会社に望むもの」の中に、「経営者との関係」がなければならないだろう。企業規模、想定しているポジションはあらかじめ分かっているはずである。したがって、「経営者との関係」がとても大切であることが、あらかじめ想定されていなくてはならない。

同じく、「その会社の意思決定の方法」も重要である。「合議」か「専制」かは、仕事を進める上で知らなくてはならない事項である。どこが最終意思決定機関なのか、どのように決議されるか、その際の社長の影響度合いはどうかなどに関心がない応募者は、そもそも会社というものが理解できていない。

9 「5年後どうなっていたいですか？　目標はありますか？」

特に総合職の採用の場合、応募者のキャリアビジョン・プランの通過点に、次の会社がなければならない。

20代ならまだしも、30代以降の応募者には、できるだけ明確な「将来手に入れたいもの」があるべきと考える。○○歳までには「独立・起業したい」「公開企業の経営者になりたい」「管理部門を仕切りたい」「営業の責任者（本部長クラス）になりたい」といったものなら、その志向性と会社のニーズが合致するかどうかを判断すればよく、内容が具体的であればあるほど、面接官は適否を判断しやすい。

ところが「マネジメントのポジションには就いていたい」「成長したい」「一人前と認められたい」「何かの分野で秀でた人と言われたい」程度の抽象的で

漠然とした目標を口にする応募者も多い。この場合、この会社でなければならないのかどうかも判断できなくなる。

さらには、「家族を海外旅行に連れて行きたい」「結婚していたい」「安定していたい」という「仕事によって自分が生活面で得られること」への望みを前面に出してくる場合は、そもそも「仕事の意味」が分かっていない場合が多い。

職種や雇用形態にもよるが、何をもって社会に貢献していくのかという視点が全く欠けている場合、いわゆる「やる気」を持続できないおそれがある。興味関心が、「自分が会社や社会に与えるもの」よりも、「自分が得られること」に偏っている場合は要注意である。

10 「次の会社には何年ぐらいいると思いますか？」

この質問は、おそらく多くの応募者は想定していないだろう。辞めることを前提に採用する人事担当がいるとは思わないからである。それだけに、質問の仕方に気を付けないと、「あなた、ジョブホッパーでしょ？」という意味に聞こえてしまうので要注意である。

しかし、こちらの採用スタンスと、応募者の本音を引き出すには有効な質問であることは間違いない。漠然とした内容や単に「定年まで」といった場合は、キャリアプランニングができていないとみてよいだろう。

11 「病歴・入院歴・休職歴」「履歴書・職務経歴書」の確認

心身が働ける状態にあるかどうかの見極めが、実は面接の最大目的である。採用後、パフォーマンスを発揮できない可能性が小さければ小さいほどよい。病歴・入院歴・休職歴は必ず聞こう。そして「間違いないですね？」と念を押そう。履歴詐称も極めて多い。「ご提出いただいた書類は、間違いないですね？」と念を押す。間違いありませんという確認署名をもらってもよい。

7 関係をつくる

面接は、プレゼンテーション、情報の入手、さらに人間関係の構築といった三つの違った側面を持つ。中でも最も重要なのは人間関係の構築である。

人間関係の構築の仕方には三つのパターンがある。この中で、どれが自分の得意技にできるかを考えておこう。また、三つのパターンすべてを活用できたなら、"全天候型"の人間関係を持てるといえる。

①自分のパーソナリティを売り込む（個性）

②ひたむきな姿勢を買ってもらう（熱意）

③理にかなったアプローチが評価される（知恵）

⑧ 質問を受ける

　実は、面接官の質問に対する答えよりも参考になるのが、応募者側からの質問である。

　「質問はありますか？」という問いに対し、「大丈夫です」と答える応募者は「大丈夫ではない」。既に興味関心や意欲がなくなっている場合ならば仕方がないが、そうでない場合において、有効な質問ができるかどうかは重要な判定ポイントになる。応募者が何に関心や不安を持っているか、仕事に対する認識のレベルはどうかなどを知ることができるからだ。

　面接官として力が抜ける質問として、よくあるのが「社風はどうですか？」「風通しはいいですか？」「教育制度はどうですか？」「手当はどうですか？」「福利厚生はどうですか？」「意見は言ってもいいですか？」などがある。「風通しは」と聞かれて、「いいですよ」以外のどのような答えを求めているのだろうか。ただし、「いいですよ」の答えの後に、もっと踏み込んだ質問をしてくるときには、面白いコミュニケーションになっていく。筆者が面接官だったときは、よく「風通しですか？　びゅうびゅう風が吹いていますよ、暴風雨です」などと答えて、ベンチャー企業の雰囲気を伝えていた。

　「いい質問をするなあ」と思える問い掛けをどれだけしてきたかを、ぜひ重視してほしい。

⑨ 記録を取る

　面接官の記録を複数並べて比較すると、面接官の評価者としてのレベルの違いが出る。記録の取り方は重要であるが、これには面接の最中に取る記録と、面接が終わった後で整理する記録の2種類がある。

　面接の最中は、事実関係、実際のコメントなどの記録を取る。印象的な言葉や数字などの符号をメモしておく。これは単純に備忘のためのメモである。

　面接が終わった後は、なるべく早めに記録を整理する。情報価値があると思えるものは、順不同でどんどん書いていく。そのときに印象的・主観的な記述

を排し、淡々と事実だけを並べていく。

　できるだけ細かいレベルの記録を取ることや、発言だけでなく、「身ぶり手ぶりが大きい」「質問に答えるとき、視線をそらすことがある」といった、面接の様子をスケッチするような視点で記録することが重要である。

Column

これを言う応募者は疑ってかかれ

　ベンチャー企業にいた筆者の経験として、応募者が発する言葉としては「禁句」と考えているものを参考までに紹介しておこう。

「最後の転職にしようと思っています」

「できるだけ長くいたいと思います」

「定年まで働きたいと思っています」

　いずれも、長く働くことが「良いこと」だという世の価値観に基づくコメントである。しかしながら、例えば30歳の時点でこれを言ってしまうことの無責任さを自覚しているだろうか。「会社に入ってしまえば後は30年、会社が人生を決めてくれる」とでも思っているのだろうか。

　もし最後の転職にするのであれば、これから定年までの数十年をどのようなプランでキャリアを積んでいくのか聞いてみたい。それがあればよい。しかし、そんなことをイメージできるほうがまれである。

　勤続年数とロイヤリティは比例しない。貢献もせずに組織に「ぶら下がる」ということは、社員にとっても会社にとっても最も不幸な事態である。長く働くだけならば、「ぶら下がる」ことになる可能性も容易に想定できる。

　世の中は変わる。景気も変わる。企業も創業期・成長期・変革期・第二成長期もしくは衰退期といったようにステージが変わる。すべてのステージにマッチする人材は少ない。数十年を同じ会社で過ごすためには、強力な変化対応能力が必要である。個人が変化できなければ、会社を去るしかない。

　同じ会社に対して、自分の後半生を通じて、より高く貢献し続ける

ことの困難さは、変化の激しいこれからの世の中では、もっと増していくだろう。

この考えは、まだまだ浸透していない。おそらく当分浸透しないだろう。しかし筆者は、「定年まで……」と言って半年で辞めてしまう人をたくさん見てきた。逆に「3年間でここまで実現したい」「5年間でこれだけのことをしたい」というキャリアのイメージを具体的に持っている人は、少なくとも3年・5年以上働き続けることが多い。

逆境に勝てるのは自らのビジョンである。漠然とした勤続信奉では、つらくなったら絶望してしまう。この逆説的な意味合いをぜひ踏まえてほしい。

さらにいえば、会社が急成長してポストがどんどん増えていけばよいが、そうでない場合、世代交代は比較的早くやってくる。いつまでも同じ人が同じポストにいてはならない。上に行く（昇進する）か横に行く（異動する）か、去る（退職する）しかなくなる。この現実を直視してほしい。特にキャリア入社者は、プロパーが育ったときには脇にどかなければならないぐらいの覚悟が求められる。

⑩ 能力と適性を評価する

能力や適性の評価で大事なことは、一つの角度だけから見ないでタテ・ヨコ・ナナメから観察することである。どこから見ても一致した方向を示す場合は、能力や適性の存在を予見してよい。

⑪ 後味よく終わる

あらゆる面接は後味が大事である。自分の目的だけを果たしてさっさと終わらせるのは、後味という面ではよくない。後味をよくするには、次のような点に気を付けるとよい。

①キャリアカウンセリング的な視点を持つ。自分の仕事経験を根拠にして、相手に合ったキャリアプランをアドバイスする

②時間を割いてくれたことへの感謝の気持ちを伝える

③こちらが気づかずに言ったことで相手を不快にすることがあったら、許して
　ほしい旨を伝える

④推薦、非推薦の方向が自分の中にはっきりある場合は、素直に自分の思うと
　ころを伝える。特に、縁がないと思う場合は「なぜか」をきちんと話してお
　く

⑤こちらが相手を採りたいが、相手にまだ意欲が形成されていない場合は、さ
　らにコンタクトさせてほしい旨を伝える

⑥自分も勉強になり、楽しかったことを伝える

6　採用したい人材へのアプローチ

　前述のとおり、面接は企業 PR の場であり、メッセージを伝える場でもある。しかし、このことと入社の意欲形成とは異なる。企業 PR は、相手を消極的にさせているマイナスイメージを打ち消す努力を指す。実際に働いている立場から、実感していることを素直に伝えることが肝要である。

　一方、意欲形成は、いわばマインドコントロールに近い。採用したい応募者には、入社意欲を意識的に植え付ける。逆に採用したくない応募者には、その意欲をダウンさせなければならない。

　推薦、非推薦の方向を決めて、このマインドコントロールを適切に行うことが重要である。その応募者にとってプラスになる就職が実現し、同時に会社にとってもプラスになる採用が実現する、そうした理想的なマッチング時に、意欲形成は初めて意味を持つ。現実的で肯定的な意欲形成を行うことが重要である。

　逆に意欲形成が必要な人に対しては、必要なだけ意欲形成のための機会を設けることが原則である。意欲を高めたいときには、会社のこと、社員のこと、経営者のこと、そして自分のことを正直に伝えることである。良いことも悪いことも、できる限り伝える。率直さを相手が認めてくれたとき、具体的な入社意欲に至る。

　そして、入社意思のクロージングに入る。

　「内定が出たら入社されますか？」と率直に確認しよう。そして入社を阻害

する要因がないかを確認し、それを一つひとつ解決していく姿勢を見せる。応募者が内定までと内定後で変化することはよくある。内定までは高い意欲を示していた人でも、いざ内定が出ると迷いを見せるものである。

内定については書面で伝えるが、できれば直接会って通知書とともに内定を伝え、その際にどのような反応を見せるか、入社の確実性はどうかについて確認することをお勧めする。

7 入社前後のフォロー

人事の赤本【基礎編】で触れたが、入社が決まった内定者には、内定通知書を送るなど、スムーズに入社してもらえるようにフォローする。

入社日まで定期的に連絡を取り、中途採用の場合は特に前職の退職状況を確認する。もし内定者が困っていることがあれば、適切にフォローする。

しかし、フォローという点でより重要なのは、むしろ入社後である。特に中途採用の場合、本人は「早く結果を出して認められたい」「前職での経験を活かして活躍したい」という思いが強い。これを"転職ハイ"という。

しかし実際には、その意気込みが空回りしてしまうケースが少なくない。優秀な人材であっても、入社1週間程度でこの壁に直面するものである。転職ハイが高ければ高いほど、戸惑ったときのダメージは大きい。

なぜなら、会社の組織や文化、ルール、その会社の独自の用語などが分からないため、スムーズに仕事をこなせないからだ。また、中途入社では同期がいないため、分からないことを気軽に相談できる相手もいない。聞けば周囲も教えてくれるかもしれないが、本人のプライドが邪魔をして素直に質問ができないこともあるだろう。

このように分からないことを分からないまま放置し、真価を発揮できない状態が1〜3カ月も続くと、すっかり自信を失ってしまう。そのまま退職を選ぶこともある。このような悲劇的な結果にならないよう人事はフォローしなければならない。

入社時には、必ず以下のような言葉を掛けるようにしておこう。

• すぐには結果が出ないことは分かっています。だから自分を責めないでください

第 2 章　人事部の仕事（ステップアップ編）　5　採用・選考

- 周囲をよく見てください。また、前職との比較やそれに伴う部署内での発言はしばらく控えてください（入社時に配属部署での人間関係をうまく運ぶコツの一つ）
- 困ったことがあったらいつでも人事部に来てください。1 人で悩まないでください

8 面接官として押さえておくべきポイント

1 面接の落とし穴

面接における面接官の合否判定は、次のようなものに影響されるといわれている。

①第一印象（見た目、服装、声、態度、雰囲気）に関する好き嫌い

②自分と同じタイプかどうか

③能力が高いことを示すデータ（学歴・前職の企業ブランド・前職年収など）

④面接官の先入観（固定概念）

⑤自分が好まないタイプの情報（ゼネラリストタイプの面接官に対する、スペシャリストタイプの応募者など）

⑥直前に面接した人の印象

⑦自分が取った記録によって増幅されたイメージ

⑧他の面接官の判定への配慮

応募者の言動は、面接官の言動によって大きく左右されることを知っておくべきだろう。面接官が応募者に否定的な第一印象を持てば、どうしても面接態度は消極的になり、冷淡で批判的になる。結果、面接を受ける側の応募者は、おびえや不安を感じ、答えがしどろもどろになることがある。面接官は、そのようになった責任は自分自身にあるという反省が必要である。

2 面接中の態度や姿勢の自己点検

①応募者との間に 1 〜 1.5 メートルの距離があるか

　…それ以下だと圧迫感があり、それ以上だと堅苦しくなる

②姿勢はまっすぐか

　…応募者に対して、少し体を前に倒した感じで向かうと熱心さが伝わる

123

③相手の目を見て話しているか

　…強い真剣さを示すと同時に、相手の気持ちを読み取る

④相づちを打っているか

　…共感性を伝えるためには、この動作に勝るものはない

⑤ジェスチャーが明確か

　…情緒の安定性を示すのがジェスチャーである

⑥声の使い方（大きさ・速さ・抑揚）

　…言葉の内容とともに、声のコントロールも重要である

⑦差別的言動

　…言うまでもなく、差別的な言動は慎まなければならない。そうは分かって
　　いても、自分で気づかないうちに口にしていることがあるので要注意

Column

面接官としてあまりお勧めしない質問例

①「自己紹介をお願いします」

　面接における応募者は、常に弱者である。弱者の緊張をほぐさない状態で、時間や範囲を限定せずに「自己紹介を」というのは、面接官の傲慢ではないだろうか。

　どうしても自己紹介を求めたいのなら、範囲を限定してあげるとよいだろう。「あなたのご経歴を要約して3分程度でお話しいただけますか？」といった具合である。少なくとも応募者が答えやすい設問を心掛けるべきである。

②「志望動機を教えてください」

　単刀直入に志望動機を聞いてもあまり当てにならないと思ったほうがよい。特に中途採用には使わないほうがよいし、新卒採用であればマニュアルに書いてあるような答えが返ってくるだけかもしれない。

　「当社のホームページをご覧になりましたか？」「魅力に感じていただいたところはありましたか？」など、もっと分かりやすく、会話がしやすい聞き方を工夫しよう。

第2章　人事部の仕事（ステップアップ編）　5　採用・選考

Column

オンライン面接の注意事項

　オンライン面接は、時間と距離の節約に適している上に、リアルな面接に近い効果を得られる。1次・2次面接などに活用するのはよいだろう。

　ただし、オンラインだけにどうしても「空気感」をつかむことができない。オンラインで何度か会った応募者とリアルで会うと、大きく印象が異なったりすることがある。

　最終面接は、必ず対面で行うようにすべきである。また、機微な質問はオンラインを避け、リアルな場で確認するなど、質問項目をオンラインとリアルとで分けて設定する必要もあるだろう。

6 人事制度の企画・運用

　ここでは、人事制度を「給与を決定するための根拠となる決まり事」と定義して、等級制度、評価制度、給与制度の企画と運用について考える。ただし、目的はそれだけではない。これらの決まり事によって、社員のキャリアステップを示し、気づきによる成長を促し、モチベーションの維持・向上を図っていくことが人事制度の目的である。

1 どのような人事制度を目指すか

　まず、日本における人事制度の変遷について確認しておく。日本の人事制度の変遷と、企業の成長段階過程における人事制度の変遷は非常に似ている ［図表43、44］。したがって、自社の成長段階を確認すると、次にどのようなことが課題になってくるかが類推できる。

①生活保障主義

　労務の提供と賃金の支払いという雇用の根本に基づく処遇。戦後の「食うために働く」時代においては、日給制・日給月給制を主体とする最低限の生活を保障しようという考え方が主流だった。

図表43 ● 人事制度の変遷

	1945-1960 戦後復興期	1960-1975 高度経済成長期	1975-1990 安定成長期	1990-2005 バブル崩壊	2005-2020 停滞期	2020- 模索期
人事制度	人事制度の模索	終身雇用 年功的職位制度	終身雇用 職能資格制度	（制度変革期） 成果主義 職務主義	（揺り戻し期） 成果主義 行動主義	（進化期？） 成果主義 行動主義 職務主義 （ジョブ型）
給与制度	生活給 ＋ 手当	年功給 ＋ 職位給	職能給 （年功的）	業績給 年俸制 職務給	投資給 業績精算給	投資給 業績精算給 職務給
この時期の課題	生きていくための給与の要求 基本給の上昇を伴わない給与増 ⇒諸手当の支給	業容の急拡大 （特に若年） 労働力の不足 社員の定着化	ポストの不足	事業の再構築や人員の削減 団塊世代の処遇 人件費の増大	人材の流動化 年功序列の限界 若年層不足 定年延長	多様な働き方 DX 若年層不足 中高年活性化 定年延長

126

図表44 ● これまでの人事制度のトレンド

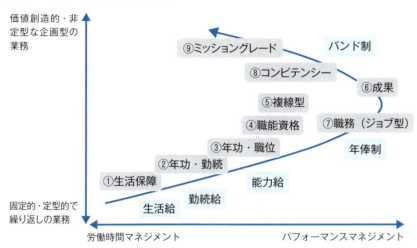

　企業が優秀な人材を確保しようという意欲が高まり、人事制度を模索する前段階の状態である。この後、終身雇用の概念が生まれてきた。
　昨今でも「住宅手当」や「家族手当」は、この考え方によるところが大きい。
②年功・勤続主義
　高度経済成長期を迎え、多くの企業が年功賃金を取り入れるようになった。年功は学歴・勤続を基本的な枠組みとし、それに個人別の考課を加味する。勤続は仕事の習熟を意味し、毎年習熟度が上がり、それに応じて給与も増えていくという考えである。
　経済成長とともに会社が発展している時代では合理性があり、優秀な人材を長期的に確保・育成していく終身雇用制を生活保障という面から支えている。
③年功的職位主義（年功・勤続・能力主義）
　職位（部長、課長、係長）に基づき、その責任の重さという観点で給与に結びつける。背景には年功賃金があり、勤続≒習熟度の上昇≒ポストという図式で、長く働いた人を所定のポストに就け、その職位に応じた給与を払うこととした。経済や会社が成長・発展し、それに伴いポストも増えている時代では、

年功で一定期間勤続した人をポストに就け、給与とモチベーションの向上を図るという考え方には妥当性があった。

職位手当・役職手当は、この考え方によるところが大きい。

④職能資格制度（能力主義）

1973年のオイルショックにより高度経済成長が収束し、企業の成長鈍化に伴いポストは増加しなくなってくる。ポストで処遇できなくなった企業は、ポストではなく、能力の程度としての「職能」で処遇しようとした。これを「職能資格制度」と呼び、現在でも多くの企業に採用されている。ここでも能力≒習熟度の向上≒勤続という考え方が根底にあり、年功的な考え方が色濃く残る。

職能資格制度そのものは間違いではないと思われる。ただし、年功的要素を排除できない、昇給するのが当たり前で降給する仕組みがない（そもそも能力は高まることを前提としており、低くなることは想定しづらい）などの運用面の課題も少なくない。職能資格制度に基づく等級号俸制（等級と等級内に設けられた昇給ピッチを示す号俸によって給与を決定する仕組み）の問題か、運用面の問題かは、冷静に検証する必要がある。

これらの考え方は、社員の「現在」ではなく、「過去」に対して給与を払うことになり得る。このまま放置すると、長期勤続・中高年齢者の「過去」に対しての人件費がかさみ、現在活躍している若年層に給与原資を割り当てられず、離職を招くという問題につながっていく。

⑤複線型人事制度（能力主義）

職能資格が上がっても、それに見合ったポスト（職位）がない、専門的な能力を持つ人材を処遇できないといった職能資格制度の矛盾を解決する手法として登場したのが複線型人事制度である。管理職と専門職を分けて処遇するのが一般的な仕組みである。

年功的職位主義では、ポストが上がることで処遇が高まった。しかし、ポストの数が増えなくなったため、ポストに就けない人材を、ポストに見合うだけの「能力の程度」とみなして処遇したのが職能資格制度である。

一方、ある特殊な能力だけが突出した人の処遇に窮したことの代替策、またマネジメントではなく、スペシャリティにも同等の処遇を実現するといった大義名分の下に設けられたのが「複線型人事制度」である。

専門的知識・技能を持つ人材を処遇するには有効であるが、一方で、その専門性の陳腐化・変化に対応しにくい。また、「マネジメントができないから専門職」という安易な制度運用が新たな歪みを生むことにもなる。

⑥成果主義

人の持つ能力に基づいて処遇するのではなく、達成した成果・業績に基づき給与を決める考え方。経済の伸びが停滞し、年功的要素を持つ職能資格制度に限界が表れ始めたところで、バブル崩壊後、成果を重視するアメリカ型人事制度として注目された。「Pay For Performance（成果を上げた分だけ給与を払う）」という考え方である。

Pay For Performance における「年俸制」は、年俸全体が「洗い替え方式（前年の給与実績を考慮せずに、成果のみを見て新年度の年俸水準を決定する）」であることが前提である。しかし、この運用がうまくいかないケースが非常に多い。

また、成果主義は環境要素を織り込んだ結果主義である。チームで実績を上げたときの個人の成果を測定することが簡単ではない、職場内の人間関係にも影響を及ぼす、短期的な考え方に偏る、人材育成の風土が後退する、など行きすぎた成果主義は多くの問題を職場に投げ掛けた。

⑦職務主義型制度（職務主義、役割主義）

人の能力ではなく、仕事の価値・重さに応じて処遇しようというのが職務主義である。人材の流動が活発なアメリカ型の制度として、これも 1990 年代後半から広く導入が試みられた。

例えば、総務部長 800 万円、営業部長 1000 万円など、職務に値段が付いており、配置された職務によって給与が決まる。誰がその職務に就いても同じ給与となる。職務の重さ（職務の概要、責任、予算の範囲、上司や他部署との関係など）は職務記述書（ジョブ・ディスクリプション：Job Description）に基づいて決定される。

合理的な仕組みであるが、①その職務の重さをどのように測るのか、②組織変更時に職務記述書を書き換えるなどのメンテナンスに手間がかかる、③配置転換（ジョブローテーション）を基本的な人材育成法としてきた日本企業の慣習とどのように折り合いをつけるのか（1000 万円の営業部長を 800 万円の総務部長に異動させたら年収は下がるのか？）といった課題がある。運用に手間

がかかることもあり、成功事例はそう多くなかった。

コロナ禍においてリモートワークが増えたことにより、個々のメンバーの「働きぶり」が見えにくくなったこと、大企業のグローバル化が進んだことなどの要因もあり、「ジョブ型」という名称で改めて注目され、導入を試みている企業も増えつつある。

しかし、大企業ならばともかく、成長期・変革期にある企業は組織変更が頻繁であり、また1人の仕事の範囲が広く流動的な中小企業では、職務記述書を書き換えるだけのスタッフの余裕がなく、職務を規定する意義も薄い。導入する際は慎重に検討したほうがよい。

⑧コンピテンシー（行動主義）

成果主義と前後して広まってきたのが「コンピテンシー」である。コンピテンシーは「成果につながるための欠かせない行動」とされる。能力があっても発揮されなければ意味がなく、成果には運・不運といった環境要因も影響する。そこで注目されたのが、成果に意味合いが近く、発揮された能力としての"顕在行動"である［図表45］。

コンピテンシーは、「成績優秀者の行動様式」を抽出して、そのように行動すれば成果が上がりやすいはずであるという前提であり、その行動の型を「コンピテンシーモデル」という。

自社でこの行動モデルを抽出しようとしても、それは容易ではない。しかし、顕在行動に焦点を当てることには、ある種の合理性があると考えられる。

⑨ミッショングレード制（役割型人事制度）

職務主義型制度に近い考え方で、役割型人事制度ともいわれる。企業のミッションを個人レベルの役割までに割り振り、その役割に基づいて格付け（グレード設定）や評価・処遇をするものである。

非常に合理的な考え方であるが、その都度、グレードを見直す必要があり、グレードと処遇をバランスさせる難しさなどの課題も多い。

2　人事制度の企画のポイント

1　会社が社員に求めるものを明確化する

人事制度は、次のことを整理するものだといえる。

図表45 ● コンピテンシーの位置づけ

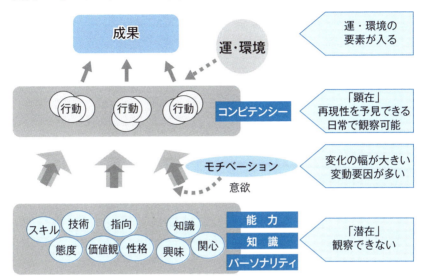

① 会社が社員に求めるものを明らかにする（要件設定）[図表46]
② 求めるものと社員個々人の発揮度合い・達成度合いの差異を判定する（評価）
③ 評価により処遇を決定し、処遇に基づき給与を決定し、支給する（給与）
④ ②の差異を埋めるための施策を展開する（教育・育成）

　評価制度を整備したいという会社の要望の多くは、「評価を公正にして、給与を適正に支給したい」ということだ。問題は「評価をどのように行えばよいか」という以前に、その前提として「何によって評価するか」ということが重要になる。「何によって評価するか」は、「何を求めるか」が明らかにならなければ成立しないので、まずは「会社は社員に何を求めるのか」を明らかにすることから始める。

　さらに、給与を決定する場合には、「何によって社員の給与を決めるのか」を明らかにしておく必要がある。成果か、行動か、能力か、職位（役職）か、職務か──などである。その際に基盤となるのが人事ポリシーである。人事ポ

図表 46 ● 人事制度を企画する前提としての要件設定

会社が社員に求めるもの	経営理念（ミッション・ビジョン・バリュー）			
	自社の社員らしい行動	階層別に求められる行動	職位者に求められる行動	目標達成
要件設定	行動指針	等級別行動要件	職位（役職）要件	目標管理制度 PDCA サイクル
評価制度	行動指針評価（プロセス評価）	等級別行動評価（プロセス評価）	職位（役職）要件評価（職位任免）	目標達成度評価（成果評価）
給与制度	基本給		職位手当	賞与
教育制度	理念浸透研修 行動指針研修	階層別研修 適性検査と フィードバック 課題設定	管理職研修 360° サーベイ	目標管理研修 目標設定会議 評価会議（成果と 目標の乖離検証）

リシーに基づいて、求めるものを整理する。

人事制度を企画する際に重要なのは、「会社は社員に何を求めるのか」と「何によって社員の給与を決めるのか」の二つの観点を整理することである。

2 社員に求めるものの整理

1 経営理念の浸透

経営理念に基づく社員行動指針等は、会社が「うちの社員らしい行動」として明示するものの一つである。評価制度に社員行動指針が反映されていると、「うちの会社らしい評価指標」として経営層も理解しやすい。たとえ能力が高く、成果を上げていても、「うちらしくない社員」を過度に評価しないための備えにもなる。

2 階層別に求められる行動能力

人事制度で行動を重視するか、能力を重視するかは会社や階層によって異なるため、ここでは行動能力と表記する（なお、行動能力とは、「発揮された能力」「顕在化された能力」という意味合いもある）。

経営層・本部長層・部長層・課長層・主任（リーダー）層・メンバー層などの各階層に何を求めるかを明示する。ここで重要なのは、あくまで「部長層」

といった階層であって、「部長」「課長」という職位（役職）ではない。階層とは、全社的観点を持つ者、部門全体への観点を持つ者、課やチームのリーダーとしての観点を持つ者、一つのミッションのリーダーとしての観点を持つ者、実務遂行者としての観点を持つ者、などということもできる。

ただし、階層と職位（役職）を同じものとして考えることもできなくはないが、組織変更が頻繁な成長企業では、分けて考えたほうが合理的である。なお、階層別に求められるものは汎用的である。A社の部長層とB社の部長層に求められるものは、企業規模が近ければ根本的には大きく変わることはない。

3 職位（役職）者に求められる行動能力

職位者とは、組織上の権限を持つ組織の長（部長・課長など）を指す。組織における予算策定・実績管理および達成、部下の人事管理・評価・育成に責任を持つ者といえる。

部長・課長（グループマネージャー、チームマネージャーなど名称は企業によってさまざま）などを「職位」と呼ぶ（「役職」と同義だが、役職は部付部長、担当部長など位置づけが曖昧なものを含む場合があるため、ここでは、あえて分けて表記する）。なお、これら職位者の総称を「職制」という。

会社によっては、職位は与えるものの、権限と責任を明示していない場合がある。株式公開企業ならば職務権限規程などで規定しているが、これも職位としてしっかりと明示されていない、あるいは認識されていない場合が多い。業績達成や人事管理は職位者の重要な業務である。ここが疎かにならないように、職位者に求めるものは明示しておくべきである。

給与決定の基軸に職位を据えるかどうかは企業の判断による。ただし、その場合、本人の成果に関係なく、組織の都合で給与がアップダウンすることもあり得る。それを防ぐために「担当部長」「部長代理」という中間の役職を設けて処遇したりするが、権限と責任の所在が曖昧になってしまい、本来「組織の長」を示すはずの職位の運用が難しくなっていく。

そのため、職位と給与との関係では、職位手当（役職手当）として対応する場合と、そういった手当などの給与面で全く考慮しない場合がある。

4 職種別に求められる行動能力

営業・技術・管理部門などの職種別に求められる行動能力を明示する。特に知識・スキル（技能）は職種固有であり、この獲得を目的として人事制度に盛

り込む会社も多い。

ただし、前述の**2**「階層別に求められる行動能力」や**3**「職位（役職）者に求められる行動能力」と比べ、会社固有であったり、また変化が激しく、陳腐化が頻繁に起こったりすることがある。また、職種を越えた異動時の実務対応が煩雑になるため、職種別に求めるものを人事制度に盛り込むのは慎重であってほしい。なお、この機能を目標管理制度で能力開発目標として設定し、代替することは可能である。

5 目標達成

企業にとっては目標達成が最も重要であろう。経営計画・経営目標の達成こそが企業存続の条件であり、企業の目的そのものである。経営目標の達成は、各部門の目標達成によってもたらされ、各部門の目標達成は、各社員の目標達成によって実現される。

企業は、各社員に目標達成を求めており、目標達成を管理する手法の一つが目標管理制度（MBO）である。また、比較的新しい手法としてバランススコアカード（BSC）やOKR（Objective and Key Results）などがある。

どの手法を用いるにせよ、目標を設定し、その達成度を振り返ることが企業活動では極めて重要である。その達成度の振り返りが評価であり、評価に基づいて処遇を決めるのが合理的である。

目標は個人ごとに違い、またその期間によっても異なる。これを個別設定する必要がある。前述の**4**「職種別に求められる行動能力」は、この目標達成のカテゴリーで個別に設定することが合理的と考える場合もある。

以上が、企業が社員に求めるものである。これらを網羅的に整理し、求めるもの（要件）として明示する。

3 昇格・降格、任命・昇進・降職

等級の上下は昇格・降格といい、職位では任命・昇進・降職などという。

職位への任命＝等級の昇格とすると、降職の際に等級を下げられない場合に困る。分離しているほうが人事管理上は運用しやすい。

これらの動きが、等級要件、職位要件に基づいて行われていれば、公正な制度運用といえる。

昇格、昇進を決定する基準として「卒業方式」と「入学方式」がある。卒業

方式は、現在の等級ないしは職位で十分な成果を出して要件を満たしている場合に、上位に上がることをいう。入学方式は、上位の等級や職位の要件を充足しており、「十分にできるであろう」と予見された場合にのみ上位に上がることをいう。

　職能資格制度や年功的な運用では、卒業方式がメインであった。つまり、上位の等級や職位に求められる成果が出せるかという視点が欠けていることがあった。現状では、上位の等級や職位の要件を充足していると何らかの方法で評価・判定された場合に上がる入学方式の運用が一般化しつつある。

　昇降格においては、アセスメントセンター方式（面接・小論文、グループディスカッション、プレゼンテーションなど複合的な評価手法を用いる昇降格審査）などで客観的に判定する方式が選ばれることもある。

3　等級制度の設計

1　等級制度の意味

　等級制度は、社員に対して何を担ってほしいのか、どのように行動してほしいのか、そのためにどのような能力が必要かなどの行動能力要件を示したものである。そして、等級制度は人材育成の指標となり、能力開発の方向性を示し、評価制度の根拠となる。さらには、給与水準（レンジ）と連動し、配置の際の参考指標にもなるものである［図表47］。

　［図表48］は、ビジネスパーソンの成長モデルを示したものである。この変化は一つの延長線上に連続してあるものではなく、断絶しているとされている。等級制度は、この成長モデルを基本に設計されることが多い。

　また、求められるものは、社内でのポジションが上がっていくにつれて変わっていく［図表49］。例えば、ハーバード大学のロバート・L・カッツ教授が提唱したカッツモデルでは、上位のポジションに行くにつれて、コンセプチュアルスキル（概念化能力）が重要になってくるとされているが、テクニカルスキル（実務遂行能力）の延長上にコンセプチュアルスキルはない。ヒューマンスキル（コミュニケーション力）の比重は変わらないとされているが、より上位になるほど、人材を育てることが求められるようになる。

図表47 ● 等級制度と各施策との関連

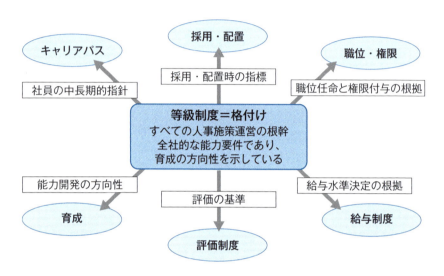

図表48 ● ビジネスパーソンの成長モデル

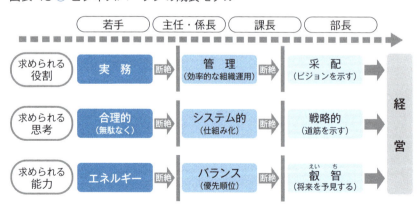

図表49 ● マネジメントに求められる能力（カッツモデル）

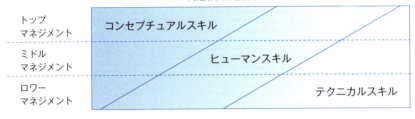

コンセプチュアル スキル	知識や情報などを体系的に組み合わせ、複雑な事象を概念化することにより、物事の本質を把握する能力
ヒューマンスキル	対人関係能力ともいわれ、職務を遂行していく上で他者との良好な関係を築く力を指す。具体的にはコミュニケーション力、ネゴシエーション力などが挙げられる
テクニカルスキル	その職務を遂行する上で必要となる専門的な知識や、実務遂行能力を指す。職務内容により、その内容は異なってくる

❷ 階層別要件の設定

　等級制度は、社員のキャリアステップを示す。このキャリアステップとは何年にも及ぶ道のりであり、年度ごとにその要件が変化したりすると、社員は何を目指してよいか分からなくなる。そのため、一定の普遍性を維持した等級要件を設定することが大切である。

　[図表50] は、一般的な等級制度（職能資格制度）のケースである。これは従来型の大企業モデルともいえるもので、基準昇格年数には年功的要素を残しており、新興・中小企業の規模からすると複雑すぎる感がある。

　また、もし等級要件が「この表だけ」であるならば、「5等級と6等級はどう違うのか」「どうなったら昇格できるのか」が曖昧で分かりづらい。このような状態の等級要件は、現在でもよく見る形態だ。

図表50 ●一般的な等級制度の設定例

層	級	呼称	区分	職能資格定義	対応職位	初任格付け	理論モデル年数	昇格基準年数 最短	昇格基準年数 最長
管理専門職能	9	参与	統括管理	会社の基本的政策や方針に基づき、部レベルの組織の運営を統括し、かつ会社の政策・方針の企画・立案・決定に参画するとともに、経営トップを補佐する	部長		—	—	—
	8	副参与	上級専門管理	会社の政策・方針について、自主的に企画・運営し、上司を補佐する			5	—	—
	7	参事	管理	会社の政策や方針についての概要の指示に基づき、部または課レベルの組織の業務について、自主的に企画・運営し、かつ実施上の責任を持って部下を管理する	次長		5	3	—
指導監督専門職能	6	副参事	指導監督	一般的な監督の下に担当範囲の細部にわたる専門的知識と多年の経験に基づいて企画・調整に当たり、係（班）レベルの組織の業務について、自らの運営・調整に当たるとともに部下を指導・監督する	課長		4	3	—
	5	主事	指導判断	担当業務の方針について部下を指導しながら、自己の判断と創意によって担当業務を指導しながら、計画的に担当業務を実行し、上司を補佐する	係長		4	2	—
	4	副主事	熟練定型	細部の指示または定められた基準により、高い実務知識・技能・経験を担い、複雑な非定型的業務については主導的な役割を担い、下級者を指導しながら、かつ自己の判断を要する熟練的（非定型も含む）業務を遂行する	主任		3	2	—
一般職能	3	社員3級	高度定型	細部の指示または定められた基準により、高い実務知識・技能・経験を担い、日常定型的業務については主導的役割を担い、必要によっては下級者を指導する	一般職	大学院修士卒	3	2	6
	2	社員2級	一般定型	具体的指示または定められた手順に従い、業務知識に関する実務知識・技能を担い、日常的な定型的な業務の指示を受けて遂行する		大学卒	2	1	6
	1	社員1級	定型・補助	詳細かつ具体的指示または定められた手順に従い、特別な経験を必要としない単純で定型的な繰り返し業務もしくは見習い的補助的な業務を遂行する		高校卒 / 短大卒	4 / 2	4 / 2	6

新興企業・中小企業のケースでは、運用のしやすさを考えると、階層設定は6段階ぐらいが合理的だろう。6段階それぞれの影響範囲の大きさ（どの範囲に影響を及ぼすのか）を単純化して示すと、（育成期間）⇒自分自身⇒プロジェクト⇒チーム⇒部門⇒全社といったステップになる。[図表51]は、6等級に設定した場合の各等級のキーワードを示している。さらに[図表51]のキーワードを文章で表現したものが、[図表52]の等級要件である。

　このように階層別に等級要件を設定する際には、まずキーワードを作り、それを構成・展開していけばよい。一から職場をヒアリングして作っていく方法もあるが、それには膨大な時間と労力、そして費用がかかる。

　人事担当者は、こうしたモデルの仮説を立て、それを検証していくことで、長期的な運用に堪える汎用性のある等級要件を短期間で作っていくことができる。

❸ 職種別に要件設定する場合の留意点

　等級要件設定には、[図表53]の(A)パターンと(B)パターンの二つがある。

図表51 ● 各等級のキーワード

等級	レベル	主な役割行動		組織行動		人材・チーム	意思決定プロセス	姿勢
6	全社マネジメントレベル（本部長クラス）	ビジョン策定	戦略策定	中長期戦略立案・遂行	事業部門運営	人材登用・活用	決断・責任	将来展望
5	部門マネジメントレベル（部長クラス）	戦略策定	部門目標設定	部門戦略立案年間計画立案・実行	部門運営	部門の人材育成	決断・責任	人望
4	チームマネジメントレベル（課長クラス）	チーム目標設定	進捗管理チーム目標達成	チーム年間計画立案・実行	チーム運営	チームの人材育成	判断（選択肢提示）	変革
3	成果マネジメントレベル（主任クラス）	プロジェクト進捗管理	プロジェクト目標達成	課題形成進捗管理計画修正	プロジェクト運営	後輩指導	問題の分析	企画
2	自己完遂レベル	自己管理	周囲への協力	自己目標達成	率先垂範	他者支援	情報収集	柔軟性
1	育成レベル	実務遂行	学習行動	実務遂行	確実性	協調性	問題発見	真摯さ

139

図表 52 ● 等級要件

等級	等　級　要　件
6 全社 マネジメント	全社に影響を与える高度な職責を担えることを想定します。 経営理念・行動指針を全社的な影響力を持って十分に体現します。 全社のビジョンを示し、中長期戦略の立案を行い、戦略に基づく方針および財務的な背景を持った目標を明示します。また、担当する組織のビジョンを描き、組織の力を最大限に引き出すべく舵取り、目配りを欠かしません。有用な人材を発掘し、適切な業務を、適切なメンバーに任せながら、組織全体の能力向上を図ります。 また、上位者が決断をするための選択肢を論理的に導きます。必要な施策の実施については、反対や批判があっても、ひるまずに説得を行います。
5 部門 マネジメント	当社の経営理念を十分に理解し、社内ルールの遵守について他の見本となり、部門に浸透させる働きをします。 担当部門の戦略を示し、明確な目標と計画を立てます。担当部門の責任者として、自身の考えをメンバーに熱く語り、関連する部門を巻き込み、人材をマネジメントしながら、結果を出すまで進捗管理を怠りません。また、上位者が決断をするための判断材料と根拠を論理的に導きます。 傾聴とフィードバックを行い、自部門のメンバー個々の能力向上を図り、教え、育てます。
4 チーム マネジメント	当社の経営理念を十分に理解し、社内ルールの遵守について他の見本となり、チームに浸透させる働きをします。 目標に対する進捗管理を怠らず、問題の本質を捉え、適切に対処します。また、新しい価値の創造に敏感で、数値的背景を持ちながら、現状を改革するアイデアを具現化することができます。社外の有力なネットワークを持ち、会社の価値向上を図ります。
3 成果 マネジメント	当社の経営理念を十分に理解し、社内ルールの遵守について他の見本となり、指導します。 周囲を巻き込み、前向きな雰囲気をつくりながら、困難な状況にもひるまず、目標を達成させます。仕事のクオリティに対して強いこだわりを持ち、情報収集を欠かさず、新たな企画を考え、相手に効果的に説明することができます。
2 自己完遂	当社の経営理念を理解し、社内ルールの遵守について他の見本となります。 組織や上長の指示を待つことなく、職場の目標に応じた成果を高い品質を伴って具体的に出すことができます。目標に対する課題を明らかにし、困難な場面でも臨機応変に対応し、あらゆる手を尽くして目標を達成させます。緊張感の強い局面においても冷静に対処します。また、専門分野を築くための自己研鑽も怠りません。
1 育成	当社の経営理念を理解し、社内ルールを遵守します。 任された業務を高い顧客志向に基づき、真面目に、熱心に取り組みます。自分の立場や主張にこだわらず、周囲との連携に気を配り、担当外の業務を進んで手伝います。自分の考えを的確に相手に伝えることができます。ひたむきに取り組むことで経験値を積み、今後に必要なスキルや知識の向上を図ります。

第2章　人事部の仕事（ステップアップ編）　6　人事制度の企画・運用

図表53 ● 職種別の要件設定

(A)

等級	全社
6	
5	
4	
3	
2	
1	

(B)

等級	営業	技術	管理
6			
5			
4			
3			
2			
1			

　(B)パターンのように、営業や技術、管理など職種別に等級要件を設定したほうが理にかなっているようにみえる。しかし、運用が難しい。大手企業でも(B)パターンを完璧に運用し切れているところはまれである。

　それはひとえに、「普遍的でなく、汎用的でない」ことに起因する。変化の激しい時代にあって、経営環境の変化に伴い求められる等級要件も変化し、その都度メンテナンスが必要になる。また、より普遍的で汎用的にしようとすると、スキル（潜在能力）に焦点を当てざるを得なくなるために、評価が難しくなるという問題がある。

　例えば、人事部門では、「労働基準法の知識がある」などの要件がたまに見られる。確かに必要な要件かもしれないが、果たしてそれをどのように評価すればよいのか。営業出身の社員が人事部長として着任することもあるが、その際にはどう評価するのかなど、設定した後のことを考えないと、制度が形骸化するので要注意である。

　職種別に事業特性が違う、職種間の異動が全く想定されないなどの場合は、職種別の要件設定もあり得るが、安易な職種別展開は控えたほうがよい。まずは、(A)パターンをしっかり運用してから、(B)パターンに踏み込むべきである。「ジョブ型」は(B)パターンであるが、上記のようなところに設定と運用の難しさがある。

141

④ 等級の呼称

等級の呼称は、「1等級・2等級・3等級……」「Fresh・Junior・Senior……」「Planner・Senior Planner……」など会社によってさまざまである。

注意すべきポイントは、職位との違いを明確に表記できる呼称を選定するということである。等級を名刺に表記している場合もあり、その場合は等級の呼称と職位の呼称の違いが明確でないと、無用な混乱を招くことがある。

⑤ 職位との関係

職位者、つまり組織の長の呼称も会社によってさまざまだが、等級と同じような呼称は、混乱を招き、かつ表見代理の問題もはらむため避けたほうがよい。例えば、「部長」という名刺を出して取引すれば、相手方は相応の組織上の責任と権限を持った者と取引していると思うだろう。実態としてそこまでの責任や権限を伴わない場合、このような安易な肩書は避けたほうがよい。

ここでいう職位は、一つの組織に1人の長（＝責任者）を指す。一つの組織に何人もの部長がいる会社もあるが、それでは誰がその組織の責任を負っているのか分からない。

職位者には責任と権限がある。それぞれどのような責任や権限があるかを明示するのが「職務分掌規程」と「職務権限規程」である。しかし、これだけでは不十分である。職位者の実務上の要件には、次のようなものがある。

- 予算編成
- 予算実績管理
- 予算達成責任
- 自部署の人事権
- 人事管理権限・義務
- 評価権限・義務
- 人材育成義務
- 上位者の補佐
- 他部署との連絡・連携責任

すなわち、職位者は何をしなければならないかが明示されていないと、組織も人も混乱する。これら実務上の要件はぜひ整備しておきたい。

142

6 等級と職位

人事制度の格付けには、「人事上の格付け」と「組織上の格付け」の二つがある。人事上の格付けは、等級制度、グレード制度、資格制度などと呼ばれ、等級制度によって処遇を決める根幹となる。また、組織上の格付けは職位制度、役職制度などと呼ばれ、業務遂行における根幹となる［図表 54］。

この人事上と組織上の格付けは、同一で運用するにしても別々に運用するにしても、人事担当者としては分けて考えておくべきである。これらを分けて考える理由は、緩やかに変化するものと、頻繁に変化するものという時間軸の違いがあるからだ。

給与の急激な変動は、社員にとって受け入れ難いもので、ある程度の安定的推移が求められる。等級制度の根底はここにある。一方で、企業における組織は頻繁に変更される。組織が新たに設定されたり、分化したり、統合されたりする。ポストの数も変化する。これらの変化が数カ月以内に起こることも多

図表 54 ● 等級と職位

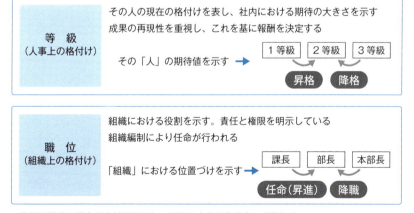

等級と職位の概念が入り混じると、両者の本来の意味合いが薄れる。
両者の定義が曖昧になると、「人」を処遇するために「組織」をつくったり、
組織がないのに職位に任命したりすることになる。また、マネジメントラインが曖昧になり、
組織が歪むことがある

い。この組織の変更に伴い、その都度給与を変化させることは合理性に欠ける。

また、等級と職位を分けて考えられていない場合、人を処遇するために組織をつくったりすることがある。例えば、1人部長の部署などである。職務主義（ジョブ型）が機能しないのは、この組織の変化に制度がついていけないからである。成長企業では、まずは職位に着目して人事が行われることが一般的である。その結果、組織の成長が一段落した（ポストが増えなくなった）ときに、組織を持たない部長（担当部長、部付部長など）が出現し、責任の所在と給与などの処遇に矛盾が生じてくる。

等級と職位を分けて考えることは、年功的な運用になりがちな職能資格制度に近いイメージを持たれるが、これは運用の問題であって、この区分けについては十分留意しておかなければならない［図表55］。

図表55 ● 等級制度と職位制度の区分け

等級制度（人事上の格付け）	
等級	求められる基本的な要件
6	全社マネジメント 全社の方向性をつくり、方針を伝え、業績に責任を持つ
5	部門マネジメント 部門を率い、成果を出す
4	チームマネジメント チームの成果を出す
3	成果マネジメント 周囲を巻き込み成果を必ず出す
2	自己完遂 任された仕事を確実にやりぬく
1	育成 エネルギーを持って素直にひたむきに取り組む

4 評価制度の設計と運用

　評価制度は、本来は人材育成のためにある。社員を評価することにより、伸ばすべき点、改善すべき点を明らかにして成長を促す仕組みといえる。そして、その結果が給与や賞与に反映される。

　「会社が求めるもの（行動指針・等級要件・目標達成）」と、社員それぞれの「現状」のギャップを判定するのが評価である。しかし、会社が求めるものには時間軸による違いがある。評価制度は、この時間軸の視点を持つべきである。

❶ 時間軸の視点―過去と将来（精算と投資）

　評価は、基本的には「これまでの仕事ぶり」を観察し、結果を見て行われる。この意味でいえば、過去軸あるいは現在軸である。しかし、その視点や反映していくものには違いがある。いわば、「精算」と「投資」である［図表56］。

①精算：これまで出した成果・業績をできるだけ正しく評価し、それを何らかの報酬に結びつけること

②投資：成果とそのプロセスをできるだけ正しく評価し、今後も結果を出し続けられるかどうかを見極めて、何らかの報酬に結びつけること

　例えば、賞与という報酬に結びつけることは「精算」、基本給やより大きな責任のある新たなポジションを任せるなどの昇進に結びつけることは「投資」

図表56 ● 給与制度への反映の考え方―精算と投資

1．期待に沿った成果を上げた人

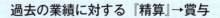

2．将来期待に応えてくれると予見できる人

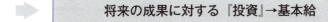

になる。人事は、その評価が「精算」なのか、「投資」なのかを確認しておくことが大切である。

成果の再現性

Column

　成果の再現性とは、環境や運の要素に左右されず、再び今までと同じような、またはそれ以上の成果を実現できるであろうと予見されることをいう。例えば、等級が示す行動能力要件を発揮することにより、将来の成果創出を期待できることを意味する。適切な目標を設定し、しっかりとした計画を立案して、実行段階での進捗を確実に管理していれば、安定的に目標を達成できるだろう。これが成果の再現性だ。この期待成果が、給与制度における基本給の設定の根拠となる。成果の再現性は「投資」を意味し、その再現性を明示するものがコンピテンシーモデル（成果に結びつく行動の型）ともいえる。

---

2 時間軸の視点─長期的・中期的・短期的視点

　「精算」と「投資」の価値を評価する時間的な視点として、以下の3点を持つべきである。
- 長期的視点（2～3年以上）
- 中期的視点（1年）
- 短期的視点（6カ月または3カ月〔クオーター〕）

1 長期的視点

　昇格・降格など、将来にわたっての投資価値を評価する。昇格とは仕事の責任の範囲を広げていくことであり、役割の変化である。その役割を担っていけるかを評価する。これまでの短期・中期的視点の総合化による判定と、次の役割を担えるかの判定を併せて行う。成果の再現性が将来にわたって発揮できるかを見ていくことになる。将来軸の評価である。

2 中期的視点

　現在の等級要件など、期待されている成果と行動を発揮できているかを評価

第2章 人事部の仕事（ステップアップ編） 6 人事制度の企画・運用

する。一般的（基本給の改定が年1回の場合）には1年に1回、現在求められているものと比べて現状がどうかを評価して、昇給・降給に反映する。

③ 短期的視点

6カ月または3カ月など、求められた成果を達成したかどうかを評価する。成果を素早く確認し、賞与などに反映させる。

短期的な成果はすぐに確認して反映しないと、「成果を出しても認められない」「成果を出しても出さなくても変わらない」など、社員のモチベーションに与えるマイナスの影響が大きい。

短期的視点により成果に素早く報いる、中期的視点により「いま求められているもの」を再確認しながら将来を見越していく、長期的視点によりキャリアプランを描く、といったように、これら三つの時間軸による評価をバランスよく備えることが大切である［図表57］。

3 短期的視点における評価

短期的視点の評価では、主に成果を確認する（行動や能力を確認することもできるが、例えば能力はそう短期間では変化しない。行動の変化や能力の変化は、1年程度の期間をもって確認すればよいのではないか）。

この評価対象期間は、会社の業態や変化のスピードによるところもあるが、おおむね6カ月とし、半期ごとの賞与に反映するのが一般的である。

新興企業では、3カ月という期間にも妥当性があるが、目標（成果の到達点）設定から評価までの期間が短いと、職制や社員に負荷をかけることになる。短期間で運用する場合には、自社の状況に照らして検討する必要がある。

図表57 ● 時間軸で見た評価結果の処遇への反映

	評価	処遇
長期的視点	総合評価（投資価値の判定）	昇格・降格（等級の変化）
中期的視点	等級別行動評価	昇給・降給（基本給の変化）
短期的視点	成果評価	変動給の上下（賞与の変化）

147

ただし、6カ月で設定したとしても、中間の3カ月時点での検証や見直しをしなくてよいというわけではない。この短期的視点における評価では、目標管理制度（MBO）やバランススコアカード（BSC）などのマネジメントツールを使うことが多い。これらの活用は、人事制度が会社の業績向上に直接的に結びつく施策となるため非常に重要である。

4 目標管理制度
1 目標管理制度とは

　目標管理（MBO：Management By Objectives and self control）は、1954年に経営学者ピーター・F・ドラッカーが著書『現代の経営』の中で紹介したマネジメント手法である。「目標と自己統制によるマネジメント」の意味で、命令や強制ではなく、自主性や自己統制に基づいて目標を達成するという仕組みである。

　日本での導入当初は、「目標の管理」と誤解され、上司が部下の売り上げ目標を細分化して個人のノルマとして割り振り、その達成を厳しく管理するということが行われてきたが、本来的には「社員自らが目標を定め、そこに向けて自分で計画を立て、進捗を管理しながら目標を達成していく」ためのものである。

　目標管理では、組織の中の一人ひとりが所属する部門の目標を自分のものとして理解し、それを達成するために上司と相談しながら自分は何をすればよいのかを考えて目標を立てる。そして、各人が自分で立てた目標を達成することにより、結果として部門目標も達成されることになる。

　これにより、目標は上から押し付けられるのではなく、各人が自分で考え納得したものになるので、モチベーション高く取り組めるとされている。

　目標管理ではこの「self control」が忘れられていることが多い。社員が自ら目標を設定することが制度の肝である。そして、その目標は独り善がりのものであってはならない。部門目標を達成するために自らが何を目標として何をすべきなのか、社員それぞれが目標を設定して行動することが求められる。

　目標管理は、PDCAを回していくマネジメントの基本を実行するための制度でもある。半期ごとにPDCAサイクルを回していくことが基本となる［図表58］。

第2章 人事部の仕事（ステップアップ編） 6 人事制度の企画・運用

図表 58 ● 目標管理における PDCA の重要性

Plan

| 成果イメージ（目標）を明確にする
目標達成のための計画を立案する | 上司・チーム⇔メンバーで
擦り合わせ、共有・決定 |

Do

| 目標達成のための計画を実行する | 〈セルフコントロール〉
上司は部下の業務遂行を支援する |

Check

| 計画の進捗管理を行う
必要ならば計画を修正する | 〈セルフコントロール〉
上司はアドバイスする |

Action

| 目標とその達成度合いを確認する
課題を明確にする | 達成状況の確認＝精算価値評価
次の Plan に活かす |

※一般的には、Plan（計画）、Do（実行）、Check（測定・評価）、Action（対策・改善）とされているが、評価制度におけるものとして、ここでは Plan を「目標設定と計画立案」、Check を「進捗管理」、Action を「評価と対策」としている。

　この PDCA サイクルを回すことは、マネージャーをはじめ社員が仕事をしていく上で非常に大切である。たとえ評価制度がなくても、PDCA サイクルは回さなければならない。そのぐらいの重要なものであると認識しておいてほしい。目標管理は多くの会社で導入されており、知的労働が主流となる企業では必須の制度といっても過言ではないだろう。

　しかし、この運用がしっかりとできている会社は少ない。その問題の大きな部分は「目標設定」にある。目標設定における達成基準が明確になっていないことが非常に多く、達成度の評価が機能しないのである。その結果、評価も公正に行えないことになる。また、個人の目標が自ら考えたものではなく、上司から与えられてしまっている場合も、本来の趣旨である「自主性」を発揮させることはできない。

　目標管理の運用は、人事部門だけで行えるものではない。全社目標が明確になっており、それが部門ごとにブレークダウンされ、さらにメンバーにブレークダウンされている必要がある。特に全社目標と部門目標の設定は経営的課題

149

であり、経営企画部門主導で行われるべきものである。人事は、経営企画をはじめとする社内の各部門と十分に擦り合わせた上で、制度を運用してほしい[図表59]。

2 目標設定

目標とは、「期末(半期末)における成果イメージ」である。このイメージとは漠然としたものではなく、具体的でなければならない。「どのような結果や状態になったら目標達成なのか」をできる限り明らかにすることである。数値目標のみならず、定性的な目標でも最終的な形を具体的にイメージしておかなければならない[図表60]。

また、人事評価では、「どうなったら、どのような評価を得られるのか」についても明らかにしておくと、評価の時点での誤解や認識のずれが少なくなる。

定性目標ならば、マニュアルなどの成果物、役員会での承認などのプロセス

図表59 ● 目標管理におけるブレークダウンの方法

【目標管理】

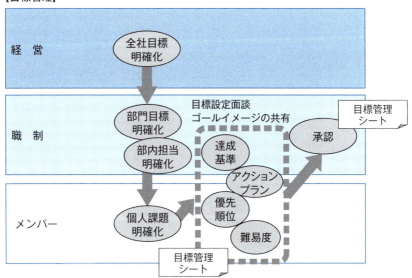

図表 60 ● 目標設定のキーワードは "SMART"

Specific　　　具体的で、

Measurable　　測定可能で、

Attainable　　実現可能で、

Relevant　　　組織目標にリンクしており、

Time limited　達成の期限が明確である

の結果、あるいは「上司がその出来栄えを認める」などでもよい。とにかく「どのようにしてその達成を見極めるか」を明確にする［**図表 61**］。

［**図表 62**］は、目標設定における具体的・測定可能な目標の例で、［**図表 63**］は目標設定の失敗例と改善策である。人事部門は、各社員の目標が設定された段階で、その達成基準について検証すべきである。

特に目標設定時によく問題になりやすいのが、職制が部門目標の意味と背景をメンバーに説明していない場合である。この意味で、現場の職制による目標管理に対する認識と理解、実行は極めて重要である。

③ 目標管理シート

目標管理で使用する目標管理シートは、「達成基準」を明確にしておく必要がある。［**図表 64**］では、「メインミッション」欄と「達成基準」欄を設けている。

ミッションは、「○○をより○○する」などと表現するのがよい。その際に、「価値を提供する相手は誰で」「その相手に対して、どのような価値を、どのように提供するか」を明確にするとよいだろう。例えば、経理で「数値の管理」だけでは NG で、「経営に対して、より迅速に経営数値を提供する」「社員に対して、より簡易に経費精算処理ができるようにする」などが考えられる。営業でも、「売り上げの達成」だけでは不十分で、「よりお客様に喜んでいただ

図表61 ● 定量的目標設定と定性的目標設定のポイント

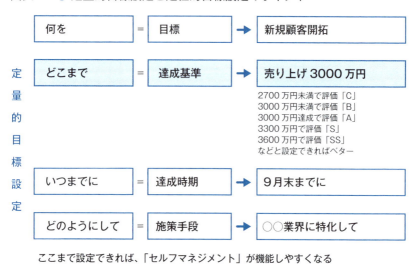

ここまで設定できれば、「セルフマネジメント」が機能しやすくなる

長期目標、定性的な目標こそ、達成基準の設定が必要

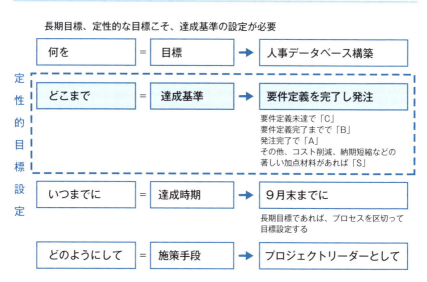

図表62 ● 目標管理：具体的・測定可能な目標の例

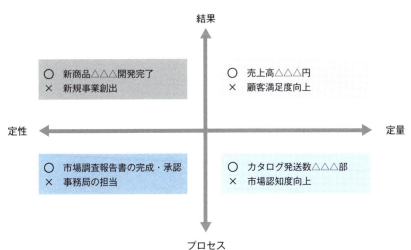

図表63 ● 目標設定の失敗例と改善策

失敗例	改善策
期待目標が入っていない	・ミッションを明確にする ・期待する方向と範囲を示す ・部下に主体的に目標設定・修正させる
目標が簡単すぎる	・組織目標の背景・目的を説明する ・等級相応（本人の現有能力より少し高めで、本人の創意工夫と努力によって達成できる）レベルとはどの程度か理解させる（普通に行って達成できるレベルの105％程度が目安）
目標が難しすぎる	・目標達成のために予想される問題を聞き出す ・達成方法・問題解決方法を具体的に聞き出す 　→具体策がなければ、再検討させる
目標が曖昧である	・目標を定量化させる ・何を、どれだけ、いつまでに、といった目標の要素を明確に聞き出す

図表 64 ● 目標管理（MBO）シート例

目標管理（MBO）シート
○○期上期　　対象期間：20xx年4月1日 ～ 20xx年9月30日

【個人目標設定】
※必ずKPIを目標設定時に定め
　上長と部下で確認すること

所属

部	課	職位	グレード	社員番号	氏名

メインミッション

目 標 設 定（期初記入）

テーマ（何に取り組むか）	具体的目標（何を、いつまでに）	達成基準（どうなったら達成されたか状態か）		手段・手法（具体的なアクションプラン）	ウェート
本人	本人	本人	KPI（本人×上長）	本人	上長
			SS / S / A		
1			SS / S / A		%
2			SS / S / A		%
5			SS / S / A		%
					%

目 標 達 成（期末記入）

自己達成度評価		1次評価者達成度評価	
本人	評価 本人	上長	評価 上長
	SS / S / A / B / C		SS / S / A / B / C
	SS / S / A / B / C		SS / S / A / B / C
	SS / S / A / B / C		SS / S / A / B / C
	S / A / B / C		S / A / B / C

参考指標

---

① 自己評価

評価ランク

《主な成果》　　《評価コメント》

② 1次評価　1次評価者名：

評価ランク

《評価コメント》

③ 2次評価　2次評価者名：

評価ランク

《評価コメント》

④ 最終評価

評価ランク

最終評価者　　　印

本人印　1次評価者印　2次評価者印

ける商品を提供して、売上数値を伸ばす」など、仕事の目的につながるミッションを考えるのがよいだろう。

このメインミッションを明記できない例が多い。自身のミッションを明確にできなければ、目標設定もしっかりできないか、あるいは部門目標と乖離してしまうので、メインミッションは必ず明確にさせる。

また、最も大切なのは、「達成基準」を明確に記載できる欄を独立して設けることだ［図表65］。他の記述欄と分けて「達成基準」だけの欄を設けるべきである。人事が検証する際は、ここに注目すればよい。

［図表64］の目標設定シートには難易度欄がなく、「A・S・SS」という評価はそれぞれどのような結果になったら得られるのかを記入するスタイルにしている。難易度については運用面で課題になることが多いが、こういうスタイルであれば難易度マトリックスは必要ない。

4 難易度と重要度

目標管理における運用上の課題の一つが、難易度と重要度の設定である。

難易度は、社員の現在の等級と、設定された目標とを比較して設定するが、この設定は容易ではない。本来は社員本人のみならず、他の社員、他の部署に比べてどうなのかを検証して設定されるべきものである。

したがって、難易度については、マネージャーが集まったミーティングで、相互に難易度を検証する「目標設定会議」の設置が必要になってくる。しかし、目標設定をし、評価するという運用を1回行うだけでは、適正な難易度設

図表65 ●　「達成基準」欄

達成基準 （どうなったら達成された状態か）		
本人	KPI（本人⇔上長）	
	SS	
	S	
	A	

155

定は困難である。数回の運用を経て、実際の達成度を見て、その達成度に応じた次の目標を設定していくといった取り組みを続けていく必要がある。すぐにはできないと認識しておくべきである。

難易度と達成度については、あらかじめ人事から［図表66］のような目安を示しておくとよい。ただし、難易度の変数が多いと評価が混乱しやすい。難易度Sの乱発は、評価制度への不信を招くため注意してほしい。

なお、重要度は各職場の上司が決めるべきであり、「何に優先して取り組んでほしいか」を示すものである。

5 目標管理のサイクル

一般的な目標管理制度による評価のサイクルは［図表67］のとおりである。

目標設定の段階の間に目標設定会議を、成果評価の段階の間に評価調整会議を公式なものとして盛り込むと、目標管理は機能しやすい。

期中に大きな環境変化があった際や、役割の変化などがあった場合には、速やかに目標を修正すべきである。しかし、これは個人の判断ではなく、上司あるいはさらに上位者が目標の修正を承認するという運用にすべきである。

図表66 ● 成果評価における目標の難易度と達成度の関係

			目標の達成度				
			目標を大幅に上回った	目標を上回った	目標どおり	目標を下回った	目標を大幅に下回った
			SS	S	A	B	C
目標の難易度	能力を大きく超えている	SS	SS		S	A	B
	能力を上回っている	S					
	能力どおり	A	S		A	B	C
	能力を下回っている	B	A		B		
	能力を大きく下回っている	C	B				

156

図表67 ● 目標管理における目標設定から評価までの流れ

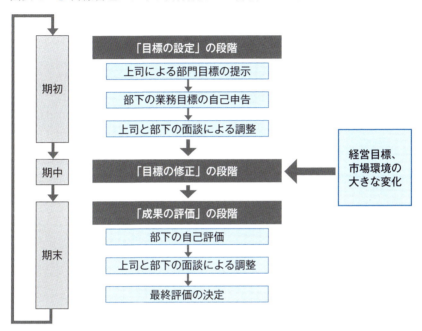

6 バランススコアカード（BSC）

バランススコアカード（BSC）は財務的指標中心の業績管理手法の欠点を補い、戦略・ビジョンを四つの視点（財務、顧客、業務プロセス、学習と成長）で分類して適切な指標・目標を設定しようというものである。上記四つに「革新」の視点が加わることもある。

人事評価では、目標設定の指標が数値に偏ることを避け、当期のみならず中長期的視点を持ったバランスのある目標を設定するためにBSCが使用される。目標管理でも、BSCの視点を用いることは有益である。営業の目標が数値のみになっているケースは多いが、今期と来期に向けて顧客に対してどうなっていればよいのか、業務プロセスの改善をどのように進めていけばよいのか、組織と個人の成長をどのように図ればよいのかなどを目標に織り込む意義は大きい。

ただし、BSC の運用は容易ではない。この指標の導入は経営が主導する必要がある。導入できたとしても、人事評価では部長クラス以上の管理職にのみ適用するというケースもある。細分化された業務を担っている社員にまで浸透させるには、相当なエネルギーと根気が求められるからだ。

　また、当期において経営的に求められるものの多くは財務の視点である。BSC で財務の視点以外の目標が達成されていても、財務の目標が達成されなければ、会社の業績は上がらないのに、人事評価だけ高まってしまうという矛盾も起こり得る。「個人の目標の総和＝会社の業績」という成果評価の意義を見落とさないようにしてほしい。

7 成果評価の留意点

　成果は、「行動×環境・運」によってもたらされる。いうなれば、成果評価は「環境や運」を織り込んでいる。したがって、「運も実力のうち」として評価するほうが公正である。成果が上がっているのに「運が良かったから」と評価を下げたり、逆に成果が上がっていないのに「運が悪かったから」と評価を甘くしたりすると、評価に対する信頼度を著しく損なう。成果評価は結果がすべてであるから、これら環境や運の要因が含まれて行われることを当初から想定しておくべきである。そして、この環境要因を排除した部分については、中期的視点による評価・長期的視点による評価で補完していく。

評価の評語　　　　　　　　　　　　　*Column*

　人事評価は「点数制」か「評語制」で行われる。

　点数制は「5・4・3・2・1」といった数字を用い、評語制は「SS・S・A・B・C」などの評語を用いる。数字は、難易度や重要度などを示しやすい、あるいは計算がしやすいという利点がある。ただし、その計算によって出た数字に問題がある。その数字の妥当性が検証できないのである。

　例えば計算の結果、3.32 と 3.35 という評価数値が出たとする。この違いを合理的に説明できるだろうか。

　筆者としては、通常の人事評価における点数制はあまりお勧めしな

い。評価は、育成のために行うものである。進学のための内申書を作るものでもないし、入試でもない。要は「何ができて、何ができなかったか、課題は何か」を示すことが重要で、これを足したり、引いたり、掛けたりして数値を出すことに意味はないと考える。

　一方、評語制を用いた場合は集計が課題となる。しかし、多くの場合、それぞれの評価が"人が人を評価する"というそもそもアナログの世界であり、「アナログ×アナログ＝アナログ」なのである。要するに、人事評価のポイントは、評価者が、全体を見て、その被評価者が期待どおりだったか、期待を上回ったかなど、その結果を示せればよいのである。

　評語制の場合、達成したら「A（ありがとう）」という評語を用いることをお勧めする。期待どおりを示す標準的な評価結果が「A」である。この基準をしっかり示しておくことが大切だ。この標準的な評価結果を「B」とすると、「B」よりは「A」のほうが付けやすいというこれまでの慣れを重視するあまり、評価結果がA以上に集中して結果的に評価のインフレを招きやすいので注意が必要だ。

　いずれにしても評価制度の運用には、評価者のレベルアップが欠かせない。点数制でも評語制でも、評価の妥当性は人が行う評価によってもたらされるからである。

　評価段階は企業で任意に設定できるが、7段階ないしは9段階評価とするのが運用しやすいと思われる。比較的評価しやすい成果評価は9段階、評価が定性的になりがちなプロセス評価は7段階などと使い分けてもよい。いずれにしても標準評価とその基準を決めておくことは、評価調整時の運用を円滑にするので重要である。

8 中期的視点による評価

　中期的視点による評価（中期的評価）は、社員の行動能力を1年に1回などのタイミングで評価するものである。短期的視点による評価は、「行動×環境・運」による評価だが、中期的評価は、「行動」に焦点を当てることで評価全体

における妥当性が保たれる。

「行動＝プロセス」を前提としてプロセス評価が正しく行われると、成果の再現性が期待できる。単なる環境・運に左右されない、信頼感のある成果創出が期待できるということである。その意味で、評価される者の"投資価値"を見ていくということになる。

プロセス評価は、評価者の被評価者に対する日常観察により行われる。成果評価は成果物や結果に基づいて評価するが、行動は日常的なものである。求められる行動ができているかという点を評価する。ここでいう「求められる行動」とは、行動指針であり、等級要件である。これに照らした日常観察と評価が行われなければならない。

したがって、等級要件で、求められている行動をより具体的に示しておかなければならない。どのような行動が求められるのか、より詳しいリストを社員に提示しておくと評価がスムーズに行える。

[図表68] はプロセス評価シート例で、能力項目を細分化して設定していることが分かる。一見すると難しそうだが、このほうが評価者は運用しやすく、かつ被評価者は何を求められているか理解しやすい。

9 短期的評価・中期的評価の総合化

昇給や昇格を決めていく際に、短期的評価と中期的評価をどのようなウエートで重視するか、すなわち成果とプロセスの重視度合いについては、人事制度策定時に確認しておかなければならない。

一般的には、上位等級に行くほど、全社的業績を左右するだけの影響力を行使しているわけであり、業績責任は重いため、成果のウエートが高くなる。下位等級は、その業績への影響度が小さいためプロセスが重視される。[図表69] は、等級別に見た年収に占めるウエートを示した例である。

評価の総合化、すなわちどの評価をどれほど重視するかを決め、それを基本給や賞与、昇格に反映させていくことが必要である。

また、過去１年間（例えばプロセス評価１回、成果評価２回）を見るのか、過去２年間やそれ以上の期間を見るのかも決めておかなければならない。通常、昇給・降給を決定する際は、前回の昇給・降給からの期間のみを見る（賞与は当然、過去１回の成果評価を見るのが通常である）。昇格・降格では、２年かそれ以上の期間を見るのが通例である。

160

例えば、4等級でプロセス評価S、成果評価Aの社員の総合的な評価は何になるか。[図表69]のように、プロセス60に対して成果40で基本給を決めるとしていれば、この評価をどう見るか。評語制では判断が難しい。対照表を作るか、あるいは人事部門で数値化するか、運用上の工夫が求められる。

　職制が行う個別評価では評語制を用いるとしても、この評価の総合化の段階では点数制が運用しやすい。例えば、Sを4、Aを3と読み替えて、ウエートで計算するなどの方法がある（4 × 60% ＋ 3 × 40% ＝ 3.6が総合化された評価ポイントとなる）。この点数によって評価を相対化し、昇給を決定していく指標とすると運用しやすい。

⑩長期的視点による評価

　総合化された評価の累積に基づいて、昇格を審査していく。昇格は、求められる要件の変化を意味する。

　従来の職能資格制度の多くは、「現在の等級の要件を満たしていたら昇格」とするケースが多かった。いわゆる「卒業方式」で、これが年功的な運用を助長した。

　従来方式の年功序列が維持できなくなっている現状では、「現在の等級の要件を満たしており」「次の等級の要件も満たすと十分に予見される場合」に昇格させる「入学方式」の導入が増えている　[図表70]。「昇格させてみたものの、あまりパッとしなかった」という場合に、簡単には降格させられないのが現実であるため、昇格は慎重に行わなければならない。

　その意味で、昇格は下記のような運用が適しているといえる。

- 過去の評価の総合評価が標準以上で、昇格候補者となる
- 次の等級の要件を満たすと予見できるか判定した上で昇格する

　過去の評価については、その履歴が整理されていれば材料は得られる。また、次の等級の要件を満たすか否かをどのように判定するかを決めておく必要がある。昇格推薦者が判定するか、評価調整会議で議論するか、役員面接などを行うか、アセスメントセンター方式（面接、小論文、グループディスカッション、プレゼンテーションなど複合的な評価手法を用いる昇格審査）を用いるかなどは、企業規模により選択される。

　いずれにしても、次の等級に昇格すれば何が求められるかの要件設定が前提である。

図表 68 ● プロセス評価シート例

グレード 2	当社の経営理念を理解し、社内ルールの遵守について他の見本となります。 組織や上長の指示を待つことなく、職場の目標に応じた成果を高い品質を伴って具体的に 手を尽くして目標を達成させます。緊張感の強い局面においても冷静に対処します。また、

			グレード別

	能力項目	能力項目の定義	期初本人記入	本人記入	
			グレード要件・コンピテンシーモデルに関する課題設定 (本人が上長と相談の上作成)	自己評価	評価
グレード別コンピテンシーモデル	**グレード2　コンピテンシー項目**				
	主体的な行動	○○○○○…		職場内で率先して新規顧客開発などを行った。	S
	情報収集	○○○○○…	自分の担当分野については、上司・同僚に頼ることなく、自ら完遂することができるだけの、知識・スキルを身に付ける。この分野では、社内で第一人者になりたい。 情報を取るリソースが少ない。物事を一面的に見て判断してしまうようなことがあるので、できるだけ複眼的客観的に判断できるだけの情報リソースを持ちたい。	情報リソースを増やすことができなかった。まだ、客観的に判断できないことがあるようだ。	B
	ストレスコントロール	○○○○○…	落ち込むことがあり、仕事のやる気が低下してしまう。粘り強く仕事をしていきたい。 プレゼンテーションが苦手。プレゼンツール (PPT など) のスキルを身に付け、また、顧客に要点をしっかり伝えられるようなプレゼン能力を高めたい。	イベントなどにおいて冷静に行動できた。ストレスとうまく付き合うことができたと思う。	S
	継続力	○○○○○…		○○の案件など、最後まで頑張り通すことができたと思う。	S

出すことができます。目標に対する課題を明らかにし、困難な場面でも臨機応変に対応し、あらゆる専門分野を築くための自己研鑽も怠りません。

コンピテンシー評価

期末記入								
1次評価者記入								
発揮された実用的な側面	発揮度合い					発揮されずに役に立たない側面	1次評価	評価
	++	+	±	−	−−			
○○○○○…	□	■	□	□	□	○○○○○…	自分が関心のあることについては、率先して動きを作っているが、そのほかの事に関しては、気づかないか、あるいは引き受けないことがある。また、走っていっても後ろに誰もいないという懸念もあり、自身のポジションとして何が必要か、あるいはどのように周囲に「背中を見せるべきか」再考してほしい。	S
○○○○○…	■	□	□	□	□	○○○○○…		
○○○○○…	□	□	■	□	□	○○○○○…		
○○○○○…	□	■	□	□	□	○○○○○…		
○○○○○…	□	□	□	■	□	○○○○○…		
○○○○○…	□	□	□	□	■	○○○○○…	表面的・短絡的に判断を下してしまうことがあり、構造化できていない。データを使うにしても一元的である。においを嗅ぎ分け、より多くの情報リソースを持つまでに、意識して努力してほしい。	C
○○○○○…	□	□	□	□	■	○○○○○…		
○○○○○…	□	□	□	■	□	○○○○○…		
○○○○○…	□	□	□	□	■	○○○○○…		
○○○○○…	□	□	□	□	■	○○○○○…		
○○○○○…	□	□	■	□	□	○○○○○…	ストレスには耐性があると思う。行動も落ち着いている。ただし、アドバイスや他者の批判に対して反発することがある。まずは受け入れてほしい。	S
○○○○○…	□	□	■	□	□	○○○○○…		
○○○○○…	□	□	□	■	□	○○○○○…		
○○○○○…	□	□	■	□	□	○○○○○…		
○○○○○…	□	□	■	□	□	○○○○○…		
○○○○○…	□	□	□	■	□	○○○○○…	案件によっては頑張り通すことができる。仕事を任すことができるようになってきた。ただし、時間に余裕があるときに、次へのステップを踏み出すのが遅い。スピードに気を付けてほしい。	A
○○○○○…	□	□	□	■	□	○○○○○…		
○○○○○…	□	□	■	□	□	○○○○○…		
○○○○○…	□	■	□	□	□	○○○○○…		
○○○○○…	□	□	■	□	□	○○○○○…		

図表69 ● プロセスと成果のウエート設定例

等級	年収ウエート	
	基本給	賞　与
6・5	プロセス60　：　成果40	成果で決定
4	プロセス60　：　成果40	
3	プロセス70　：　成果30	
2	プロセス80　：　成果20	
1	プロセス90　：　成果10	

等級が高くなるにつれて、総年収に対する成果の割合が大きくなっていく

図表70 ● 卒業方式と入学方式の違い

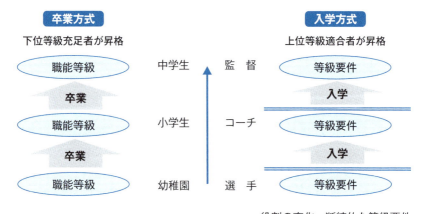

11 評価調整

　人事部門の重要な役割の一つが、評価調整会議における評価調整である。

　評価者による評価の甘辛はつきものである。それを平準化させ、評価者による評価の偏りをできる限り減らしていくことは、制度運用では極めて重要なことである［図表71］。

図表 71 ● 評価調整をする各評価段階の評価者

被評価者	メンバー・主任・係長	課長	部長
1 次評価者	課長	部長	評価調整会議
2 次評価者	部長	評価調整会議	—
最終評価者	評価調整会議	社長	社長

　評価調整の前提は評価基準を定めておくことである。基本的には、「目標を達成したと判定される」標準の評価基準（標準ポイント）を明らかにしておく。人事部門が職制を牽制する上で最も根拠となるのが、この標準ポイントである。評価者の下した「A」という評価に対して、「本当に目標を達成したんですか？」という問い掛けは効く。

12 評価調整会議を評価プロセスに組み込む

　職制主導での評価調整会議を評価プロセスに組み込み、部門内における評価の相対化を自分たちで行うように誘導する。人事はこのサポート役であり、評価を調整する主体は職制としていくことが、評価制度を円滑に運用していくポイントである。決めるのはあくまで現場であり、人事はそのサポート役という役回りを明確にし、評価に対する不平不満を人事の責任にさせないようにしておくことが評価の納得性を高める。

　人事部門は評価調整会議に際し、[図表 72、73] のような資料を用意しておくと調整がスムーズになる。

13 部門評価と個人評価

　特に賞与を決定する際に、個人の評価に加えて、部門の評価を勘案する場合がある。ただし、部門評価は、本来は人事部門ではなく、経営企画部門が主管するテーマである。

　部門評価が高い部門の個人評価は相対的に高くなり、低い部門は低くなる。この部門評価をどの程度個人評価に反映させるかというのは頭の痛い問題である。その部門の組織長（部長）の評価は部門評価とイコールという説があるが、若干違うと思われる。部長個人としての個人評価があるはずで、また、同

図表 72 ● 管理者ごとの評価の甘辛が分かる一覧表

評価者	山田	山上	山中	山下
SS	佐藤			中田
				島
S	加藤	松下	新藤	下川
			遠藤	上田
A	斎藤	鈴木	小松	吉田
	田中	鈴本	加山	吉本
	寺田		川村	
			大田	
			大川	
B		松田		坂本
		遠藤		中村
		近藤		中山
C				

→山下さんは評価が甘く、山上さんは評価が厳しめの傾向がある
→山中さんは中心化傾向が見られる

じ部長職でも等級が違う場合には、難易度の違いが出てくるからだ。部門評価は部門評価、個人評価は個人評価として考え、相互に影響するという前提を持つのが合理的である。

　部門評価の SS・S・A・B・C などの評価は、予算達成度、前年比業績伸び率などに基づき経営に決定してもらう。部門ごとに所属人数が違うので、一概に評価分布を規制することはできないが、部門評価が S の部門の標準評価をS1、A の場合は A2、B の場合は A1 などと原資ポイントを決定しておく。賞与の原資配分時には、支給金額の原資設定ができれば、より明確に分布規制が実現できる ［図表74］。

166

図表 73 ● 原資から全体を管理する—A2評価×総人員数＝原資の場合

評価者	山田		山上		山中		山下		計
SS2							中田	+100,000	
SS1	佐藤	+60,000					鳥	+60,000	
S2					新藤	+40,000	下川	+40,000	
S1	加藤	+20,000	松下	+20,000	遠藤	+20,000	上田	+20,000	
A2	斎藤 田中 寺田	0 0 0	鈴木	0	小松 加山 川村 大田	0 0 0 0	吉田 吉本	0 0	
A1			鈴木	▲20,000	大川	▲20,000			
B2			松田	▲40,000			坂本	▲40,000	
B1			遠藤 近藤	▲60,000 ▲60,000			中村 中山	▲60,000 ▲60,000	
C									
原資状況	+80,000 原資オーバー		▲160,000 原資オーバー		+40,000 原資オーバー		+60,000 原資オーバー		+20,000 原資オーバー

原資ポイント

→評価が上振れしており、原資をオーバーしている。調整が必要

図表74 ● 原資から全体を管理する—部門評価に応じて原資ポイントを変える

評価者	山田		山上		山中		山下	
部門評価 原資ポイント	S		B		A		S	
SS2							中田	+100,000
SS1	佐藤	+60,000					島	+60,000
S2					新藤	+40,000	下川	+40,000
S1	加藤	+20,000	松下	+20,000	遠藤	+20,000	上田	+20,000
A2	斎藤 田中 寺田	0 0 0	鈴木	0	小松 加山 川村 大田	0 0 0 0	吉田 吉本	0 0
A1			鈴木	▲20,000	大川	▲20,000		
B2			松田	▲40,000			坂本	▲40,000
B1			遠藤 近藤	▲60,000 ▲60,000			中村 中山	▲60,000 ▲60,000
C								

→部門評価が高い部門の原資ポイントは上がり、低い部門は下がる

Column
絶対評価と相対評価

　個別の評価は評価基準に照らして絶対評価で行うべきである。しかし、それでは昇給・昇格・賞与原資が管理できないのが現実である。また、ポストなども有限であるため、評価を相対化しなければならない。

　職制や社員への説明で、納得感のあるフレーズとして「絶対評価の相対化」というものがある。個別の評価は絶対評価で行うが、最終的には相対化するということだ。誰かをS評価にするために、誰かをB評価にするということではない。なお、相対化する場合でも、標準評価（＝A評価）という基準は動かすべきではない。

5 給与制度の策定と運用

1 給与制度と他の制度との関係

　給与制度は、水準をどうするか、給与体系と等級との関係、昇格・降格時の給与変化、昇給のルールなどを考慮して策定する。等級制度、評価制度の整備なくして給与制度は成り立たないので、給与制度だけをいじるのは得策ではない。また、給与制度は各種手当の支給と相まって人事管理に関連してくるので、その影響力は大きい［図表75］。

　給与の構成は、以下のとおりである。

- 月例給＝基本給、固定的に支給される各種手当、時間外労働による割増賃金などの変動手当
- 賞与＝一時的に支給されるもの
- その他臨時で支給される報奨金など
- 退職金・ストックオプションなど後払い的に支給されるもの

　また、広義には、福利厚生施策を給与制度の一環として扱うこともある。通勤手当は給与の一部であるが、非課税の対象になるなど性格的に異なる部分もあるので別に考える。

図表75 ● 給与制度は他の制度と密接に関係している

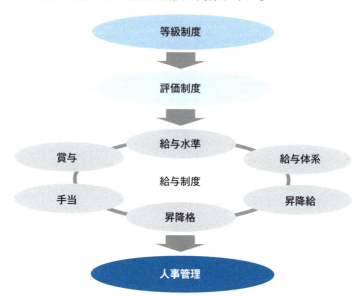

　以下では、主に社員の月例給と賞与を中心に考えることとし、等級制度と評価制度との関連部分について詳述する。

2 給与制度での給与に関する基本的な考え方

　❹評価制度の設計と運用（145ページ）でも述べたが、給与制度の策定に当たっては、給与には投資的意味合いと精算的意味合いがあることを念頭に置く。投資価値は基本給に反映し、精算価値は賞与で還元するという考え方が一般的である。また、基本給は「積上積下型」、賞与は「洗い替え型」の性格を持たせるのが通例である。

　成果主義の浸透で、基本給にも「洗い替え型」の考え方を導入する場合があり、年俸制はその典型である。年俸制は年収全部が「洗い替え型」というのが基本的な考え方である。自社の給与体系（賞与も含む）において、この投資価値と精算価値がどう反映されているかを検証してほしい。

3 給与体系
1 昇給パターン

日本企業の従来の昇給パターンを確認する［図表76］。

若年層では、大きな問題や個別の事故（勤怠異常など）がない場合、ほぼ一律に昇給する。この段階では給与にあまり大きな差を付けない。その後、主任層（年齢的に20代後半から30代前半）になると、誰が先に管理職（課長）になるかなどで差が付いてくる。しかし、基本的には早いか遅いかの問題であるので、一定の層まではほぼ全員が昇給する。

課長以降になるとトーナメント型となり、初めて選抜が行われる。部長になれない課長層も出てくる。役員に関しても同様だ。組織が拡大している段階では、選抜に漏れた者は関連会社などに出向や転籍をし、そこでそれなりの処遇を受けられた。

この仕組みのメリットは、長期的な人材育成に適していることである。昇給によるモチベーション維持を長期的に保持できる。また、長期間にわたってローテーション等により複数の評価者が評価をし、その情報が蓄積されるため、能力の評価が適正に行われやすいというメリットもある。

一方、デメリットは、年功が色濃く反映され、昇給額が高くなるまでに相当の時間がかかるため、若年層のモチベーションが下がることなどである。また、1人当たりの年収は右肩上がりを前提としているので、企業業績や企業規

図表76 ● 日本企業の従来の昇給パターン

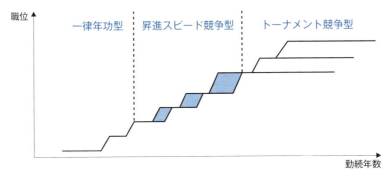

模、採用数が順調に伸びていくなどの環境的追い風がないと、どこかで人件費が破綻するおそれがある。

2 給与と貢献度

給与には「後払い型」と「時価払い型」という考え方がある［図表77］。

長らく日本企業の典型的な型は、貢献度に比べ給与水準が後から反映される「後払い型」だった。年功序列により、将来、特に家族構成の変化を見ながら、40代後半から50代半ば（子どもが高校や大学に通う、住宅ローンを抱える頃）に給与水準が最も高くなるように企図されたものである。いわば長期勤続を想定していたものだ。右肩上がりの経済成長を前提にしていたからこそ可能だった型ともいえる。昨今、大手企業で行われている早期退職優遇制度は、給与が高くなってしまったこの層をターゲットにしており、人件費の削減を目的の一つとしている。

最近では、貢献度をその時点で給与に反映する「時価払い型」が主流になりつつある。終身雇用を想定していないため、また「Pay For Performance」の考え方が浸透したためである。これからの時代は時価払い型を志向すべきと考える。しかし、若年層で過度な時価払い型とすると、短期的思考に陥り、人材育成に支障を来すこともある。「実力主義」という名の下に、組織と人心が荒

図表77 ● 給与の「後払い型」と「時価払い型」

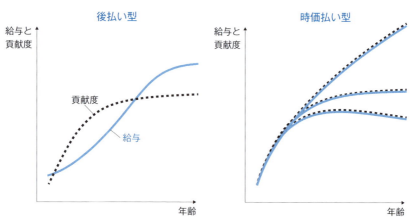

れるケースもある。

　これらのメリット・デメリットを勘案しながら、若年層には一定の年功を、中堅層以降は貢献度に応じた成果を反映するなどの混合の工夫が求められる。いずれにしても、人事ポリシーに基づき基本的概念を構築していくことが肝要である。

> **Column**
>
> **ベアと定昇**
>
> 　経営や一部の人事担当者で、ベア（ベースアップ）と定昇（定期昇給）の概念を混同している場合があるため、この整理は明確にしておいてほしい［図表78］。
>
> 　ベアは、給与テーブルそのものを書き換えることである。新卒者の初任給が見直されるなどがその典型である。
>
> 　定昇は、4月などの決められた時期に同一の給与テーブル上で昇給を行う機会である。テーブルの書き換えはなく、理論上は新卒者の初任給に変化を及ぼさない。
>
> 　物価高騰などの社会情勢に基づいて行われるのがベアであり、人事制度上の給与改定を定期的に行うのが定昇である。

図表78 ● 定昇とベアの違い

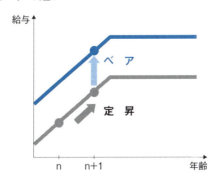

3 一般的な給与体系

一般的な給与体系は、基本給と手当による月例給と、賞与とで年収が構成される［図表79］。2000年代以降、年俸制からこの形式に移行する（あるいは戻す）企業が多数見られた。

固定的部分と変動部分を明らかにし、固定的部分は中長期的な変化を想定し、変動部分は短期的な変化を想定するのが合理的といえる。

4 等級号俸制

等級ごとに給与テーブルを作る一般的な給与体系といえる。「等級号俸制＝古い・年功主義」というわけではない。要はその設計と運用次第である。

多くの会社の等級号俸制は、「ほとんど昇給のみ」を想定している。これについては制度設計で、「降給する仕組み」を整備すれば年功色は排除できる。

図表79 ● 一般的な給与体系

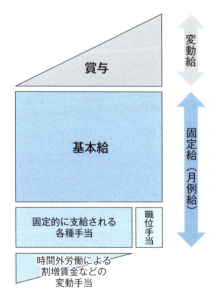

第2章　人事部の仕事（ステップアップ編）　6　人事制度の企画・運用

Column

年俸制の意味合い

年俸制は（運用実態はともかく）年収全体が毎年変動することを想定している。このため、中長期的な人材育成には向かないといえる。年俸制は、定期昇給の概念がない「仕事と成果」に基づく給与である。評価は毎回「ゼロベースの評価（蓄積を想定しない洗い替え）」が基本であり、市場水準に基づいて決定する。高額処遇や個人差の拡大は成果の反映の結果であるため、成果に責任を持つ一定以上の権限のある者、いわば管理職以上に適用することが望ましい。しかし、水準を下げる場合でも、一般的に 20% 以内の減額幅が運用の限界と想定しておかなければならない。

一方、年間で水準を決定してしまうため、期中で水準を変動させられない、期中でミッションが変化しても対応できないというデメリットがある。成果に報いることも、翌年の改定まで待たなければならないわけだ。

なお、半期年俸制という形態をとる会社もあるが、運用上は「基本給＋賞与」の形態と変わらなくなるので、名称の変化以上の効果はない。

［図表 80］は年俸制から「基本給＋賞与」の構成に変更した場合の例である。

また、等級ごとの給与レンジ（幅）が重なっているものも多い。これと降給の仕組みがないことが重なると、「同じ仕事を続けていても結果的に給与が上がっていく⇒パフォーマンスと給与が合わなくなる」という不具合に陥り、どこかで破綻する。それを回避するには、①号俸（昇給のピッチ）の設定、②等級ごとのレンジの設定、③昇格・降給の運用の在り方がポイントになる。

具体的には以下のような設計と運用で仕組みを整備すればよい ［図表 81］。

- 習熟により、ある一定の水準までは上がるが、それ以上は自動的に上がらないようにする
- 等級間で給与レンジを重複させない

175

図表80 ● 年俸制を基本給＋賞与の構成へ変更

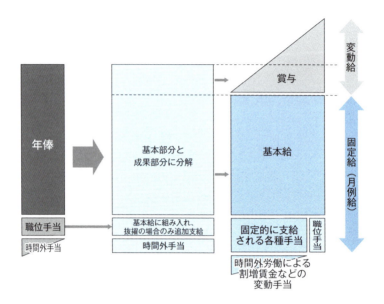

- 昇格・降格および昇給・降給の運用を評価制度との関連で厳正に行う

5 給与水準

給与水準は、会社ごとに業界動向や世間水準を見据えながら設定する。水準に関するデータは、厚生労働省「賃金構造基本統計調査」をはじめ、労務行政研究所の「モデル賃金・賞与実態調査」などが毎年発表されているので参考になる。

6 賞与の決め方

賞与は、会社業績、部門業績、個人業績を勘案して支給額を決定するのが基本だ。

賞与額の決定では、「基本給×係数方式（2.5カ月など月数）」や「等級別テーブル方式」「絶対額方式」などがあり、自社の特性や業態によって最適な方式を選択すればよい。

ただし、「基本給×係数方式」は、「基本給が高い＝パフォーマンスが高い」という前提に立っており、同じ評価でも基本給が高いほうが、おのずと支給額

図表81 ● 等級号俸制の整備

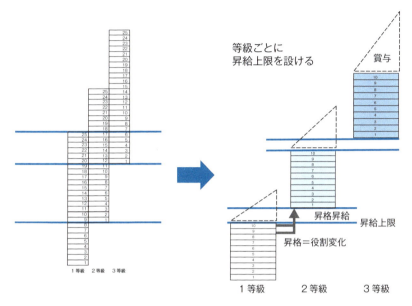

　も高くなるという問題がある。運用上も原資計算がしにくいという難点があるため、ここでは「等級別テーブル方式」を解説する。
　等級別テーブル方式は、等級別に賞与テーブルを定めるもので、評価によっていくらの支給金額となるかをあらかじめ定めておく方式である。もちろん賞与テーブルそのものは、会社業績によって変えていくことが前提である。下位等級では変動幅が小さいテーブルに、上位等級では変動幅が大きいテーブルに設定する［図表82］。
　この方式は、全員が標準評価を取った場合に原資がいくらになるか（原資ポイント）を計算しやすい利点があり、また等級が同じということは、理論的には能力や担っている役割の重さが同じという前提に立っているため、公正感を出すことができる。
　部門評価の反映についても、テーブルにより算出された原資に、部門評価に応じた係数を掛けるなどで調整でき、部門の構成人数の違いによる支給の調整

図表82 ● 等級によって評価の変動幅を大きくする

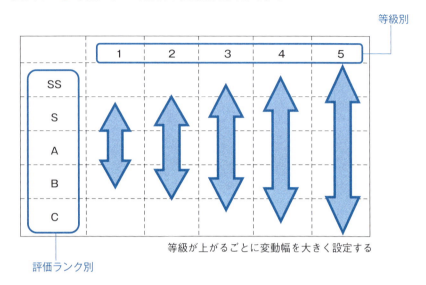

も比較的容易に行える。
7 評価と給与の関係

[図表83] は、一般的な評価制度と給与制度の関連を示したものである。どの評価がどの給与項目に対応するのかを明確にすることが基本となる。

評価制度と給与制度の設計で重要なのは、「評価がどうなったら給与はどうなるのか」という連動性を明らかにすることである。そうすることで、評価や給与に対する社員の信頼感を高めることができる。

多くの企業で見られる課題は、「評価と給与がリンクしない」ということだ。評価は懸命に行ったが、給与の決定の段階で評価結果が反映されない、あるいはつながっていない、なぜその給与になるのか説明されない（職制が説明できない）という事例が多い。その結果、評価制度も形骸化してしまう。

給与テーブルを設定するのは、評価との関連を明確にするためである。つまり、評価によって給与がどのように変わるのか、目に見える形で分かることが重要である [図表84]。これは、評価によって給与がどう変化するのか（1等

図表 83 ● 評価制度と給与制度の関連

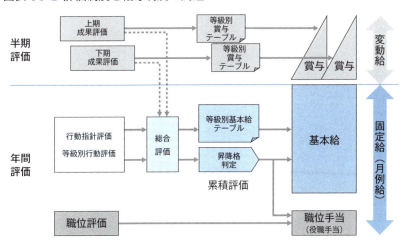

図表 84 ● 給与テーブルの設定

評価と給与・賞与の関連性を明確にする

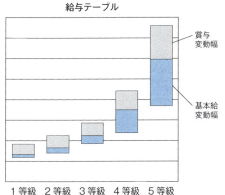

級でA評価の場合、2号俸〔1ピッチ2000円×2号俸＝4000円〕上がる、4等級でB評価であれば2号俸下がる、など）を示している。もちろんこれは毎年、経済状況、企業業績に基づいて変動させるべきだが、上位等級に行くほど、低評価であれば給与が下がることもあるなど、昇降給を「仕組みで決める」ということを示している。

また、給与テーブルによって等級別に想定年収が導かれる。特に標準評価時にどのような年収になるのかを想定できるのもメリットである。

8 基本給のピッチ

等級号俸制を導入する場合の給与ピッチ（1号俸ごとの給与の差額）は、運用上そう細かくする必要はないと考える。

[図表84]では、1等級のA評価の場合、2号俸＝4000円（2号俸×1号俸のピッチ2000円）上がると設定している。これは、世間一般の賃上げ率を想定したものにしている。評価を7段階ないしは9段階で行うと想定しても、ピッチは1000円単位が運用しやすい（たまに200円などのピッチの号俸表を見ることがあるが、評価制度との関連上、不必要ではないかと考える）。

この場合、使用する号俸は各等級につき1〜15号俸程度とし、15号俸を上限とすることによって過度な昇給を抑制するようにする。

9 昇降格における給与の変化

昇格へのインセンティブ（刺激、動機）をある程度持たせることは、中長期的な人材育成に役立つ。昇格しても給与があまり変わらないのでは、昇格する意欲や、昇格した際に新たな気持ちで仕事に臨むことへのモチベーションを削いでしまう。

多くの企業で、いまだに若年層の給与が低く抑えられたままになっており、すぐに離職されてしまうというケースも増えている。役割変化の機会として、昇格時には、ある程度大きな給与の変化（昇給）がなされる設計にしたほうがよい（逆にいえば、同じ等級内での給与変化はそう大きくなくてもよいが、少しずつでも変化したほうが社員のやる気を刺激する）。

10 抜擢への対応

等級制度や給与テーブルを導入しようとする際に、経営や職制から「抜擢がしにくくなる」などと指摘されることもある。

給与テーブルは、できる限り弾力的に設計するにしても、一定期間大きな給

第2章　人事部の仕事（ステップアップ編）　6　人事制度の企画・運用

与変動を抑える機能として捉えることができる。これは人件費が破綻しないための措置であるが、一方で硬直化を生む危険性も否定できない。

そこで、抜擢に関しては、柔軟に対応できるような仕掛けを用意しておくことが重要である。

［図表85］の下の水色部分は基本給テーブルである。抜擢の際は、特例として調整給などを設け、上のグレーの部分（上限以上のゾーン）まで上げることを可とする。あるいは役職手当などの手当によって補填（ほてん）してもよい。

抜擢時の留意点は、すぐに昇格させないことである。抜擢が失敗することはよくあることで、その際にいったん昇格させてしまい、降格の仕組みがないと、給与が高止まりすることになりがちである。

したがって、本当にその等級にふさわしいかは後で判定するとして、組織的な要請についての給与面の対応は、臨時的かつ迅速に行えるように備えておく必要がある。

11 中途入社者への対応

中途入社者は前職の給与水準を考慮して採用する場合が多い。しかし、多くの企業で「入ったときの給与の設定が高すぎて……」という話を聞く。そこで、中途入社者への対応は調整給で行うとよい。

例えば、年齢や能力から判断すると2等級だが、前職の給与が自社での4等

図表 85 ● 抜擢の際の給与の運用

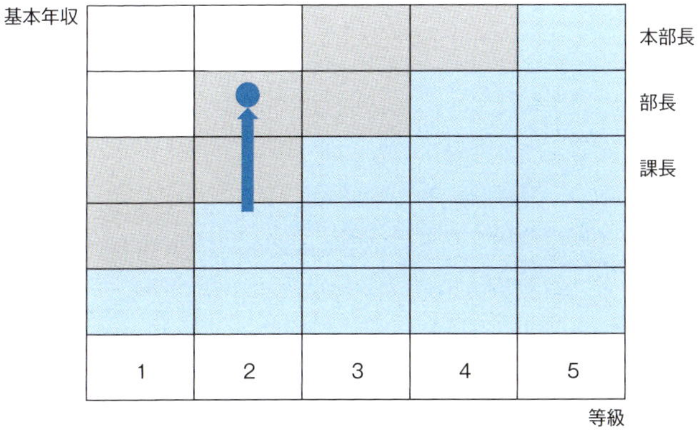

級相当だった場合には、2等級＋調整給として対処し、1年間の評価を踏まえ、その結果に基づき調整給を外すのか、4等級に位置づけるかを決めればよい（［図表85］と同じ概念である）。

この仕掛けをしておくだけで、中途入社者とプロパーの間の格差是正はかなりうまくいく。給与制度の目的は、不公正を是正するものであるから、特に成果と給与水準がミスマッチしている人材への対策は注意しておかなければならない。

12 手当に関する考え方

何をもって給与を決定するか。評価か、年齢か、勤続か。これも人事ポリシーに基づく。一般的には、基本給は投資価値に基づき設定し、賞与は、精算価値に基づき支給する。

手当についても、その定義を明確にして支給すべきである。家族手当、住宅手当などは属人的な生活給的要素を持つ。このような成果や行動に関係のない手当については廃止や縮小をしていく事例も多くある。職位手当（役職手当）は、その職責に基づく手当である。営業手当はその職務内容について支給している場合と、「みなし労働時間の時間外労働分の手当」として支給している場合がある。みなし労働時間に関する手当としては、営業手当のほか、裁量労働制の適用者に対して支給する裁量労働手当がある。

通勤手当は通勤のための費用であるが、一部には「会社の近くに住む社員と遠くに住む社員でパフォーマンスが違うのか？」という考え方に基づき、属人的要素を排除していこうとする流れもあり、自社としてどう考えるかが問われる。

13 手当の定義

手当は、その定義を明確にすべきである。昨今は、属人的な手当を廃止する企業も増えつつある。

属人的な手当とは、評価にかかわらず、その人の生活状況などによって支給するものであり、生活給的な意味合いが大きい。生活給的な考え方⇒成果・職務行動的な考え方への変化に伴い、人事ポリシーに基づいて手当を再定義する必要がある。

かつて採用面接時に応募者から「手当はあるか」とよく聞かれたが、「手当はつく人とつかない人の差が生まれてしまいます。住宅手当を何万円かつける

のならば、全員何万円か昇給させればよいのです」と答えていた（手当がない場合の切り返しの際にお勧めする）。

[図表86] は、手当の見直しの事例である。こちらを参考に、現在ある手当について検証してほしい。

6 福利厚生

1 福利厚生の意味

福利厚生は「社員が仕事をするための環境を整える施策群」と定義できる。環境を整えるという点では、公正よりも「公平」が求められる施策といえる。健康・住居・家族・自己啓発など、これらすべては、「安心して仕事に取り組めるようにしよう」というものである。

人事は、福利厚生の目的・定義を明確にし、必要最小限の費用で大きな効果を生む施策を企画することが求められる。本当に優先度が高く、必要性があるかを検証していかなければならない。

2 福利厚生の要否の判断

福利厚生は、人材の惹きつけと引き止めに重点を置く Attraction & Retention 型の給与制度である。背景に金銭的メリットが存在するので、給与制度の一部といえる。福利厚生の充実は、確かに採用時などにはメリットを感じさせるが、入社後の利用率などを見ると疑問を持つ施策も多い。「施策があることに意義がある」という考え方もあるが、慎重に検討してほしい。

人材の惹きつけ効果は若干あるだろうが、「福利厚生が充実しているから辞めない」という話はあまり聞かない。引き止めの効果は限定的と考えたほうがよいだろう。

3 属人的施策の是非

一部の社員しか使えない福利厚生施策は要注意だ。本社しか使えない社員食堂、一部の事業所しか使えないスポーツクラブ、限定された地域しか恩恵がない独身寮や社宅など、福利厚生の「公平さ」が保てない施策は、導入する時点あるいは後掲のカフェテリアプランの導入など福利厚生施策を見直す際に、

図表 86 ● 手当の見直しの例

手当名	内　容	方　向　性
住宅手当	賃貸入居者に支給など ⇒住居と成果には相関性がない ⇒会社の近隣に住む者のほうが成果を出しやすい場合もある	廃止方向 （会社から徒歩圏内の者のみに支給）
家族手当	扶養家族に応じて支給など ⇒家族と成果には相関性がない ⇒少子化対策として支給する会社もある	人事ポリシーによるが、廃止方向
地域手当	勤務地によって支給する 住宅の問題はあるものの、物価指数の違いについてはそう大きくない ⇒手当の根拠となるデータを示しづらい	廃止方向
単身赴任手当	単身赴任者に対して支給 ⇒単身赴任の要件を再整理する	継続方向。ただし、厳正に運用
持ち家補助手当	持ち家者の転勤時に支給 ⇒赴任期間中は賃貸に出すこともできる	継続方向
役職手当	役職者に支給 ⇒支給されない時間外手当を補うためのものなのか、その職責に対して支払うものなのかの再定義が必要	下位等級者が上位職位に抜擢された場合に支給
営業手当	営業職に支給 ⇒みなし労働時間の時間外労働分の手当として支給なのか、外回りの労苦に対して支給なのかの再定義が必要	みなし労働時間の時間外労働分に対する手当として職種手当に統合
職種手当	裁量労働制・事業場外労働者に対して固定的に支給（30 時間の時間外労働相当額を支給） ⇒月例給の内訳を明確にし、時間外手当対策として導入する（基本給単価を抑える）	対象者の定義を明確にして導入
業務手当	時間外労働対象者に対して、一律 20 時間分の時間外労働相当額を固定的に支給 ⇒それ以上の超過分は時間外手当を支払う	対象者の定義を明確にして導入

第2章 人事部の仕事（ステップアップ編） 6 人事制度の企画・運用

しっかりと検証したほうがよい。

④ カフェテリアプラン

現在、福利厚生施策があり、その運用や利用率・効果に疑問がある場合には、カフェテリアプランの導入が有効である。カフェテリアプランとは、社員にポイントを付与して、会社が提示したメニュー（メニューごとに利用に必要なポイントが異なる）からそれぞれの必要性に応じてポイントの範囲内でメニューを選択する、総合的な福利厚生施策である。一律的な福利厚生ではなく選択型にすることにより、費用の有効利用が図れる。会社のメニュー提示により、「社員に使ってほしい・なってほしい方向性」を規定できるため、人事ポリシーと福利厚生を有機的に組み合わせられる。

7 退職金制度の今後

退職金制度は、人事ポリシーに基づき設けない場合や、設けるとしてもそれほど重視しない場合もあるため詳述しないが、次の点は確認してほしい。

①退職金制度の必要性

そもそも自社に退職金制度は必要か。必要だとすれば、どのような目的で支給するのか。

②確定拠出年金（DC）／確定給付企業年金（DB）の選択

年金（退職金）の運用リスクを会社が負うのか、負わないのか。

③貢献度の反映

退職金に在職中の貢献度を反映させるのか否か。従来型の退職金制度は、基本給×勤続年数×支給係数（退職理由等による）によって計算する。基本給に貢献度が反映されているとはいえ、退職時基本給のみをベースに計算するのは、貢献度の反映としてどうなのかという疑問もあり、昨今はポイント制退職金の導入が進んでいる。最近の大きな流れは確定拠出年金とセットになっている方式であり、こちらは税制上のメリットもある。

7 労務問題の種類と対応

　日常の職場で発生した労務問題は、事実関係の確認、本人の意向の確認、結論の合意など、必ずと言っていいほど人事担当者が当人と面談（人事面談）を行うことになる。

1　人事面談の手順

　人事面談は、以下のような手順で行う。

①ラポールの形成（緊張をほぐす。敵対関係ではないと信じてもらう）

②面談の目的を話す（これも「あなたのために……」という奉仕の精神を醸し出す）

③人間関係が十分にできていない場合は、自分のことを話す

④これまでのキャリアとライフ双方の流れを聞く

- 大学卒業から就職・転職歴
- 入社の動機
- 入社後の職歴
- 入社時や配属時に思っていたことと現状とのギャップ
- 3年後、5年後の本人のビジョン

人事としてもその社員のことをよく知る必要があるので、これらのことを、自分のことも話しながら聞き出す。現在問題となっている事象にだけ焦点を当ててもなかなか解決しない。本人のこれまでと、これからの人生の流れをつかみ、そこを基軸として話を進めていくことである。そうでないと判断ができないことも多い。

⑤本題に入る

⑥解決策を話し合う

⑦避けるべき点を約束する

上司にこの話をしてもよいか、ここだけの話にするか、人事として公式に動いてほしいか、人事部長に伝えてもよいかなどを確認・合意しておく。

⑧次回のアクションについて伝えて約束する

人事面談も基本的に採用面接と同様である。採用面接と違うのは、対象者が

第2章　人事部の仕事（ステップアップ編）　7　労務問題の種類と対応

既に入社している社員であるということである（断ることができない、関係性〔縁〕がこれからも続く存在）。したがって、人事面談は、採用面接よりも重要であり、相手の人生にも影響を与えるだけに重い。慎重に行うことと同様に、対象者と同じ目線に立つ努力も必要だ。

2　人事面談に必要な知識

　人事面談を行う人事担当者は、就業規則に関する知識を備えておく必要がある。社員の要望に基づいて対応「できる」「できない」という部分は、ある程度答えられなければならないからだ。

　しかし、「できない」ものをどうにかして「できるようにならないか」を一緒に考えることも大切であり、その姿勢が社員の心を開く。したがって、「できる方法があるかもしれない」と提案できるだけの知識も必要である。

　大切なことは「聞くこと」。相手の話を遮らずに最後まで聞く。そして、その場で答えるか、改めて時間を設けて答えるかという判断が必要になる。

3　ケース別に見た対応法

1　人事面談における人事担当者の心構え

　以下、いくつかのケースに基づいて対応法を考察していくが、紹介するのは退職や無断欠勤、メンタルヘルスなど、どれもシビアな例である。これらは現実に起こり得る問題であり、人事の仕事がきれいごとだけでは済まされないことを、改めて肝に銘じてほしい。

　対象者と人事担当者の個人的な人間関係の「こじれ」に発展することもある。態度・ものの言い方など慎重に配慮しなければならず、また安易な約束ごとや気休めを言って、その場を取り繕うようなことをすると事態はさらに悪化する。心して取り組んでほしい。

2　退職に関する面談の対応

　できれば退職してほしい社員との人事面談は、個別に本人に声をかけ個室で行う。面談には人事担当者2人以上か職制に入ってもらう。1対1は「言っ

187

た、言わない」でもめるという人事で最も困る事態を招きかねないので避ける。会話を録音することも一つの方法である（逆に社員が録音している場合もあるため、発言には注意が必要）。

①問題となっていることについて本人にヒアリングする。そこで新事実が出てくる場合もある

②通常の人事面談と同様、本人のキャリアとライフの流れをヒアリングする。さらに、今後のビジョンや希望について聞く

③本人のプライドを傷つけないようにしながら、現在の置かれている状況を伝える

④それに対して、どう思うかを本人に確認する

⑤これからどうしたいかを本人に聞く

⑥本人の希望がかなえられる可能性についてコメントを伝える

⑦再び、本人にどうしたいかを聞く

⑧上記⑥～⑦を繰り返す

　あくまで本人がどうしたいのかを粘り強く聞く。辞めるか辞めないかは本人の意思で決めることだが、できれば「辞めます」と本人の口から言ってもらえるのが望ましい。一緒に悩む姿勢を示しながら、「どうしましょうか……？」という問いを続ける。

　「辞めたほうが自分のためになる」ということを、本人に思ってもらえるように粘り強く働き掛けることがポイントである。

3 退職勧奨

　対象者がいつまでも「辞める」という意思表示をしない場合は、退職勧奨を行うことになる。

　退職勧奨とは、会社側から対象者に対して「強制を伴わない退職の働き掛け」をすることをいう。退職勧奨は方法さえ間違わなければ違法ではない。これに応じるか応じないかは対象者の自由である。違法となるのは、応じない対象者に対して執拗に勧奨を繰り返す、根拠を明示せず給与を下げる、あからさまな配置転換を示唆するなどの行為である ［図表87］。

　違法な退職勧奨と受け止められ、後日、雇用契約終了の無効および雇用関係の存続を訴えられたり、名誉あるいは人格等が傷つけられたとして損害賠償を

図表 87 ● 違法な退職勧奨の例

心理的圧迫、決断を強制する退職勧奨は違法

- 強迫的・威圧的な態度で接して、相手に退職の意思表示をさせる
- 不当な心理的圧力を加えて退職を強制する
- 退職を拒否する者に対して、合理的理由に乏しい不利益を与える
- 多数回、長期間にわたり執拗に実施する

求められたりすると大きな問題になるので要注意である。

退職勧奨に対象者が応じる場合は、労働契約の「合意解約」となる。これは解雇ではない。雇用調整の局面では、合意解約に至るために、①退職金を上積みする、②出勤しなくてよいが有給休暇扱いにする、③再就職支援をするなどの条件提示が必要になる場合もある。

出勤しなくてよいが有給休暇扱いにするという対応は、「その間に転職活動をしてください」という意味において有効である。しかし、有給休暇中は社員の身分を保持しており、その間に問題が起こった場合は、会社に不利益が及ぶことがある点は想定しておく。当然、その間の社会保険料の負担もある。また、退職時に残った有給休暇の扱いは任意だが、会社が「買い取る」ほうが対象者へのメリットは大きい。

④ 解雇に関する重要な留意点

ごくまれに、自己都合で退職する者から「解雇扱いにしてほしい」と言われるケースがある。解雇扱いになったほうが、雇用保険からの失業等給付の所定給付日数が手厚くなるという背景から要望される場合がある。

これに対しては、本当に解雇でない限り解雇としてはならない。自己都合退職および労働契約の合意解約は解雇ではない。そのため、本人から退職願をちゃんと提出させなければならない（退職事由を「一身上の都合」か、「合意解約」などと明記させればよい）。公共職業安定所（ハローワーク）へ資格喪失届を提出する際の「雇用保険被保険者離職証明書（離職票）」に、どのような退職事由と記載するかは会社側の主張で構わない。最終的には公共職業安定所が判断するものであり、記載内容についてヒアリングを受ける場合などもあ

189

るが、それで構わない。

退職する者から要望されて「解雇」としてしまい、後に「不当解雇である」と申し立てられたケースもある。退職事由については慎重に対応してほしい。

5 業務外の傷病

社員が業務外の傷病で長期にわたって欠勤する場合は、就業規則にのっとって休職発令を行う。そして、休職期間を満了した段階で就労に堪えられない場合は、自然退職となることを視野に入れておく（就業規則に規定があることが前提で、会社によっては解雇として扱うケースもある）。病気が治癒する、完全な労務提供ができる状態に戻る蓋然性（がいぜんせい）（そうなることが十分予測できること）がなければ、就業規則にのっとり解雇、自然退職または合意退職とするケースを想定しておく。

6 メンタルヘルス問題（うつ病の場合）への対応

長期休職の理由の多くは、うつ病などの精神疾患である。勤怠に異常が表れ、それがうつ病や適応障害、ストレス障害、自律神経失調症などに関係する場合、まず人事が確認することは勤務時間の長さである。

厚生労働省の過労死に係る「脳・心臓疾患の労災認定基準」では、時間外労働時間数が発症前1カ月間におおむね100時間、または発症前2カ月間ないし6カ月間にわたって1カ月当たり平均80時間を超えれば、業務起因性が認められるとされている。上記の時間に至らなかった場合も、これに近い時間外労働を行った場合には、「労働時間以外の負荷要因」の状況も十分に考慮し、業務と発症との関係が強いと評価できるとしている。

また、厚生労働省の「心理的負荷による精神障害の認定基準」によれば、精神障害が業務上の疾病になるかどうかの判断要件は以下の3点で、これらのいずれにも該当する場合は業務上の疾病として扱われることになっている。

①認定基準の対象となる精神障害を発病していること

②認定基準の対象となる精神障害の発病前のおおむね6カ月間に業務による強いストレス（心理的負荷）があった

③業務以外のストレスや個人的な事情で精神障害を発病したとは認められない（精神障害やアルコール依存症等の既往症がないなど）

第2章　人事部の仕事（ステップアップ編）　7　労務問題の種類と対応

　精神疾患の場合、まず念頭に置くのが、「それは業務上か業務外か」ということである。業務に全く関係ない原因で発病しているケースもある。そうした見極めが必要になるので、本人をはじめ、産業医、本人の家族と連携し、対応していくことが肝要である。

> ### 労災（労働災害）
> **Column**
>
> 　「精神疾患」が労災と認定されるということは、会社の安全配慮義務（民法、労働契約法、労働安全衛生法などに基づき、使用者が労働者に対して負う義務の一つで、「使用者は、労働契約に伴い、労働者がその生命、健康等の安全を確保しつつ労働することができるよう、必要な配慮をするものとする」というもの）違反であるとされるに等しいことであり、労災保険から支払われる保障のほか、企業は不法行為に基づく損害賠償責任を負うことになる場合がある。

7 無断欠勤・行方不明

　無断欠勤が怠惰な理由によるものであるのならば、厳正に対処する。注意すべきは「連絡がつかない」という場合である。

　無断欠勤を職制が放置している場合があるが、これは危険なことである。自宅で倒れているなどの場合が想定され、一人暮らしの場合、その異常に最初に気づくべきは会社である。これを放置していたということで、会社側の管理責任が問われかねない。無断欠勤があった場合は、本人に連絡を取り、連絡が取れない場合は初日ないしは遅くとも2日目には自宅に行ってみる、家族に連絡し確認するなどの対応が必要である。そのためにも、家族などの緊急連絡先を必ず確認しておくこと。入社時の身元保証書なども有効である。

　自宅に行ってもマンションなどで、セキュリティの関係で中にいるかどうか分からない場合、警察は家族からの要請で鍵を開ける。会社の要請では対応してもらえない場合もある（とはいえ、自宅に行って近隣の警察に相談しておくことは、会社側のリスク回避としても無駄ではない）。

4 その他の個別的な問題

1 個別的な問題対応の留意点

　個別の問題はそのほかにもさまざまあるだろう。人事にとって、上司と部下、同僚との関係、労務管理上のトラブルなどは日常茶飯事である。直接ないしは間接的に相談を受けた案件については、双方の状況を確認して対応していくことになる。当事者と第三者にヒアリングをして厳正に対処する、改善を促す、異動を検討するなどの対応をしていくことになる。

　表面に現れない問題については、自己申告制度などを活用して情報収集することになる。また相談に対しては、まずは聞いてみることである。その上で人事部門としての公的な対応をするかどうかについて確認する。「組織として対応すべき」ケースと「聞くだけでよい」ケースがあるので、その問題の背景、内容の重要度を勘案して峻別していくことが重要である。

2 社長・役員への情報の入れ方

　もし上司の問題であれば、人事権者に対して情報を伝える必要がある。この場合はできるだけ客観的な情報として伝えなければならない。問題は見方によってさまざまな様相になるので、一方的なヒアリングによって偏った情報を入れるべきではない。それでも伝える必要がある場合は、「一方からのみの情報ですが……」と、しっかりと前置きをして伝える。

　人事は「悪口」を言うべきではない。そう捉えられると、人事は社員からの信頼を失う。あくまで「伝言情報」として伝え、自らの所感を述べる際は「良いところと悪いところ」を両方必ず伝えることが重要だ。短所は長所となり、長所は短所ともなるという認識が必要である。

　また、人事は、社内の客観情報をつかむために、360°サーベイ（360°評価、多面評価）を用いる場合もある。360°サーベイによる結果を経営層に伝えることは意味がある。ただし、使い方と伝え方をしっかりと考えてからでないと、極端な人事施策に反映されかねないので注意が必要である。

　そして360°サーベイの場合は、評価者が多く、その目線や評価基準がばらばらであることから、結果の信頼性は、そのことを差し引いて考えておく必要がある。期待値が高い場合は低い評価になる傾向があり、逆もある（したがっ

て、360°サーベイは本人の気づきと育成を目的として使い、人事評価には直接結びつけないのが基本である）。

3 社内恋愛・不倫

　人間の感情は規制できないので、社内恋愛を組織として禁止してもあまり意味がない。社内恋愛そのものに問題はない。社内で知り合ったというだけで、後はプライベートの問題である。

　社内恋愛や不倫はそれ自体が問題ではなく、それによって周囲に悪影響を与えた場合が問題で、人事的な対応をすることになる。また、2人の関係がよいときはよいが、こじれるとハラスメントなど、さまざまな問題に発展する場合がある。このようなときは配置転換などの措置を検討することとなる。

　なお、人事部門内では、部門外の社員との恋愛はできれば避けてほしいのが本音のところだ。本人にそのつもりがなくても、人事情報が外部に漏れるのではと周囲に思われることは避けられない。

　いずれにせよ、トラブルになることを未然に防ぐ備えも大切で、これが人事としての愛情でもある。

4 会社の方向性などへの不安や不満

　会社の方向性などへの不安や不満の原因には、戦略がない場合と戦略が伝わっていない場合がある。いずれにしても人事は動かなければならない。

　戦略がない場合は、社長などに「社員にもっとビジョンを見せましょう」と働き掛けて、戦略立案につなげるオフサイトミーティング（少人数のグループで構成した、気楽で真面目な話し合いの場）などを仕掛けていく。一方、戦略が伝わっていない場合は、研修などを実施して職制が自らの言葉で、メンバーに対してビジョンや戦略を語れるように仕掛けていく。

　また、人事担当者としても、社員に対して個別に会社の方向性やキャリアプランについて熱く語れる状態にしておくことは肝要である。仕事の目的や価値について常に伝えられるようにしておこう。

193

5 プライベートの問題に関するもの

　人事が、社員のプライベートにまで踏み込むことは本質的には必要ないが、これが仕事に影響するのであれば別である。介護や育児の問題をはじめ、収入や借金の問題などで、正常に仕事が遂行できない状態になっている場合は、アドバイスをしたり、仕事上での配慮を働き掛けたりする。事情によっては転職を促す場合もある。また、雇用形態の変更もあり得る。

　このとき人事担当者としては、「仕事ができる環境を整えるには、どのようにすればよいか」を真剣に考えることが求められる。また、本人にとってベターなのはどのような対応なのかを、一緒に考える姿勢を見せることが重要である。

6 セクハラ・パワハラへの対応

　社内恋愛や不倫が、セクハラに発展することはよくある。また、一方的に相手を好きになるというのも、好意を持たれたほうとしてみれば負担となる場合もある。

　セクハラは加害者とされた者が絶対的に不利になる。異性と2人だけで仕事をさせる場合には十分に注意しておかなければならない。どのような場合にセクハラとなるのかなど、社内での教育は必須である。

　よく「叱るときは別室で個別に」「褒めるときはみんなの前で」といわれるが、これも要注意である。「叱るとき」、叱られるほうは当然いい気分ではない。密室での1対1のやりとりは、動静が外から見えないだけに、後に「言った、言わない」にとどまらず、その言動が脚色されて外に漏れていく危険をはらんでいる。それだけに職制には人格を傷つける言動、不適切な業務指示、行きすぎた教育指導に注意してもらう必要がある。

第2章　人事部の仕事（ステップアップ編）　7　労務問題の種類と対応

5　調査と調査報告

1　金銭に関する不正などの重大案件

　社内での金銭に関する問題は、うわさや内部告発などから疑うべき案件として明るみに出るのが一般的である。まずは、その事実関係を調査する。調査は、社内で行う場合と社外の専門機関を使って行う場合がある。どちらも極秘裏に進めなければならない。ある程度の状況証拠がそろったところで対応の方向性を決めていく。

　調査の流れは、以下のようになる。

①本人、周囲それぞれからの事情聴取
②関連する情報（メール等）、資料の整理
③問題事案を時系列でまとめた調査報告書の作成
④対応決定（賞罰委員会の開催など）
⑤処分決定

　警察の捜査と同様、本人の供述は重要なポイントとなる。その背景や動機、本人の主張に関して十分にヒアリングをした上で、事実に関しての認識と正否を確認する。故意か過失かについても確認していかなければならない。

　対象者本人の人生にも影響する非常に重大な案件であるため、慎重に対処しなければならない。

2　賞罰委員会と賞罰の決定

　就業規則の中に、賞罰委員会の設置と運用について規定を設けておくことが重要である。賞罰委員会を設けることは、恣意的な処分を避け、公正な賞罰を行うためにも必要である。通常、賞罰委員会は、人事部門を事務局とし、管理管掌役員を委員長として、職位者と職位者でない者（労働組合や社員組織がある場合は、これが選出する者）を同数（各3人程度）で構成する。

　賞罰委員会は、事実に基づき、できる限り公正な賞罰案をまとめ、その意見を経営会議などの会社の最高意思決定機関に上申するもので、最終的な賞罰の決定は最高意思決定機関が通常行う。

195

Column

調査報告書

　調査報告書は、次のような構成で作成する。

①事件のタイトル

②事件の概要

③事件の結論と、処分が必要な場合は処分案

④事件の経緯（時系列）⇒関係者からのヒアリング内容の羅列

⑤関連資料類

　これらを明記し、記録として残す。特に本人の供述は、本人の署名を得ること。懲戒解雇に相当する重大な事件では、労働基準監督署の解雇予告除外認定（予告手当を支給せずに即時解雇することを労働基準監督署長が認定するもの）が重要な根拠となるため、しっかりと手続きを行うこと。重大な事件は、事情聴取を弁護士などの専門家に依頼するのも一法である。

8 人材育成、教育・研修

1 人材育成の全体像

1 企業における教育の本質

　人材育成は企業経営の根幹に関わる。経営者、職制、社員などすべての育成施策は、企業が人の成長を求めるからこそ行われるものである。人の成長によって経営理念の実現、企業業績の向上を目指す。

　成長とは、「できないことをできるようになること」といえる。その前提において「何ができていないのか」を認識する必要がある。もっと成長したいというモチベーションは、その目的と現状のギャップを認識することから始まる。

　企業における教育が学校教育と違うのは、「その教育が、経営理念の実現・業績の向上につながるか」を常に問われることである。また、会社は「教育機関ではない」ので、企業内教育は"目的"ではなく"手段"であるということである。

　就職活動している学生に「教育制度はありますか」とよく聞かれるが、「教育制度があるから入社する」と言われても困る。会社は人が成長する場であるが、成長が約束された場ではない。成長するのは、あくまで本人次第である。会社は、成長する気のない人材をいつまでも教育しているわけにはいかない。社員個々の成長へのモチベーションが大切で、それをサポートするのが教育制度である。そして、その目的は、「よりよい仕事ができるようになる」ため以外の何物でもない。

　教育制度が整っていない会社は少なくない。教育制度自体がない場合もある。上場企業でも「研修などしたことがない」という会社は意外に多い。教育制度がなくても業績が向上している企業もあり、その場合は「仕事そのものが教育」ともいえる。体系的な教育制度を整えなくても人材育成はできる。その前提の下に、人事部門がどのように人材育成に関与していくかを考える。

2 企業における人材育成の問題点

　企業の人材育成・教育においてよく見かける問題は、次のようなものだ。

197

①場当たり的で後が続かない

　研修を実施しても単発で終わってしまう。研修そのものはよくても、業務に戻るとその研修内容が活かされていない。

②スキル偏重

　現場のスキル教育に偏っている。一部の職種の教育しか行われていない。

③教育内容が会社・現場の実態と合わない

　教育や研修が独り歩きしており、その内容が会社や現場の実態と合っていない。

④人事制度と関連していない

　人事制度、特に等級制度・評価制度と教育・研修の内容が乖離している。

⑤教育体系がない

　自社において教育の全体像が描けていない。

⑥費用対効果が見えない

　企業業績が厳しいと中止される、景気が悪くなると削られるものの一つが教育研修費である。広告宣伝費、交際費、交通費（俗に節減3K費）と並んで、削減されやすい費用といわれる。

　人事担当者は、人材育成の全体像を描き、その中での重要度・緊急度を考えながら教育施策を計画していく必要がある。教育も思いつきで実施してはならない。結果的に現場が迷惑する。

3 教育の領域

　企業内教育の領域は、以下の三つの領域に分類できる ［図表88］。

①行動変革を促すディベロップメント型（気づきの醸成）

②業務スキルを習得するトレーニング型（練習して身に付くもの）

③知識を習得するラーニング型（勉強して身に付くもの）

4 目的の分類

　企業内教育の目的は、以下の三つに分類できる ［図表89］。

①長期的、内科的処方としての、課題形成型教育（理念共有・行動変革など）

②中期的、内科的・外科的処方としての、業務スキル・知識習得型教育

③短期的、外科的処方としての、緊急的な課題解決型教育（メンタルヘルス、

第2章 人事部の仕事（ステップアップ編）　8　人材育成、教育・研修

図表88 ● 企業内教育の3領域

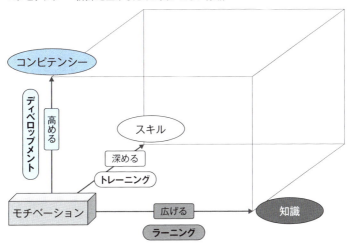

図表89 ● 時間的経過、即効性から見た教育施策の位置づけ

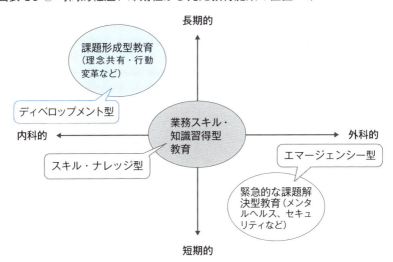

セキュリティ関連教育など）

①はディベロップメント型、②はスキル・ナレッジ型、そして③はエマージェンシー型である。単発の「メンタルヘルス研修」などは③に当たるが、一過性に終わりやすいので注意が必要である。メンタルヘルス研修で学んだことが、現場で実践されているかなどについて、人事制度の等級要件や職位要件、評価項目に盛り込むのであれば効果は持続する。しかし、そうでない場合は「費用はかけたけれど、あれって何だったのかね」という結果に陥りやすいことを念頭に置いてほしい。

教育施策は、その領域と目的をよく吟味して、効果が見込める仕組みと手法を用いることが重要である。

2 ディベロップメント教育

1 概要

ディベロップメント教育は、行動変革型教育である。

ビジネスパーソンのキャリアステップでは、"ギアチェンジ"が必要とされる。等級制度が示すように、下位等級から「頑張れ」⇒「自己完遂せよ」⇒「成果に責任を持て」⇒「組織に対して責任を持て」⇒「全社的な責任を持て」というステップで発展していく。

プレーヤーの延長線上にマネージャーはない。行動の変革が求められる。その意味で、会社が社員に求めるものは階層によって断絶している。その断絶を乗り越えていくことが"ギアチェンジ"であり、その重要度を理解させ、行動に反映させることがディベロップメント教育の目的である。

ディベロップメント教育の内容は、おおむね汎用的である。部長あるいは部長層に求めるものは、どの会社でもほぼ同じである。また、汎用的な内容は変化が緩やかである。マネジメント手法の根幹は、ここ10年で大きく変わっていない。したがって、この分野は極めて重要でありながら、普遍的ともいえる。

人事制度の要件、そして教育において、比較的長期間効果を発揮するカテゴリーである。一方で、近視眼的に考えると、その効果がすぐには表れないところもあり、経営層や現場からは軽視されがちである。

多くの企業で悩み、教育を試みるのは管理職層である。管理職として組織をまとめ、後進の指導、人材の育成を通して組織を成長させていく役割を期待したものの、ここが機能していないケースが非常に多い。「エースで4番」のプレーヤーを管理職にしたのはいいが、そのマネジメントが有効に機能しない。そもそも"マネジメントとは何か"を体系的に教えられていないため我流になり、業績の低迷や人材の離散を招いたりする。

こうした問題の解決策がディベロップメント教育である。経営層が望むのは、要するに「行動を変えてほしい」ということである。どう変えてほしいのかを解きほぐして理解し、教育施策に反映するのが人事担当の役割である。

❷ ディベロップメント教育の内容

ディベロップメント教育の内容は、いわば人事制度の「要件」である。会社が社員に求めているものを理解させ、そこに向かっていくための気づきを与えることである。

[図表90] は、教育体系のない状態の企業において、ディベロップメント領域における人材育成を進める上での方向性をまとめたものである。人材育成方針として「目的」「必要な要件」「達成イメージ」を明示し、「人事制度との連関」などを設定している。会社の現状に鑑みながら、どこを優先的に実施するかをプランニングしていく。

カテゴリーは、主に次のものがある。
①経営理念の共有、行動指針理解
②組織活性
③職位（役職）別に求める行動・能力の理解と実践（管理職育成）
④等級別に求める行動・能力（階層別教育）
⑤目標達成のためのPDCAサイクルの理解と実践（目標達成）

以下でそれぞれ個別に見ていこう。

■ 経営理念の共有

社員数が100人前後になると、社長と社員との間に距離が生まれ、創業や事業に対する想いや価値観が伝わらなくなる。「会社が社員に求めるもの」の一つは経営理念・ビジョンに沿った行動である。業績は経営理念の浸透度合いに影響を受ける。目的意識が希薄になった組織は業績が落ちるといっても過言で

図表90●ディベロップメント教育の方向性の検討例

人材育成／どう育ってほしいのか？

人材育成方針	全社員に求める行動・能力		職位者（管理職）の育成／職位別育成による全社人材育成		等級別に求める行動・能力	目標達成
	経営理念の共有	組織活性				
目的	経営理念・中長期ビジョンの共有・浸透	組織の絆を超えた価値創造	職位別育成による全社人材育成		キャリアステップの明示と人材定着・人材育成	業績向上
必要な要件	経営理念からのメッセージ／経営理念・行動指針の明示	組織風土の形成／部門間交流・コミュニケーション	職位要件（管理職に必要なコンピテンシー）	職位要件（マネジメント知識・スキル）知識・スキル	等級別行動・能力要件（コンピテンシー）	目標管理制度／バランススコアカード／OKR
教育の目的	経営理念の理解	他部門とのリレーション形成	部下の理解と部下の育成／要件と個々人の行動・能力とのギャップの認識	マネジメント知識・スキルの教育（eラーニング）	等級要件と個々人の行動・能力とのギャップの認識	明確なミッションと目標を設定し、達成すること
達成イメージ	経営理念の浸透・行動指針の体現	相互理解と価値創造	部門内・階層間ギャップの是正によるコミュニケーションの円滑化、相互理解／ギャップの克服による能力向上と行動変革		等級要件と社員の行動とのギャップの認識	目標達成
教育手法例	合宿形式の集合研修・イベント	組織活性度調査	マネジメントの集合研修および部門横断ミーティング／職位別集合研修		等級別集合研修・実践／個別課題設定	目標管理研修／目標設定会議／評価面談調整会議
事前準備例	行動指針抽出・策定	組織活性度調査	多面評価による研修	パーソナリティ検査／コンピテンシー予見／職位要件精査	パーソナリティ検査／コンピテンシー予見／等級要件精査	組織目標設定
期待される成果	モチベーション向上、人材定着	部門間協働による価値創造	部門活性化による業績向上とモチベーション維持・向上	マネジメント力向上による業績および人材育成	役割認識の向上による人材育成・人材定着	明確な目標による業績達成
成果物案	行動指針の具体的な行動リスト	継続的なプロジェクトの設置	部門方針の明確化、明文化	職位要件の具体的行動リスト	等級要件の具体的行動リスト／プロセス評価シート	成果評価／目標管理シート
人事制度との連関	行動評価項目の改編	表彰制度	部門内コミュニケーション／1 on 1の習慣化／職位者の意識向上による人材育成	職位任免基準の設定／職務権限規定の改編／人事制度の運用改善	等級制度／評価制度／給与制度	評価制度／賞与制度
人材ポリシー	どういう行動をとってほしいか	組織のあるべき姿をどう考えるか	職位者に求めるものは何か		人材育成・キャリアステップに対する考え方／目的・内容は何か	今期何を目指すか

（注）等級制度改定、評価制度、プロセス評価、成果評価／改定、給与制度改定／職位者に求めるものは何か／目標設定会議と評価面談調整会議と評価制度の継続的な運用

はない。経営理念と現実とのギャップを埋めるための施策が求められる。

❷組織活性

　組織が大きくなると、部門間・階層間のコミュニケーションギャップが生まれる。部門間では「違う部門の人や仕事を知らない」、階層間では「管理職層とメンバー層の考え方の違いなどによる相互不信」が典型例である。

　これを埋める施策として、組織活性度調査や360°サーベイなどの実施とそのフィードバックがある。これらの調査・評価はインパクトが大きいため、周到な準備の上に実施することが重要である。

❸管理職育成

　管理職層が「自らの言葉で、メンバーに対してビジョンや戦略を語り、目標を立てて組織をマネジメントする」ことができなければ、組織力は向上せず、人材の育成も滞る。管理職に求められるものを伝え、必要な行動や能力を認識させることによって、管理職が人材育成を担えるようになり、会社としての人材育成力とともに組織力が向上する。人事が行う教育施策の最優先項目である。

❹階層別教育

　等級別の教育で、社員に変化を促し、ギアチェンジを認識させ、成長するとは影響力が大きくなることであると理解させる。日常的な仕事の中では認識しにくい適切な影響力の発揮・役割変化・行動変革を促す機会として実施していく。

❺目標達成

　管理職教育の中で行われることも多いが、目標管理制度の導入に伴って必ず実施すべき施策が目標管理教育である。目標管理は評価ツールというよりマネジメントツールであり、PDCAサイクルを回すことがマネジメントの基本である。

　ツールとしての目標管理制度のポイントを全社員が理解するための施策が求められる。ビジョン・戦略なき目標、達成基準が明確でない目標、簡単または困難すぎる目標など無理解によって引き起こされる誤った運用も多く、目標管理の定着・浸透は容易ではないが、業績向上に直結する施策であるため、優先度は高い。研修だけでなく、「目標設定会議」「評価調整会議」の運用が業績向上と管理職育成につながる。

③ スキル（技術）とナレッジ（知識）の教育

　スキル・ナレッジ教育は、全社で汎用的なもの以外は部門ごとに実施する領域であり、人事は各部門の教育を支援することになる。

　全社で汎用的なものとしては、ビジネスマナー、基本的なパソコンスキル、計数知識、労務知識、基礎的な法務知識、ロジカルシンキング、プレゼンテーションスキルなどが挙げられる。人事部門は、これらの全体像を想定しながら、重要度と緊急度を整理して、優先すべき施策を吟味しなければならない。そのためには教育体系の全体像をイメージすることが大切だ。

④ 教育体系づくり

　まずは教育の全体像から描いていく。[図表91] は、一般的な教育体系図である。縦軸に階層、横軸に会社が社員に求めるものを整理して、ディベロップメント系・スキル系・ナレッジ系とその対象者についてプロットする。

　まずは、理想的な教育体系を先に想定したほうがよい。その上で、優先順位を考えて最初に何を行うかを検討していく。一から教育体系づくりに取り組むとすれば、初年度に優先すべきことは何か、次年度に何を行うかという数年程度の期間を想定しておく。一番良くないことは、現状の見える課題に対して思いつきで企画して実施してしまうことである。

　[図表92] は、新入社員教育を想定した場合に、どのようなメニューが必要かを整理したものである。スキル・ナレッジを含めて、教育体系づくりの項目を選定する上で参考になるだろう。これらの項目を参考に、階層別に実施すべき施策をプロットしていきながら全体像を描いていってほしい。

⑤ 教育・研修の実施

❶ 教育体系導入時の留意事項

　教育体系の導入初年度は、社員のレベルがさまざまである。マネジメント教育などでは、中途入社者は入社前に前職で受講している場合もある。しかし、教育制度導入期は、まず「最低ラインの社員のレベルに合わせる」ことが大切

図表91 ● 教育体系図の例

会社が社員に求めるもの	経営理念（ミッション・ビジョン・バリュー）				目標達成
	自社の社員らしい行動	階層別に求められる行動	職位者に求められる行動	職種別に求められる知識・スキル	
教育施策	理念浸透教育（ビジョン共有、行動指針の実践）	組織活性度調査、フィードバック、モチベーション検証	等級別行動要件教育、キャリアアップ教育	管理職教育	職種別教育、自己啓発	目標管理（MBO）教育
研修対象	全社員	全社員	全社員	管理職	職種別選択式	管理職＋メンバー

経営層
- 役員研修（職位者に求められる行動）
- 目標管理制度運用（目標達成）

マネジメント層
- 6等級昇格者研修 / 5等級昇格者研修 / 4等級昇格者研修（自社の社員らしい行動）
- 組織活性サーベイフィードバック研修（階層別に求められる行動）
- 新任本部長研修 / 新任部長研修 / 新任課長研修 / 新任チームリーダー研修 / 360°サーベイフィードバック研修（職位者に求められる行動）
- 営業戦略研修 / 技術研修（職種別に求められる知識・スキル）
- 目標管理研修（新任管理職研修で実施）（目標達成）

メンバー層
- 3等級昇格者研修 / 2等級昇格者研修 / OJT・メンター研修（自社の社員らしい行動）
- 営業研修（職種別に求められる知識・スキル）

新入社員
- 新入社員導入研修（自社の社員らしい行動 / 職種別に求められる知識・スキル）

職種別に求められる知識・スキル（職種別選択式）

ビジネスナレッジ・ビジネススキル研修群：
- リスクマネジメント
- メンタルヘルス
- 情報セキュリティ
- 財務・会計
- 人事・労務
- 契約・法務
- プレゼンテーション
- マナー・ビジネス文書

外部公開講座・通信教育補助：
- ビジネス理論
- ロジカルシンキング
- プレゼンテーション
- 戦略シナリオ
- マーケティング
- リーダーシップ
- プロジェクトマネジメント
- 7つの習慣

図表92●新入社員教育における研修メニューの整理

新入社員レベルで必要とされる能力の整理

	A 会社を知る 経営理念の理解と行動への反映 当社の経営理念・企業文化・事業分野と、市場・顧客を理解している。また社内の組織・ルールを理解している	B キャリアプラン 自身がキャリアで目指す姿を明確にする。自分自身の数年後の目標を明確に設定している。現状の棚卸しして、そのキャリアのギャップの課題形成をして、行動計画を策定する	C コンピテンシー（成果を上げるために欠かせない行動） ビジネスパーソンとしての行動要件を理解している。また自身の行動特性を理解し、現状の行動を理解し、課題の克服方法を理解し、必要な行動をとることができる	D 知識・スキル ビジネスパーソンとして必要なビジネス知識、ビジネススキルを持っており、必要に応じてそれを活用することができる
	A1 当社の経営理念理解 経営理念の理解と真の共感 経営理念の行動への体現 当社の大切にしていることの実践 企業文化とその背景の理解	**B1** 当社におけるキャリアプランを描く 5年後のなりたい姿 3年後のなりたい姿 1年後のなりたい姿 キャリアプランの切り口	**C1** ビジネスに求められる行動要件の理解 コンピテンシー36項目 新入社員に必要なコンピテンシー 重視される行動要件の理解と実践力育成	**D** ビジネスマナーの実践 マナーの背景 電話応対 お客様の案内 エレベーター、車 メールのマナー 話し方、聞き方 名刺交換
	A2 事業分野 事業分野の理解 当社の競争優位性の理解 当社の事業分野別課題の理解 商品の理解 競合の理解	**B2** 人材ポートフォリオの理解 ビジネスパーソンの成長モデル理解 コンピテンシーの側面 スキル・ナレッジの側面 モチベーション	**C2** 営業プロセスで行動を理解し実践できる マーケティング（顧客を見つける） 3C分析の理解（顧客を知る） アプローチ ヒアリング ソリューション提示 企画書作成 プレゼンテーション クロージング	**D1** ビジネス基礎知識 BS・PLの基礎知識 人事・労務の基礎知識 契約・法務の基礎知識 コンプライアンス・個人情報保護 ITセキュリティ
	A3 顧客 当社の顧客理解 事業分野別顧客層の理解	**B3** モチベーションの構造理解 動機づけ要因と衛生要因の理解 どうしたら仕事のやる気を高められるか	**C3** 継続的なリレーション構築 目標達成行動を理解し目標を達成する 目標とは 目標設定 計画策定 進捗管理 目標達成	**D2** マーケティング 流通 宣伝・販促 広報
	A4 組織 組織と機能の理解 ルール・規程の理解 各種申請・伝票の書き方	**B4** 自身の現在の姿を知る 自身のパーソナリティを知る	**C4** 意思決定プロセスを知り、自他の意思決定を促す 情報収集 問題分析 判断（選択肢を出す） 決断（他の選択肢を捨てる）	**D3** ビジネスの基礎手法 ロジカルシンキング プロジェクトマネジメント
		B5 パーソナリティにおける課題を知る 行動変革計画を立てる キャリアプランと現在のギャップ 課題形成		**D4** パソコンスキル Word Excel Powerpoint その他の必要なアプリケーション
				D5 新聞の読み方 日本経済新聞

であり、それで押し切っていくしかない。

　また、社内に共通言語ができていない状態でもあるため、研修に慣れている受講者に自社の考えを理解させることは無駄ではない。

　人事制度の導入・改定に際して、説明会程度で済ませてしまうケースも多いが、これはよくない。設定された等級要件を理解させ、人事制度の運用がしっかり行われる体制をつくらなければならない。その意味で、教育制度の導入は、人事制度の導入期（改定期）が適している。そもそも人事制度は人材育成のためにあるので、このことは自明である。

　人事制度の導入期における教育は、主に等級要件・職位要件と、目標管理運用のための教育に絞ってもよい。導入期の対象者は「全社員」であり、規模も大きくなるため負荷がかかるが、半日でもよいのでぜひ実施してほしい。

❷ 集合研修

　社内または社外の教育機関や講師を招いて実施する教育手法である。社内または社外の施設を使い、同じカテゴリーの社員を集めて実施する。ディベロップメント教育には集合研修が向いている。集合するのに距離的な問題があるのならば、オンラインでの実施も考えられる（ただし、教育効果は多少薄れるように思う）。

■1 共通言語づくり

　マネジメントやリーダーシップという領域では、基礎はほぼ同一ながら、研修などで使用される言語・解釈にはさまざまな「流派」がある。外部の公開講座の受講もよいが、さまざまな会社が企画している講座などに複数の社員が別々に行くと、この「流派」がまぜこぜになってしまう。

　新しい視点を得ることも大切なので、さまざまな講座の受講を全面的に否定はしないが、「ディベロップメント教育」の副次的効果の一つに、「社内の共通言語をつくる」ことが挙げられる。例えば、「判断＝選択肢を設けて決断を促すこと」「決断＝他の選択肢を捨てて一つを選び出すこと」という定義があるとする。この言葉の定義で社内が共通の認識を持っていたら、コミュニケーションは飛躍的にスムーズになる。言葉の定義は大切である。「マネジメントとは何か？」などという解釈についても、共通の認識を持つべきである。

　したがって、集合教育を外部の教育機関に任せる場合には、できるだけ内容

を絞り込むか、人事部門側で共通言語化や言葉の解釈などをコントロールする必要がある。

また、自社の等級要件や職位要件と異なる階層設定による研修や、自社の社員に必ずしも求められない内容の研修を受けても、現場は混乱する。自社要件とよく照らし合わせて、集合研修の内容を吟味してほしい。

優れた教育・研修機関は多いが、研修が「パッケージ化」されているケースも多い。パッケージの内容はよく吟味されていて優れたコンテンツとなっているが、カスタマイズが利かないケースも少なくない。

研修内容に自社の要件を合わせてはならない。自社における「会社が社員に求めるもの」がぼやけてしまうからである。等級制度・評価制度と教育制度のつながりを想定して、教育研修は企図してほしい。

2 研修場所の選定

場所は社内か、環境を変えて遠方に宿泊して実施するかは任意である。状況に応じて企画する。ただし、ディベロップメント教育は行動変革を促すものであるから、日常に引きずられないほうがよい。休憩時間以外の電話連絡・メールの送受信禁止などの措置はとりたい。

また、社外の教育機関や施設を使用する場合は、**人事の赤本【基礎編】**で書いたように、「食事」が重要な要素になることを注意しておく。食事は研修に対する評価に大きく影響する。

3 公開講座

外部でさまざまな会社の社員が参加して行われる公開講座は、社外の人材と交流できる利点がある。一方で、1人当たり単価が高い、そこで得たことを社内に持ち帰っても周囲が共有しづらいなどの問題点もある。10人以上の複数名に受講させたい内容であれば、社内集合研修にしたほうがベターだろう。

人事部門が講座メニューを用意し、社員が自由に選択して参加する形式も考えられる（その場合の費用補助は、全額・半額などの設定もできる）。

4 通信教育、e ラーニング

これらはスキル・ナレッジ系の教育に適している。社員が自由な時間にさまざまな教育を受ける機会を提供する意味で、用意することには意義がある。

通信教育を提供する会社・機関と提携すれば受講料が割引になる場合もある。それだけでもメリットだが、「修了したら受講料全額（または半額など）会社負担」とすることで、研修コストを有効に活用できる。

通信教育、eラーニングは、社員に提示するメニュー選びがポイントである。さまざまなメニューの中で、社員に受講させたい項目を人事部門で提示することは、人材育成の方向性を示すことにもなる。

5 メニューづくりとスケジューリング

以上の教育・研修メニューと手法を組み合わせて、自社の現況にあった構成を考える。[図表93] は全社的な研修メニュー（単年度施策）の例である。

6 適性検査・組織サーベイと研修

よく研修場面で「斜に構える」参加者が少なからず存在する。「こんな研修、意味ねぇよ」「そんなことくらい分かっている」という態度が顕著な人たちである。そのような人たちは、単に「学びなさい」と言ったところで、素直に受講してもらえるわけではない。研修に向かう動機づけが必要である。つまり「学びたい」と思ってもらうことである。

その意味で、研修の前段階として適性検査の活用や組織サーベイを実施することは有効である。自己認知はとても重要な個人の資質・能力である。自分を客観視できる人材は成長が早い。目標と現状の適切な把握が成長意欲を生む。

組織も同じである。「なんとなくうまくいっていない」ことから人材育成の必要性を感じている経営者は多いものの、どこから手をつけるべきかを悩んでいる。360°サーベイなど組織状態を把握するサーベイの実施は、客観的な現状把握のために有効である。

ここで注意してほしいのは、適性検査や組織サーベイのツールは多種多様に存在するということである。そのディメンション（切り口）はさまざまで、例えば「リーダーシップ」をひとくくりにしている場合もあれば、いくつもの要素に細分化している場合もある。これらの切り口や用語が自社の要件設定と合っていない（統合されていたり、分けられていたり、存在していなかったりする）場合には、別途 "翻訳" が必要となる。それができないとサーベイの結果自体が宙に浮いてしまうか、人事制度の要件が宙に浮くという結果に陥る。

図表 93 ● 全社的な研修メニュー例

研修カテゴリー	対象者	研修内容	研修時間目安	実施主体
階層別研修	等級別に全社員	現在の等級要件の理解	1日間	外部講師
		次の等級要件の理解		
		適性検査とフィードバック		
		モチベーションの振り返り		
		キャリア構築		
		目標管理制度の理解と目標設定		
OJT・メンター研修	新入社員育成担当者	OJT とは	半日間	社内実施
		新人育成の方法		
		育成における経過共有会	月1回2時間程度	
組織活性サーベイフィードバック研修	全社員（部・または課単位）	〈事前〉組織別組織活性サーベイの実施	管理職フィードバック：半日組織内ミーティング：半日	外部講師
		管理職へフィードバック		
		組織内において、サーベイに基づきミーティング		
管理職研修	現管理職（課長）（部長）（本部長）	管理職の役割（各役職別）	2日間	外部講師
		管理職の心構え		
		目標管理		
		組織内コミュニケーション		
		人事管理・勤怠管理		
		計数管理		
		時間管理		
360°サーベイフィードバック研修	管理職全員	〈事前〉360°サーベイの実施	1日間	外部講師
		サーベイ内容に関する解説		
		サーベイに基づく自己分析		
		行動変革目標の設定		
営業管理職研修	営業系管理職	マーケットの状況	2日間	外部講師
		営業プロセス		
		競合分析		
		営業担当者教育		
		営業活動管理		
営業研修	中堅営業担当	マーケットの状況	2日間	外部講師
		営業プロセススキル　アプローチ　ヒアリング　プレゼンテーション　クロージング　フォロー		
		競合分析		

210

第2章　人事部の仕事（ステップアップ編）　8　人材育成、教育・研修

（つづき）

研修カテゴリー	対象者	研修内容	研修時間目安	実施主体
新任営業研修	新入社員営業配属者 営業への異動者	営業とは（営業の役割） 営業プロセススキル 　アプローチ 　ヒアリング 　プレゼンテーション 　クロージング 　フォロー 電話のかけ方 メールのマナー 訪問時の注意事項 クレーム対応	2日間	社内実施
ビジネスナレッジ研修 ビジネススキル研修	選択・選抜型	リスクマネジメント メンタルヘルス 情報セキュリティ 財務・会計 人事・労務 契約・法務 プレゼンテーション マナー・ビジネス文書	プログラムによる	社内実施 （主に管理部門が担当）
外部公開講座	希望者または選抜者	ビジネス理論 　競争戦略 　マネジメント論 　リーダーシップ論 　ファイブ・フォース 　ブルー・オーシャン戦略 　マーケティング論……等 ロジカルシンキング プレゼンテーション 戦略シナリオ マーケティング リーダーシップ プロジェクトマネジメント 7つの習慣	プログラムによる	外部講師
通信教育、eラーニング	自己啓発	各種教育研修メニュー	プログラムによる	外部講師 （個人受講）

211

よって、人材育成の前段階で実施する適性検査類は、自社の人事制度の要件と結びつくディメンションを持つものがベターであり、逆にいえば、適性検査類のディメンションを用いた要件設定をすれば、後の運用が非常に楽に、効率的に行えることになる。とはいえ、既に設定されている自社の要件を外部の適性検査類の内容に安易に合わせることは控えるべきだろう。

9 プロの人事担当者に なるために

人事の赤本【基礎編】で、人事担当者が最終的に目指す道は次の二つである
と述べた。
①人事が分かる経営者
②経営と話ができる人事責任者
　どちらに向かうかは個人の考えによるだろう。いずれにせよ、人事という仕
事はポータビリティが高い（持ち運びが可能）と考えている。体系と構造が理
解できていれば、成長段階が同じステージにある他社へ移っても通用する。同
じステージの会社であれば、そこで起こり得る人事的課題は、必然的に似通っ
てくるからである。

1　良い人事担当者とは

　どうしたら「良い人事担当者」を育成できるのだろうか。
　まずは「良い人事担当者」とは何かを定義しよう。思うに「経営と対話して
人事戦略を策定すること」ができて、「人事戦略を実現する企画を立案するこ
と」ができ、「その企画を運用すること」ができる人事である。企画と運用で
は、その結果を高い精度で推測できることも大切だ。
　また運用では、「職制や社員と適切なコミュニケーション（発信と受容）を
交わし」、本筋を外さない範囲で「柔軟に対応していく」必要もある。
　これらの役割は、厳しいだけでも、優しいだけでも務まらない。普段は優し
く接するが、いざ悪事が起きれば毅然とした態度で対応する。そんな "交番の
おまわりさん" のイメージが、人事の理想像に近いかもしれない。
　また、「組織に厳しく、個人に優しく」という心掛けも大切である。組織的
に「ダメなものはダメ」という強さ・堅さを持ちながら、個々の社員の事情に
対しては、なんとか対応できないか一緒に悩むという姿勢が必要である。

2　人事以外の経験

　これらを踏まえて分かることは、人事は広い視野と高い視点が求められる仕

事だという点である。つまり、良い人事担当者を育成するためには、人事以外の職種を経験しておいたほうがよい。できれば営業職がよいだろう。

営業と人事は、実は近い能力が求められると考えている。どちらも人とのコミュニケーションが基軸にある。コミュニケーションの相手が社外か社内かというだけの違いでもあり、ストレスフルなのはどちらも同じだ。

とりわけ法人営業がよい。法人営業にはさまざまな対人交渉の機会がある。担当者レベル、権限を持った管理職、権限を持たない管理職、決裁権限を持つ経営者など、さまざまなレイヤーの人と交渉でき、顧客の社長に面会するときには、こちらの上席者を同行させることもある。人事担当者も、社員個人との対話、職制との対話、経営者との対話など、法人営業と共通する思考やコミュニケーション力が求められるのである。

そして営業の経験は、営業系の職制とのコミュニケーションにおいても有利に働く。営業の経験があると知れば、自分のことを分かってくれているという安心感を持ってもらえるだろう。

3 他社の人事担当者との交流

人事担当者にとって、他社の人事担当者との交流は大きな意義を持つ。社内ではなかなか得られないメリットが多々ある。

中堅・中小企業にとって、自社内に経験豊富な人事担当者がいることは多くないだろう。そのため人事担当者が社内で相談する相手がいないというケースは少なくない。他社の人事担当者と仲良くなれば、人事的な本音を語り合える。そして自分が直面する諸問題に対して、他社ではどうしているのか、その担当者はどう考えているのかという点を聞けるので大いに参考になる。

何か起こったときに電話やメールで相談できる人がいれば、どれだけ助かるだろう。そして、施策の成否などの体験談を聞くことにより、自社の経営者に対して「これをやったら、こうなりますよ」と他社事例を伝えることもできるので、説明にも説得力が増す。

ぜひ機会を見つけて、他社の人事担当者との人的ネットワークを構築してほしい。直面している課題が共通なだけに、プライベートでも仲良くなれることも多い。

第 2 章　人事部の仕事（ステップアップ編）　9　プロの人事担当者になるために

4　給与担当と採用担当

　人事担当者は、できれば給与担当と採用担当の両方を経験するのが望ましい。給与と採用では、鍛えられる能力が違う。

　給与は「間違いが許されない」「遅れが許されない」という「きっちりした」仕事、無駄のない動きが求められる。一方、採用は、「たぶんこの人は活躍するだろう」「入社してくれたらいいな」など、採用にたどり着くまでに、非常に多くの不確定要素がある仕事といえる。「確実性」の給与に対し、「可能性」の採用というわけだ。

　給与担当としては、採用担当のある意味でいいかげんな仕事ぶりは理解しがたいところがあると思う。一方、採用担当からすれば、給与担当の堅さが理解しがたい。採用担当が内定者の入社を確定しないと給与計算は始められないし、社会保険の手続きもできない。さらには入社してすぐに辞めてしまったということになれば、手続きに奔走した給与担当としては腹立たしいものである。

　同じ人事ながら、求められる仕事の性格が違う。よって、この二つの役割を両方経験しておくことは大変意義がある。採用課長の後、給与課長を経験するのもよいだろう。両方の立場で物事を見られれば、無用な軋轢を起こさず、有益な課題解決策を生み出せるに違いない。

5　基本と型

　人事は、予定調和（そうなるだろうと思ったことが、実際にそうなること）が少ない仕事だ。そこにある程度のロジックはあるが、必ずしもそのとおりには事が運ばないのである。ロジックや基本的な考え方は、【基礎編】でも述べたとおりだが、人事の仕事は、さらにさまざまな展開が起こり得る。

　音楽に例えればジャズだ。素人には、一見、無茶苦茶にやっているようにも感じられるものだが、そこにはしっかりした理論があり、基本がある。理論を知り、基本を身に付けていないと、ジャズらしい演奏にはならない。それを理解した上で、プレーヤーは個性を重ねていく。それをさらに理論にしていく。

　人事にも基本があり、一定の型がある。全部がアドリブでは成り立たない。

ただ、基本と型をマスターしても、それだけで「OK！」とはならない世界でもある。だからこそ、まずは「型」を知ろう。型を知った上で、さらにその先があるのだ。

型を知らずして、その先を取り入れようとしてもダメだ。基本ができていないのに、大企業の人事施策をまねてもうまくいかない。理想的な仕組みは、基本ができていない組織では運用できないのである。

6 分かっていないことを分かっている

良い人事担当者は、どんなに偉くなっても「分からないことがまだまだあることを分かっている」と思う。「分かっていると思い込んでいる」「分かっていないことを分かっていない」という人は、人事としては失格だ。人はそもそも分からないものであり、一人ひとり違うものだ。

繰り返そう。「分かっていないことを分かっている」ことが大切だ。その前提で、「何が分かっていないのかを分かっている」ことが求められる。その前提があれば、専門家に聞く、他社の人事担当者に聞く、社員に話を聞く、応募者の心の叫びを聞こうとするといった姿勢や行動につながる。

人事担当者の育成は、「分かっていないことを分かっている」状態にすることから始まり、「何が分かっていないかを分かっている」かどうかの確認を繰り返していくことにほかならない。

7 人事担当者と資格

人事担当者を募集すると、よく「社会保険労務士の資格を勉強中」ということを履歴書に書いて応募してくる方がいる。また「将来は社会保険労務士の資格を取りたい」というコメントも見受けられる。悪いことではない。社会保険労務士の領域についての知識を勉強することは、人事にとっても役に立つ。しかし、「勉強中」ということや「将来資格を取りたい」ということと、人事担当者の採用選考とは関係がない。求めていることが違うのだ。

社会保険労務士の仕事と、人事担当の仕事はまるで違う。人事担当はいざというときに社会保険労務士や弁護士にアドバイスを求める仕事である。勉強す

る、あるいは資格を取ることは大切だが、必須ではない。それよりも大切なことは、経営を知る、人を知る、人事の仕組みを知ることなどである。

　人事担当ができても社会保険労務士の仕事はできない。逆にいうと、社会保険労務士の資格を持っていても人事担当はできないのである（ごくまれに両方こなせる器用な人はいるが、それはあくまで例外的な存在といえるだろう）。双方とも共存すべきものであって、同一ではないことをぜひ認識してほしい。

　そのほか、世間にはさまざまな資格や検定がある。興味があって仕事に役立つと思うのならば、大いにチャレンジしてほしい。ただし、資格で仕事はできない。「経営者」という公的資格がないのと同じように、人事担当が必ず持たなければならない資格はない。その意味で「深く掘り下げる」というよりも、「広い視野を持つ」ことが大切な仕事であるとの認識が必要である。

8　最後に

　「師匠の存在」は大切だ。【基礎編】【ステップアップ編】の内容には、私が上司から教わったことを多く盛り込んでいる。経験者やプロの人事担当の下で働くことは非常に力になり、実務やテクニックだけではなく、考え方、ものの見方、人との接し方、社内での立ち回り方など、さまざまなことを学べる。もちろんそういう人の下にいるときは楽ではないが、そこは歯を食いしばってついていくことが大切だ。

　社内に、そうした上司がいることはとても幸せなことだ。ただ、新興企業や中小企業において、プロの人事担当が上司にいることは多くないだろう。そういうときには、社外にそのような人を求めることも大切だ。ぜひ、自分にとっての「師匠」を見つけてほしい。

　最後になるが、人事以外の人から見れば、人事担当は「普通は知らないことを知っている」し、「個人情報をたくさん持っている」し、「ルールを守らせようとする」が、その割には「売り上げを上げない」「利益を上げない」「経費を使う」「業績には直接結びつかない」仕事をしている。あまり好ましい要素がないという点で、人事はあまり好かれる仕事ではないだろう。

　また、いま人事を担当している方の中でも、最初から「ぜひ人事担当になりたい」と思っていた人は、案外少ないのではないだろうか。基本的には好かれ

ない仕事。その前提をわきまえていることが大切である。

一方で、人事は「採用に携わった社員」「個別の相談に乗って解決策を一緒に考えた社員」との個人的関係を構築できる仕事である。そこにはある種の「熱」がある。

- 良いと思った人を入社させたいという熱
- その人の問題を解決したいという熱
- 職場の問題を解決したいという熱
- 公正な評価を実現したいという熱

そうした熱い思いがあれば、好かれなくても信頼される、あるいは親しみを感じてもらうことはできる。社員は、そこに担当者の「熱」があるかどうかを見ている。人としての温かみである。

「公正さ」という堅さと、「人間味」という熱さが兼ね備わったときに、「良い人事担当者」として認められることになる。その中に「もっと良くしていこうという情熱」を示していくことが大切である。

このように人事とは奥が深く、大変意義のある仕事なのだ。

西尾 太　にしお ふとし

フォー・ノーツ株式会社 代表取締役社長
人事の学校 主宰

早稲田大学政治経済学部卒。いすゞ自動車労務部門、リクルート人材総合サービス部門を経て、カルチュア・コンビニエンス・クラブ（CCC）にて人事部長、クリーク・アンド・リバー社にて人事・総務部長を歴任。これまで500社以上の人事制度設計・導入や1万人超の採用・昇格面接、管理職研修、階層別研修、人事担当者教育を行う。パーソナリティとキャリア形成を可視化する適性検査を開発し、統計学に基づいた科学的なフィードバック体制を確立する。中でも「年収の多寡は影響力に比例する」という持論は好評を博している。著書に『人事の超プロが明かす評価基準』（三笠書房）、『この1冊ですべてわかる 人事制度の基本』『人事で一番大切なこと』（日本実業出版社）などがある。

〈付録〉
人事部の仕事
課業別チェックシート

❶規程

❷労政

❸能力開発

❹安全衛生

❺福利厚生

❻労務

❼人事担当者育成

❽採用

❾人事評価および昇降格・任免

❿給与

⓫予算および業務計画

⓬要員管理、異動、退職

⓭人事制度の設計・改定

> 　上記13の課業を、[図表51　各等級のキーワード]
> に準じて、1. 育成、2. 自己完遂、3. 成果マネジメント
> （主任クラス）、4. チームマネジメント（課長クラス）、
> 5. 部門マネジメント（部長クラス）、6. 全社マネジメン
> ト（本部長クラス）の6段階の等級別に整理した。
> チェックシート方式になっているので、今の自分に何
> ができて、次にどんな仕事を身に付ければよいのかを
> 確認し、今後のステップアップにつなげてほしい。

219

❶規程

1.育成	□就業規則をはじめとする人事関連規程を理解する。規程類の「どこに何が書いてあるか」が分かる（中身をすべて覚える必要はない。インデックスが分かっていればよい）
2.自己 完遂	□就業規則をはじめとする人事関連規程を理解し、個別事案に対して、規程を参照し、対応判断を行い、上司に確認する
3.成果	□規定の不備に対して、人事関連規程の改定・策定を提案する
4.チーム	□人事関連規程の改定・策定を起案し、成立させる。または内規の整備を管理する
5.部門	□規程にない事項について判断する。規程類の全体像を把握し、不備を是正し、必要な規程を策定、成立させる

❷労政

1.育成	□労働組合・社員会等の指摘事項について調査する
	□労使協定の遵守状況を確認し、改善の必要がある場合について、上司の判断の下、関係部門に伝え、改善を働き掛ける
2.自己 完遂	□労使協議会の資料を作成する
	□団体交渉時の事務局を担当する（議事録作成を含む）
	□労使協議会の事務局を担当する
	□労働組合・社員会等との共催行事について、関係先（外部を含む）と折衝、調整を行う
3.成果	□ 36 協定などの労使協定内容を検証する
	□労働組合・社員会等との対応窓口となる
	□労働協約案を作成する
4.チーム	□労使交渉に関する諸対策および協議事項について検討・立案し、事前調整を行う
	□労使協議会を運営する
	□社員代表選出を適切に進行する
	□ 36 協定、裁量労働制などの労使協定を起案する
5.部門	□労使協議会を統括する
	□労使協定の締結を統括する
	□労使協定を労働基準監督署へ届け出る

❸能力開発

1.育成	□研修対象者への案内、研修施設の手配等、研修オペレーションを担当する
	□研修準備物をリストアップし、準備し、滞りなく研修を実施する
	□各種教育施策の運用オペレーションを担当する

2.自己 完遂	□研修資料・テキストを作成する
	□新入社員など若年層への研修のファシリテーター（進行役）、インストラクターを担当する
3.成果	□教育体系に基づき教育研修予算を策定し、承認を得て、管理する
	□教育研修の年間スケジュールを立案する
	□管理職研修・階層別研修・新入社員研修などの全社教育プログラム案を立案する
	□必要に応じ、社内教育、社外教育（外部教育機関）の手法を選定し、研修プログラム案を立案する
4.チーム	□中堅層への研修のファシリテーター、インストラクターを担当する
	□集合研修以外の教育施策（OJTの運用、外部公開講座、通信教育・eラーニング等）の企画と運用を行う
	□教育研修の実施結果と効果検証を行い、次年度教育計画に反映する
	□人事評価制度運用に関わる教育施策を立案し、制度運用を円滑に行うための支援をする
5.部門	□全社教育体系を策定し、経営の承認を得る
	□全社的教育、部門別教育の方針と計画を立案する
	□管理職層への研修のファシリテーター、インストラクターを担当する
6.全社	□人材育成方針を策定し、経営の承認を得る

❹安全衛生

1.育成	□私傷病診断書と定期健康診断結果を管理し、安全衛生に関する日常作業を確認する（健康保険組合への連絡を含む）
	□定期健康診断の計画・周知・案内・予約対応・実施時対応・未受診者管理を行う
2.自己 完遂	□産業医への社員の相談などを運営する
	□長時間労働者について、産業医の診断を促すなど安全配慮を行う
	□労働災害に関する手続きを行う
3.成果	□構内パトロールにより危険箇所の指導と5S（整理・整頓・清掃・清潔・しつけ）を指導する
	□安全研修の企画・立案・実施を行う
	□事故発生時に発生状況と被災状況を確認する
	□安全研修会の講師派遣を依頼し、実施する
	□関連会社に対する安全衛生の指導を行う
4.チーム	□年間安全衛生管理計画を立案する
	□監督諸官庁立ち入り検査時に立ち会いをする
	□安全（衛生）委員会を開催し、議事録などを残す
	□定期健康診断結果を検証し、必要な施策を提起する

4.チーム	☐労働災害について初動対応を行う
5.部門	☐災害発生時の応急措置の指示を行う
	☐産業医を選定する。または産業医に要望を伝え、要望どおりの活動を促す

❺福利厚生

1.育成	☐各種福利厚生施策、プログラムの受付・手配業務を行う
	☐社会保険、雇用保険の資格得喪手続きを行う
	☐慶弔事務手続き（電報、香典など）を行う
	☐慶弔見舞金の支給、慶弔休暇の届け出・管理を行う
	☐労働保険の年度更新事務を行う
	☐健康保険各種届出書を作成する
2.自己完遂	☐社会保険資格取得時の給与設定を行う
	☐健康保険資格取得手続きを行う（扶養認定手続きを含む）
	☐社会保険の月額変更・算定処理の統括として資料をチェックする
	☐厚生プログラムに対するクレーム処理対応を行う
3.成果	☐福利厚生施策に関する社員負担率などを見直す
	☐各種補助金（社内クラブ・サークル運営など）に関する申請受付と支給手続きを行う
	☐出産・育児休業および介護休業に伴う手続きを行う
	☐福利厚生イベント（社員旅行・運動会など）を企画し、運用する
	☐厚生プログラムに関する外部機関・管理人などを管理する
	☐福利厚生に関する各種規程を見直し、改定を起案する
4.チーム	☐福利厚生計画案を作成する
5.部門	☐慶弔事の統括運営を行う
	☐中長期的な福利厚生施策の企画・廃止案を策定し、経営の承認を得る
6.全社	☐福利厚生方針を策定する

❻労務

1.育成	☐社員の個別相談窓口となる
2.自己完遂	☐社員面談を行い、状況を確認し、本人の希望を理解する
	☐ハラスメント・うつ病などの労務案件に対して、事実関係を明確にするため調査する
	☐調査報告書をまとめる
3.成果	☐社員個別案件への対応策を起案し、上司の承認を得る
	☐労務案件、紛争への対応窓口となる
	☐労働基準監督署、公共職業安定所などの機関との窓口となる

4.チーム	□懲罰案件について、賞罰委員会を主催し、処分を確定させる
	□社員および家族などとの折衝の責任を取る
	□退職希望者を翻意させる
	□労務案件解決のための対応策を提起する（異動など）
	□弁護士、社会保険労務士を活用する
	□休職発令の判断、復職判定のための対応（産業医の診断など）を遂行する
5.部門	□社員個別案件への対応について決断し、責任を持つ
	□処分前の措置等について決定し、指示する
	□懲罰案件などについて本人に伝え、事態を沈静化させる
	□労務案件解決のための対応策を決定する
	□労務案件発生の原因を取り除くために管理職への指導などを行う
	□休職発令や復職の決定を行う

❼人事担当者育成

1.育成	□人事の基礎知識を学習する
2.自己 完遂	□人事関連勉強会を開催する
3.成果	□人事担当者の教育を担当する
4.チーム	□人事担当者の教育計画を立案する
	□人事担当者の能力開発のために職務や担当業務の変更を設定する
	□人事担当者ミーティングを主催し、情報共有、対応策検討、課題設定などを行う
5.部門	□人事部門を運営する
	□人事部門の方針を策定し、伝える
	□人事担当者の姿勢、あるべき姿を明示し、遵守させる
	□人事部門の中期計画を立て、経営の承認を得て、年度計画・目標設定を行う
	□経営理念浸透に必要な行動指針などの改定・周知を行う
	□人事的コンプライアンスに関する施策を立案し、実行する
	□人事部門における業務効率化を推進する
	□人事部門が提供する価値を高め、存在意義を強める
	□経営・管理職・一般社員から信頼を得られる各種施策を展開する
	□人事に関し、管理職に対して強い発言力を発揮する
6.全社	□人事ポリシーを決定する
	□人事的コンプライアンスに関する方針を示す
	□人事部門の目的を明示し、組織をつくる、変える。体制を整える
	□人事に関し、経営に対して強い発言力を発揮する

❽採用

1.育成	☐採用に関連する各種通知書・手続き書類を知り、適切に取り扱う
	☐応募受付を滞りなく行う
	☐会社説明に関する資料などを作成する
	☐書類選考を段取り、必要情報をそろえて、選考担当の判断を仰ぐ
	☐書類選考通過者への選考の案内、面接官・面接会議室の手配を滞りなく行う
	☐応募者からの選考に関する問い合わせに適切に対応する
	☐面接に訪れた応募者を適切に案内する。応募者に気持ちよく応対する。社内見学の案内を行う
	☐不採用者確定に伴い不採用通知の作成と送付、応募書類の返却などの対応を行う
	☐人材紹介会社、求人媒体会社など外部協力会社に関する情報を収集する
2.自己完遂	☐採用に関する各種通知書・手続き書類の改良を発案し、実行する
	☐会社説明会において、会社概要・募集要項などを明確に伝え、応募者を動機づけるプレゼンテーションを行う
	☐会社説明に関する資料などを企画する
	☐応募者からの募集要項や待遇、選考基準、仕事内容などの問い合わせに適切に対応する
	☐採用選考の進行を管理する。進行停滞を未然に防ぎ、面接官を促し、合格・不合格を確定していく
3.成果	☐選考担当者として応募者の書類選考を行い、合格・不合格を判断する
	☐面接官として、1次面接を行い、合格・不合格を判断する
	☐面接官として応募者を動機づける(ファンづくり)
	☐人材紹介会社、求人媒体会社など外部協力会社を選定する
	☐人材紹介会社、求人媒体会社に対して適切な情報提供と求人媒体の原稿作成を行う
	☐採用選考に関する各種通知書・手続き書類・面接シートのフォーマットの見直しを含めた進行を段取り、効率的に進める
	☐学校訪問を行い、求人について説明する
	☐大学就職部とのリレーションを構築する
	☐応募者の共感を得て、入社動機を形成する
4.チーム	☐面接官として2次面接を行い、合格・不合格を判断する
	☐応募者に内定を伝え、入社を決意させる。内定者の不安を取り除く
	☐採用計画・採用選考計画を立案する
	☐ライン面接・役員面接を段取り、面接官の判断を促しながら、採否決定に重要な役割を演じる

5.部門	□内定者の処遇を起案・決定する
	□求める人材像を明確化する。採用基準を作る
	□人材ニーズに対して、正社員・契約社員、パートタイマー・アルバイト、派遣社員または委任・委託など、人材確保における適切な形態を選定する
	□管理職層の中途採用における面接官として、適切に対応し、判定し、動機づけを行う
6.全社	□中長期計画に基づく採用戦略・代謝計画を立案する
	□トップマネジメント層の採用における面接官(役員・社長なども同席)として適切に対応し、判定し、動機づけを行う

❾人事評価および昇降格・任免

1.育成	□人事評価の集計表・調整用資料を作成する
	□昇格(降格)申請・専門職申請手続きについて社内に周知し、申請を取りまとめる
2.自己完遂	□人事評価スケジュールを策定し、社内に周知する
	□各部門より人事評価結果資料を提出させる
	□昇格(降格)申請・専門職申請を受けて、判定資料(過去評価履歴・申請書など)を作成する
3.成果	□各部門に評価結果・給与改定・賞与決定の通知を行い、フィードバックを司る
	□評価・給与・賞与に関するデータを給与担当に伝え、実支給などについて確認する
	□人事考課表を作成する
4.チーム	□評価調整会議を企画し、実施し、評価決定を進行する
	□昇格(降格)・専門職判定会議等を主催し、決定までの進行を行う
	□幹部社員評価調整案を策定し、評価委員会などを主催し、決定までの進行を行う
5.部門	□役員・各部門長と調整し、役職任免案を策定する
	□役職任免の決定を促す
	□給与改定原資・賞与原資を算定し、経営の承認を得る
	□評価に基づく給与改定案・賞与支給案を策定する
	□評価結果および給与改定・賞与決定の通知書類フォーマットを決定する
	□評価調整案を策定する
	□給与改定案・賞与支給案を経営・各部門と調整し、決定する
6.全社	□評価方針、昇降格方針、昇降給・賞与方針を経営とともに策定する

❿給与

1.育成	□外部機関からの定型的アンケートに対応する
	□勤怠データを確認し、確定する
	□給与計算を行う
	□退職金支給と支給に伴う事務処理を行う
2.自己 完遂	□給与変更の実務を行う
	□所得税、住民税を納付する
	□休暇の管理を行い、新年度有給休暇の付与を行う
	□給与計算上のイレギュラー対応を行う
	□人件費の割り当て実務を行う
	□源泉徴収票・支払調書を作成する
	□賞与・退職引当金資料を作成する
3.成果	□給与計算データをチェックする
	□税務申告書類のチェックと整備を行う
	□年末調整処理資料を統括、チェックする
	□月次給与処理資料を統括、チェックする
	□昇給・賞与時に原資計算と人件費のシミュレーションを行う
	□昇給・賞与の個人別計算基準を作成する
4.チーム	□昇給・賞与を計算し、支給までの業務を総括する
	□初任給、中途採用賃金案を作成する
	□成果評価のための部門別・会社別経営指標の収集と整理、分析を行う
	□給与制度の改定案を作成する（水準是正、諸手当改定）
	□昇給・賞与案を作成する
	□昇給・賞与について経営へ具申し、決定調整を行う
	□パートタイマーの賞与寸志、時給改定案を作成し、各事業所との調整 を行う
	□出向社員の統括管理を行う
5.部門	□報酬変更（役員、顧問など）に伴う支給手続きとチェックを行う
	□昇給・賞与案についてチェックとフォローを行う
	□昇給・賞与原資について総括し、経営の承認を得る

⓫予算および業務計画

1.育成	□経費伝票起票と予算管理簿への記帳を行う
2.自己 完遂	□経費・人件費の月次実績および予実差を集計、算出する
	□人件費予算を策定する
3.成果	□経費・人件費の月次集計をチェックする
	□人事部門経費予算案を作成する

人事部の仕事　課業別チェックシート

3.成果	□全社人件費の実績を確認し、予算案を精査する。その際、労働分配率などの指標を確認する
4.チーム	□全社的共通経費予算案を作成する
	□人件費の実績分析を行う
	□予算編成時の業務の分析を行う
	□短・中期業務計画を推進する
	□時間外手当の増減に着目し、予算オーバーの場合、部門に警告して是正を促す
5.部門	□全社人件費予算について経営に確認する
	□経営方針に基づき、人件費予算案を各部門と折衝し確定する
	□経営方針を踏まえて短・中期業務計画を策定する
6.全社	□人件費に関する全社方針を策定し、経営の承認を得る
	□人件費予算に対する実績を経営に報告し、対応策を提言する
	□経営の意思に基づき、各部門に予算管理を働き掛ける

⓬要員管理、異動、退職

1.育成	□転勤赴任時の交通費・経費の精算額を確認する
	□人事記録台帳を整備する
	□人事発令の稟議・伺い書を作成する
	□出向・転籍社員の取り扱い事務を行う
2.自己完遂	□人員動態表を作成する
	□有期雇用契約者の雇用管理を行い、契約更新、雇止めに関する手続きを行う
	□人事情報システムの運用管理を行う
	□内示資料・辞令・人事異動通達を作成する
3.成果	□転勤赴任に関するルールを策定し、社内に周知する
	□人事情報システムの要件定義を行う
	□出向・転籍社員への処遇・条件説明を行う
4.チーム	□要員計画を策定し、部門と折衝しながら確定する
	□人員計画を策定する
	□一般社員人事異動案を作成する
	□出向・転籍の条件調整を行う
	□退職希望者の面談・カウンセリングを行う
	□要員計画・人員計画を具体的に推進する
	□一般社員人事異動案に基づき、部門と調整を行う
	□要員計画に基づき、部門と調整を行う

227

4.チーム	□自己申告制度・社内公募制度・社内 FA 制度など異動に関する各種制度を企画・運用する
	□内示・発令・通達の段取りを行う
5.部門	□人事情報システムの導入や改良を企画する
	□定員計画を策定する
	□幹部社員人事異動案を作成し、部門と調整を行う
	□人事異動案の決定に関する会議等を主催し、決定を促す
6.全社	□人事異動方針、人材育成方針、定員計画・要員計画方針を策定し、経営の承認を得る

❸人事制度の設計・改定

1.育成	□制度移行に伴う各種通知書などを作成する
2.自己 完遂	□制度変更に関する社員からの問い合わせ、個別案件に関する対応を行う
3.成果	□人事制度の各要素（等級制度・評価制度・給与制度など）の設計案・改定案を策定する
	□社内調査・サーベイの設問・集計・分析方法を設計し、実施する
	□社内調査・サーベイについての経営への報告資料を作成し、人事制度設計・改定への意思決定を促す
	□他社人事制度・給与水準などの調査を行う
	□人事制度説明資料を作成する
	□人事制度周知に関する施策（管理職研修・評価者研修など）を企画・運用する
	□制度移行措置に関する企画を行う
	□制度移行措置の運用を間違いなく行う
4.チーム	□人事制度の基本骨格を設計する
	□人事制度の設計・改定に際し、各部門と折衝して意見の取りまとめを行う
	□人事制度設計・改定プロジェクトを主導する
	□基本方針・サーベイ・社外情報を踏まえた人事制度設計・改定の具体案を策定する
	□人事制度説明を経営・役員・各部門長に行う
	□社員向け人事制度説明会を主催し、周知する
5.部門	□人事制度設計・改定に関する労働組合または社員会等との折衝を行い、妥結する
	□制度運用全般を司り、滞りない進行を管理する
	□人事制度方針を策定し、経営の承認を得る
	□人事制度に関する社内調査・サーベイの要否を判断する
6.全社	□人事制度設計・改定案を経営・各部門長と折衝し、承認を得る

第 3 章

人事担当者に求められる
ビジネスマインドとスキル

舞田竜宣

HR ビジネスパートナー株式会社 代表取締役

グロービス経営大学院 教授

1 はじめに

　この本を読んでいるあなたは、まず確実に人事の担当者、あるいは人事に関心がある方だろう。それでは、あなたは人事として今、どのような仕事に取り組んでいる、あるいは関心を持っているだろうか。給与管理や福利厚生、または採用や育成だろうか。あるいは今はやりの HRBP（人事ビジネスパートナー）になりたいという方かもしれないし、将来的に CHRO（最高人事責任者）になることを期待されている方なのかもしれない。

　もし、あなたが給与管理や福利厚生の担当者であれば、何よりもまず真面目で粘り強い姿勢と、素早く正確に業務をこなす能力が求められるだろう。採用や育成の担当者であれば、何よりもコミュニケーションスキルが重要であるし、その根底には、人との関わりが好きであるという気持ちや姿勢が求められるだろう。

　また、HRBP になろうとするのであれば、あなたは人事のスキルだけ持っていても十分とはいえない。組織や業務に関する包括的な知識と、社内外にわたる広い視野が求められる。CHRO になると、細かな業務の知識や経験は、もはや優先順位としては低くなる。代わりに、人の集団である組織のこれからの在り方について、しっかりとしたビジョンを持つことが重要となる。

　このように、人事は幅広く、かつ奥の深い世界である。だから、それに携わるために求められるビジネスマインドやスキルは多岐にわたる。それらは一度にすべてを一朝一夕に身に付けられるものではないし、またその必要もない。

　それでは今、そしてこれからの、あなたが持つべきビジネスマインドとスキルは何か。それらを整理し、体系化して解説するのが、本章の目的である。

2 機能（ミッション）別のマインドとスキル

　人事担当者に求められるマインドとスキルは、まず会社や組織が人事に対して、どのような機能を期待するかによって決まる。しかし、組織が人事に求める機能は、時代によっても大きく変わる。

　そこで、まずは時代の流れの中で、人事に求められるものは何かという観点から、人事担当者に求められるマインドとスキルを考えてみよう。

❶ 人事機能の３段階

日本における人事管理の変遷は第１章で扱われているので、ここでは海外における人事の変遷から考えていこう。

例えば、英語で「人事」という仕事は、どのように表現されるかご存じだろうか。その答えは、この100年間ほどの間に変化し、大きく［図表１］の三つに集約される。

１ パーソネルマネジメント（Personnel Management、PM）

そもそも人事という仕事は、19世紀ごろまでは存在しなかった。産業の単位が家族だったからである。しかし、（第２次）産業革命の影響で工場ができ、そこに大勢の人間が集まって働くようになって、人事という仕事が生まれた。この段階における人事の主たるミッションは、大勢の工員をはじめとする社員の勤怠管理と給与管理だった。

つまり人事とは「人員管理」のことであり、これを英語では「パーソネル（Personnel）マネジメント」と呼ぶ。人事部は、パーソネル・デパートメント（department＝部）と呼ばれた。今日でも、総務人事部はパーソネル＆ジェネラルアフェアーズ（人事＆総務）と呼ばれることがよくあるが、そういう会社では、人事は主に勤怠管理と給与管理のためにあると考えられる。

２ ヒューマンリソース・マネジメント
　　（Human Resources Management、HRM）

20世紀を通じて、会社はどんどんと大きくなり、機能的にも複雑になっていった。工場で働く工員以外にもたくさんの営業担当者が必要となり、さらに新製品を開発するための開発担当者の必要数も増えた。また、製造工程が複雑になり高度化するにつれて、エンジニアも大量に求められるようになった。

20世紀後半になると、モノによる差別化が難しくなって、買い手に与える

図表１● 人事機能（ミッション）の３段階

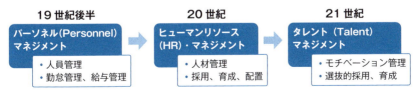

イメージ（ブランド）が企業の業績を左右するようになり、マーケティングという新たな花形集団が生まれた。そうなると人事は、もはや工場で働く工具の勤怠を管理し、給与を払っていればよいというだけのものではなくなった。

ヒトという存在は、モノに価値を与える重要な資源（リソース）として捉えられ、人事は、多種多様な人的資源を、必要な時に必要な数だけ確保することが重要なミッションとなった。ここで、人事部は「ヒューマンリソース（Human Resources）・デパートメント」と呼ばれるようになり、従来の勤怠や給与の管理に加え、資源確保としての採用および育成・配置（異動）に時間と手間をかけるようになった。

3 タレントマネジメント（Talent Management、TM）

今日でも、日本の「人事」は「HR」として認識されていることが多い。しかし海外では、さらにその先に進む動きが既にある。

20世紀における企業の勝敗は、いかに多人数を抱えているかによって決まることが多かった。いわゆる大企業優位の時代である。だが21世紀の今日では、人員数と企業競争力（または成長力）の間には、あまり相関性がなくなってきた。例えば、優れた技術者が大胆な発明をすれば、形勢は一気に逆転できる。SNSとEC（ネット販売）の時代では、優れたマーケターがいれば、他社の営業担当者が1000人いてもかなわない。

「ヒト」という資源は、20世紀では"数"の勝負であったが、21世紀では"質"の勝負へとパラダイムシフト（軸の転換）が起きた。つまり、「ヒト」は、物量的に扱われる「人員」でも「資源」でもなく、「タレント」であると認識される。ここに至って人材マネジメントは「タレント（Talent）マネジメント」と呼ばれるようになり、人事部も「タレント・デパートメント」と呼ばれることが増えている。

2 タレントマネジメントとしての人事

人事が、パーソネルマネジメント（以下、PM）、ヒューマンリソース・マネジメント（以下、HRM）を経てタレントマネジメント（以下、TM）の段階に至っても、勤怠管理や給与管理は必要であるし、採用・育成・配置が重要な業務であることは変わらない。TMは、それ以前の二つの人事に付加される機能である。

第3章　人事担当者に求められるビジネスマインドとスキル

"タレント"という言葉が示唆するように、ここでの人事は、芸能事務所のタレントのマネジメントに似ている。

■1 タレントの採用、育成、配置

例えば、採用については、HRMであれば数が重要なので、粒のそろった人材を多数雇おうとするが、TMではそれもする一方で、キラリと光る少数の人物を厳選して採用するというアプローチも行う。育成も、HRMであれば全員に等しく同じプログラムを受けさせるという「平等」なアプローチをするが、TMではそれもする一方で、ポテンシャルの高い人物だけを「選抜」し、見方によっては修羅場とも試練ともいえる高度な教育を受けさせる。

配置も、HRMとTMでは少し異なる。HRMでは、基本的に人間を取り換え可能な資源として見ているので、ローテーションのような、全員を等しく異動させるという人事を行う。一方、TMでは、社員はあくまでタレントであるので、輝ける場というものをいかに提供するかに腐心する。

■2 タレントを輝かせる人事

才能を持つ人間だけを採用し、厳しく育て、輝ける場を与える。これがTMだ。だが、タレントを輝かせるためには、これだけでは足りない。タレントが気持ちよく頑張ろうと思うためのモチベーション管理が必須となる。

PMの段階では、人は機械のように働くと考える。そこにモチベーションという概念は存在しない。「給料を払っているのだから文句を言うな」という世界である。また、HRMでも、ヒトはモノやカネと同列の資源であるので、気分や気持ちに配慮して扱いを考えるなどというのは軟弱である（甘い）と考えられるかもしれない。「辞令が出たら、文句を言わずにそこに行って一心不乱に働け」という世界である。

だが、TMでは、社員は気持ち次第でパフォーマンスが変わってしまうということを認識する必要がある。したがって、従来の価値観を持つ人にとっては、「ここまでするのか」と思われるような、特別な配慮が必要となる。

③ 各機能に求められるマインドとスキル

あなたの組織の「人事」は、PMなのか、HRMなのか、それともTMなのか。それによって、あなたに求められるマインドとスキルは異なる ［図表2］。

233

図表2 ● 各機能（ミッション）に求められるマインドとスキル

パーソネル マネジメント（PM）	・イメージとしては「職人気質」 ・真面目で堅実な姿勢、地道な反復業務への集中力の保持 ・専門スキルと、きめ細かい対応力
ヒューマンリソース・ マネジメント（HRM）	・極端にいえば「人たらし」 ・情報収集能力 ・人間関係構築力（傾聴力、説得力）
タレント マネジメント（TM）	・社員の成功を喜ぶ、奉仕と寛容の精神 ・個を大切にする姿勢 ・観察力、個別的な理解力、柔軟性、発想力

❶ PM のケース

まず、PM に求められるマインドは、真面目で堅実な姿勢である。また、地道な反復業務に飽きずに集中力を保ち続けることも重要だ。

スキル的には、比較的狭い範囲における専門スキルに加え、きめ細かい対応力も求められる。勤怠管理や給与管理は、基本的には同じことの繰り返しだが、時と場合によっては、さまざまな例外対応を迫られることもあるからだ。

全体的なイメージとしては、「職人気質」といってよいだろう。組織を支える「縁の下の力持ち」とも換言できる。人間の集団である組織が長期的に安定運用できるのは、こうした人材がいてくれるからである。

❷ HRM のケース

ヒトという資源の調達の役割を担う HRM を行う人には、第一に情報収集能力が求められる。「どこにどんな人物がいるのか」を常時把握するために、普段から広範なネットワークを形成しておかなければならない。本当に役に立つネットワークを形成するためには、一般公開された仕組みやシステムに頼るだけでは不十分で、時には泥くさい人間的なつながりも必要とする。したがって、HRM を行う人には、人間関係構築力も必要とされるだろう。

また、HRM では、採用でも配置でも相手の状況を理解する傾聴力、相手を納得させる説得力が必要である。極端に解釈するなら、「"人たらし"にならなければならない」ともいえる。

第3章　人事担当者に求められるビジネスマインドとスキル

　PMに求められるマインドとスキルは「狭く深く」というべきものだったが、HRMには、それとは逆の、いわば「浅くてもよいから広く」が求められる。

3 TMのケース

　TMについては、PM、HRMとの違いをより明確にするために、次の二つの観点から捉えていきたい。

①個の尊重と平等性、公平性

　PMやHRMと、TMとの決定的な違いの一つは、「社員を"集団"として見るか、"個"として見るか」という点である。

　PMやHRMでは、良くも悪くも全員を同じとみなし、全員を等しく同様に扱う。これが平等であり、公平と考えられていた。

　しかし、TMでは、「タレントというのは一人ひとりみんな違う」という視点、「集団は多様な個の集まりである」という視座が求められる。よって、多様な個の集まりに対する公平性というのは、全員に同一の施策を当てはめることではない。多様な個に同一の施策を適用することは平等かもしれないが、その施策に適合する人間が得をし、適合しない人間が損をすることになり、かえって不公平となる。

　多様性における平等というのは、個別的配慮を全員に対して行うことだといってもよい。特定の人物や集団に対して配慮するのは一見すると不平等（えこひいき）だが、1人残らず全員に対して個別の配慮をすれば、それはある意味で平等なのである。

② TMのマインドとスキル

　このようなTMを行うためには、まず何よりも個を大切にする姿勢が求められる。そしてスキルとしては、タレント一人ひとりに対する観察力や、個別の状況に対する理解力が求められる。また、人を杓子定規に扱わない柔軟性や、個別的解決策を考えるための発想力も必要となる。

　率直に言って、TMを行うためには、ある種の奉仕的精神も求められる。社員（タレント）が成功するために自分の力を尽くし、社員の成功を自分事として喜ぶことができるか。社員を管理の対象としてだけでなく、自分自身の思い入れを持って見ることができるか。また、時にわがままを言う社員を鷹揚に受け止める寛容の精神も重要である。

235

3 役割（ポジション）別のマインドとスキル

これまで述べてきたとおり、会社や組織が人事に対して何を期待しているかによって、担当者に求められるマインドやスキルは異なる。

しかし一方で、あなたが人事という組織において、どのような役割（ポジション）を担っているかによっても、求められるマインドやスキルは異なってくる。

1 これからの人事の組織とキャリア

近年、人事は単なる事務屋ではなく、戦略的人事になってほしいという話をよく聞く。それでは、戦略的人事とは何か。

それは、管理業務の範疇を超えて、会社のあるべき姿についてのビジョンを描き、それを実現するための変革を推進する、という人事である。このような戦略的人事には、組織的に三つの役割がある（なお、以降は「人事」を表す英語名称は、今日最も一般的な「HR」を使うこととする）[図表3]。

1 HRサービス提供者

人事には、必ずやらなければいけないことがある。採用、勤怠管理、給与管理、人事評価、安全衛生をはじめ、近時では福利厚生、健康管理、ハラスメント対応、コンプライアンスや働き方改革への対応なども求められるだろう。

図表3 ● これからの人事の役割（ポジション）

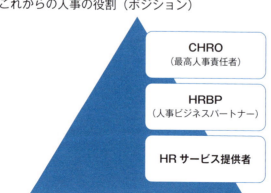

第3章　人事担当者に求められるビジネスマインドとスキル

これらのサービスを社内に提供するのが、HR サービス提供者である。具体的には、採用担当、給与担当などの役割だ。人事としてキャリアを積んでいくとき、最初に担当するのが、これらの役割であることが多い。

② HRBP（人事ビジネスパートナー）

HRBP は、たびたび「部門人事」や「事業所人事」と誤解されることがあるが、これらとは全くの別物である。部門人事や事業所人事は、事業部門や事業所（工場など）に配属されている HR サービス提供者のことを指す。

確かに HRBP は、本社の人事部にいるというよりも、より現場に近い存在といえる。だがそれは HRBP が、部門長や事業所長の相談相手や支援者であり、現場における変革を促すチェンジエージェントという役割を担うからだ。

HRBP は、日常的な人事業務に忙殺されているようでは、その役割を十分に果たすことができない。会社によっては、「名ばかり HRBP」になっていることもあるので注意が必要だ。

③ CHRO（最高人事責任者）

従来の人事は、経営層が描いたビジョンや計画を実現するための実行部隊であることが多かった。しかし、ヒトが希少資源となり、ヒトが生み出すイノベーションが競争優位性（生き残り）の鍵となる今日では、人事こそが経営層の一員としてビジョンを描き、経営計画の策定に携わる必要が出てきている。

組織の未来を展望し、ビジョンを描き、施策の方針を策定する。それが CHRO の役割である。CHRO は、従来型の人事部長とは役割が異なる（従来型の人事部長は、HR サービス提供者の統括責任者というべき役割）。HRBP も、CHRO が掲げるビジョンや戦略を受け、それを実現するために動く。

❷ HR サービス提供者に求められるマインドとスキル

組織が円滑に運営され、存続・成長するための人事業務サービスを提供するのが、HR サービス提供者の役割だ。人事担当者の多くは、この役割を担っているのではないかと思う。

そこで、この役割に求められるマインドとスキルを包括的に捉えるために、バランススコアカードの観点から見てみよう。バランススコアカードとは、役割責任や追求すべき目標を、次の四つの視点から考える方法である ［図表4］。

237

図表 4 ● HR サービス提供者に求められるマインドとスキル

財務の視点	顧客の視点
・労働生産性の向上 ・サービスコストの効率化	・社員に対する顧客意識 ・社員の満足度向上
業務プロセスの視点	学習と成長の視点
・DX（デジタル化、自動化、 　セルフサービス化）	・労働法、コンプライアンス ・学習能力、好奇心、挑戦心

1財務の視点　　　　**2**顧客の視点
3業務プロセスの視点　　**4**学習と成長の視点

1財務の視点から

　財務的視点に立ったとき、HR サービス提供者は二つのことを意識しなければならない。それは、「労働生産性の向上」と「サービスコストの効率化」である。

　「労働生産性」とは、産出付加価値を人件費で割ったものである。これを向上させるためには、二つの方法がある。一つは人件費を削減することだ。ただし、それによって産出付加価値が（大きく）減ってしまってはいけない。例えば、残業削減をうまく推進できれば生産性は上がる。

　もう一つは、産出付加価値を増やすことである。例えば、リスキリングを含む教育を充実させることは、生産性向上につながる。HR サービス提供者は最も現場に近いところで業務を行う。そのため、業務を行うこと自体が目的として意識されがちだが、意識しなければならない本来の目的は生産性の向上にあるのであって、近視眼的に手段と目的を取り違えてはいけない。

　「サービスコスト」は、採用、育成、人事管理などにかかる費用や時間（手間）のことである。例えば、ヒトは希少資源であると繰り返し述べているが、それは「人事に携わるヒト」についてもいえる。筆者が見聞する限り、多くの

第3章　人事担当者に求められるビジネスマインドとスキル

企業や組織において、今や人事は最も残業の多い部署の一つであるように見受けられるが、人事が根性論で仕事をしていては全社に示しがつかない。長期的な視点からHRサービスのトータルコストを減らす（＝効率化する）という意識を常に持っておきたい。

2 顧客の視点から

HRサービス提供者にとって大事なことは、"顧客"への意識、つまり顧客意識を持つことだ。

人事にとっての顧客は二つある。一つは当然、外部顧客（いわゆるお客さま）であるが、もう一つは内部顧客、すなわち社員である。

外部顧客に対して人事が直接できることは少ないかもしれないが、内部顧客に対する人事の影響は甚大である。したがって、内部顧客である社員の満足度をいかに上げるかということは、人事が常に意識すべきことである。

人事は社員を"サービスを提供するお客さま"として意識しているだろうか。単なる管理対象として見ていないだろうか。

日本人は、会社に対するロイヤリティ（忠誠心）が高いと長年いわれてきた。封建時代の家来と殿様のように、家来たる社員は、殿様たる会社に忠誠を尽くし、命令には何でも従い、自己犠牲もいとわないといわれてきた。

しかし、それはもう過去の話であることは周知の事実である。ロイヤリティが成立するには、前提として終身雇用が必須となる。何があっても会社が社員を一生守るという前提があってこそ、社員は会社に忠誠を尽くしたのである。終身雇用を約束できない組織は、社員にロイヤリティを求めることができない。

したがって、これからの会社組織は、ロイヤリティではなくエンゲージメント（愛着、信頼）に着目しなければならない。エンゲージメントとは、エンゲージメントリング（婚約指輪）という言葉に示唆されるとおり、会社と社員との婚約（または婚姻）関係を意味する。社員は、イコールパートナーである会社に惚れているからこそ一緒にいようと思い、会社のために尽くそうと思う。一方で、もし会社の魅力が大きく失われたり、関係が悪くなってしまったりすれば、婚約（婚姻）関係は破棄されて、社員は会社を去ってしまう。

だから、これからの会社は「選ばれる会社（Employer of choice）」にならなければならない。その鍵を握るのが人事なのである。

239

3 業務プロセスの視点から

　業務プロセスの観点から見た場合、これからの人事に求められるスキルは圧倒的にデジタルトランスフォーメーション（DX）であるといえよう。人事のシステム化や自動化は、人事サービスのコスト効率を高めるだけでなく、セルフサービスで 24 時間・365 日の対応が可能な体制が整うことになり、社員の満足度向上にも寄与する。

　ただし、出来の悪い DX は、かえって人事に手間を取らせたり、社員にストレスを与えたりすることがあるので注意が必要だ。システムさえ導入すればよいという安易な発想では駄目で、人事業務のどの部分をどのように DX 化するか、その構想やデザインの段階から DX 化に関与できるスキルを磨いておきたい。

4 学習と成長の視点から

　HR サービス提供者は、まず自分の提供するサービスについての業務スキルを持つことが必須であるが、より高度なサービスを提供できるようにするため、また自身のキャリア形成のために、労働法やコンプライアンスについての基礎知識や世間動向を押さえておきたい。パンデミック対応のためのリモートワークや働き方改革、個人情報の保護など、人事には、今後もさまざまな課題が課されるからである。さらに、それらの上にデジタルスキルが加わる。システムをただ使う人ではなく、創る人になっていきたい。

　その観点では、新しいことを身に付ける学習能力そのもの（ラーニングアジリティ）も、これからの人事が持つべき重要なスキルとなるだろう。これからの人事は、新しいことを積極的に取り入れ、意欲的に学び、成長していかなければならない。

　今後の DX のさらなる進展を想定すると、現在の業務だけを担う世界に安住することは、おそらくキャリアの行き詰まりにつながるだろう。したがって、現在の業務以外のさまざまな分野に対して興味・関心を持つ好奇心と、学ぶだけでなくやってみるという挑戦心が、HR サービス提供者に求められる大事なマインドの一つになるといえるだろう。

3 HRBPに求められるマインドとスキル

HRBPという役割は、まださほど多くの会社組織に置かれているわけではない。設置されている企業でも、まだ試行錯誤しながら運用しているということが多い。

そこで、HRBPの役割というものを［図表5］のように整理し、求められるマインドとスキルを考えることにしよう。

1 変革推進者

HRBPは第一に、各部署の長と一緒に組織を変革していく推進者である。よってHRBPに求められるスキルは、大きくいえば変革推進力ということになる。また、HRBPは会社と社員との橋渡し（調停役）にもなるし、さらには日々起こり得るさまざまなトラブルを解決するトラブルバスターであることも否めない。

これらを踏まえると、HRBPには基本的なスタンスとして、いわゆる「鳥の目」と「虫の目」が求められる。

「鳥の目」とは、高い視座から俯瞰する能力である。HRBPは、あくまで会社のビジョンと戦略を実現するために存在しているため、常にそれらを意識していなければならない。また、人事に関する幅広い知識を起点としながら、そのビジョンと戦略を社員や組織へと大局的に展開していくための具体的施策を考えなければならない。さらには、考えるだけでなく、それらを実現していくために他者を動かす巻き込み（影響）力や求心力も必要となる。

図表5 ● HRBPの役割と、求められるマインドとスキル

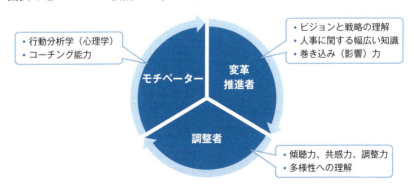

2 調整者

HRBP は、「鳥の目」を持って変革を推進するが、決して強引に物事を進めることはせず、あくまで社員の納得を得つつ、変革を推進する。それ以外にも、種々の問題に関して会社と社員との橋渡し（調停役）になったり、トラブル解決に当たったりもする。

そのために HRBP には「虫の目」が必要となる。「虫の目」とは、現場を理解し寄り添う能力である。虫の目を持つために、HRBP には優れた傾聴力が求められる。また、聞いた話を論理的に理解するだけでなく、心情的に理解することも必要だ。つまり、強い共感力の持ち主でなければならない。また、利害の異なる、時には対立する人たちをも相手にする調整力も必要となる。多様性への理解も重要だ。

3 モチベーター

HRBP は、社員の力で会社のビジョンや戦略を実現する。つまり、人のやる気を刺激する、優れたモチベーターとしての面も持たなければならない。

その点で、HRBP には、行動分析学などの心理学の知識を身に付けてほしい。今までの人事は、ヒトの問題をカネや仕組み（モノ）の側面からのみ捉えることが多かったのではなかろうか。だが、人材のポテンシャルを開放し、最高のパフォーマンスを発揮させるためには、何よりも心の側面を忘れてはならない。このような人事マネジメントを行うためには、心理学的なアプローチが必須となる。

そして HRBP は、現場において組織の長や社員を鼓舞しながら、新しい事業やプロジェクトに挑戦させなければならない。そのためのコーチング能力も必要だ。

4 スキルとキャリア

HRBP に求められるスキルセットは、HR サービス提供者のそれとはかなり異なる。つまり、HR サービスを長く経験したからといって、自然と HRBP になれるわけではない。この点が多くの会社組織において悩みとなっている。

HRBP に求められるスキルは、煎じ詰めれば「経営への理解と対人能力」だといってよい。そのため、時には営業出身のベテラン管理職などが HRBP として起用されることもある。この場合、人事関連の知識は部下にサポートしてもらい、HRBP としての役割を果たしながら学ぶといったところだろうか。決

して理想的とはいえないかもしれないが、現実にはそのような形が取られることもある。

4 CHROに求められるマインドとスキル

人事における最高責任者がCHROである。しかし、これは従来型の人事部長とはイメージが少し異なる。

CHROは、人事業務の統括責任者としての面に加え、経営陣の一員という面を持つ。人事部長であり、かつ役員もしくは取締役会メンバーであるのがCHROだ。このようなCHROには、高度なマインドとスキルが要求される。[図表6]にそれらを整理しよう。

1 経営意識

CHROは、従来の人事部長以上に経営意識を持たなければならない。

すなわち、ヒトの側面だけ見るのではなく、すべての経営資源（ヒト、モノ、カネ）について深く現状を把握し、課題を認識していなければならない。また、直近の人員確保や労使関係、人件費管理のみを担ってはいけない。長期的な視点に基づく経営戦略やビジョンの策定に参画し、常にそれらを意識する姿勢が重要だ。そして、それらに基づくヒトの戦略、すなわち人材戦略の立案がCHROには求められる。

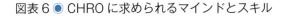

図表6 ● CHROに求められるマインドとスキル

2 戦略的人事

では、人材戦略とは何なのか。具体的には、「将来の人材ポートフォリオを構想すること」である。

人材ポートフォリオとは、どのようなスペックやプロファイルを持つ人材を、どこに何人くらい配置すべきかを分析し、可視化したものである。これを策定するためには、長期的な会社のビジョン（あるべき姿、将来像）と中期的な事業戦略への深い理解が必須となる。

これからの会社組織は、VUCA とも称される激しい社会変化の中で、より一層ダイナミックな構造変革が求められる可能性が高い。新規事業への着手、既存事業の整理、海外への事業展開、事業所の統廃合など、その内容は多岐にわたる。そうした経営上のさまざまな舵取りに対し、人事が下流に位置づけられ、常に経営層からの命令を受けて、それらを慌てて実行するだけの受け身的な"下請け"であっては、会社組織は時代の変化を後追いすることしかできない。

CHRO は、会社組織のビジョンや戦略の策定に主体的に関わることで、これらを自分事として深く理解し、このプロセスを進めながら、同時に頭の中で人材ポートフォリオの構想を練るのである。

3 戦略的構想力

このような人材戦略、すなわち人材ポートフォリオを策定するためには、高い視座と高度なスキルが要求される。

まず必要となるのが、やはり分析力だ。現在の自社の人材ポートフォリオを分析し、未来のビジョンや戦略が実現されたときの人材ポートフォリオを質的・量的に予想できなければならない。

次に求められるのは、論理的思考力である。これは構想力と言い換えてもよい。未来の人材ポートフォリオを描くことは、いわば理想論を描くことだ。しかし、それを実現するためには、さまざまな現実的制約が存在し得る。特に意識しなければいけないのは、人口減少である。現在、どの業種のどの会社組織の人事と話しても「人材が足りない」ことを課題に挙げる。しかし、人手不足は解消などしない。「向こう数十年間は、人手不足は悪化するばかりであろう」と冷徹に認識した上で、人材戦略や戦術施策を考えなければならない。

例えば、今までのように「ヒトはいくらでもいる」という状況では、仕事は

根性論で労働集約的に行わせ、払う賃金をいかに低く抑えるかということが人事のポリシーであり得た。しかし、これからはヒトという希少資源を、いったいどのような仕事に割り当てればよいかを考えなければならない。例えば、人工知能（AI）やロボットにできる仕事はそれらに任せ、ヒトにしかできないような仕事にヒトをアサインし、その分、賃金を高くする。このような考え方を持って実行しなければ、未来の会社組織はつくれないかもしれない。

4 世界を見据えて

CHRO にとっては、国際的な視野、あるいは国際性も重要なスキルである。

例えば、人手不足という深刻な問題に対し、「ならば外国人を雇えばいい」という考えに至るなら、あまりに今日の世界を知らないと言わざるを得ない。実は、人口減少はほとんどの先進国で発生しており、世界的な優秀人材の獲得競争は今後さらに激化するだろう。そうした中で、言語の問題やキャリアスピードの遅さに加え、円安の進行により日本が「働きに行く国」ではなく「遊びに行く国」となった時代に、日本企業が優秀な外国人を雇うのは至難の業になるはずだ。給与水準や人材登用などの人事関連課題は、日本国内、そして日本人だけを見て考えていたのでは、会社組織が縮小の運命をたどってしまう。これからは、世界を見据えながら、これら諸課題を考えなければならない。

4 おわりに

本章では、人事担当者に求められるビジネスマインドとスキルについて、機能別、役割別に解説してきた。

人事部門の役割が変遷する中で、給与管理や採用、育成といった以前からの業務に加え、戦略的な TM や変革推進のスキルがより一層求められるようになっている。HR サービス提供者は、労働生産性の向上とサービスの効率化に貢献しつつ、顧客である社員の満足度向上に努めなければならない。HRBP は変革推進者として、経営と現場の橋渡し役となり、組織全体のモチベーション向上を図らなければならない。そして、CHRO は戦略的な人材ポートフォリオを通じて企業の未来を牽引しなければならない。

これからの人事担当者は、自身のキャリアアップに伴い、人事業務のスキルだけでなく、デジタルスキルや心理学的知識、国際的視野が不可欠となるだろ

う。しかし、それだけではない。個々の人材の才能を見いだし、育て、輝かせるために、人事担当者自身が自己成長と創造へのマインドを持ってほしい。日々変化する環境に柔軟に対応し、企業の変革を牽引する先導者として、自己研鑽と挑戦を続けてほしい。

　あなたの努力と情熱が、組織の未来を創るのだから。

舞田竜宣　まいた たつのぶ

HR ビジネスパートナー株式会社 代表取締役

グロービス経営大学院 教授

東京大学経済学部卒。世界最大級の組織人事コンサルタント会社の日本代表を経て、2008 年に HR ビジネスパートナー株式会社を設立。主な著書に『行動分析学マネジメント』（共著、日本経済新聞出版社）、『社員が惚れる会社のつくり方』（日本実業出版社）、『10 年後の人事』（日本経団連出版）ほか多数、また、『労政時報』においても人事制度や人材マネジメントに関して、これまで 50 本以上を寄稿している。グロービス経営大学院で教授も務める。

第4章

人事データを活用した
現状分析の進め方

樫野正章
株式会社リクルートマネジメントソリューションズ
技術開発統括部 コンサルティング部 部長

① 人事データを活用した現状分析の目的と意義

　人事データを活用した現状分析は、「A. 定点観測によるモニタリングと問題把握」と「B. 人材マネジメントシステムや人事施策の改善・見直し」の二つの目的で行われることが多い。

　「A. 定点観測によるモニタリングと問題把握」は、自社の経営・人事戦略を踏まえ、人事がモニタリングすべき指標を決め、月次・四半期・半期・年間等のサイクルでモニタリングし、現状把握・問題発見につなげるために行うものである。

　月次・四半期の短いサイクルのモニタリングでは、従業員数、新規採用者数、退職者数、休職者数等を指標とし、全社・組織別等の単位でモニタリングを行うのが一般的である。一方で、半期・年間といった比較的長いサイクルの代表的な定点観測として「従業員意識調査」「自己申告」等が挙げられる。「組織」と「個人」の状態を定量的・定性的に可視化し、両者のコンディションや、各種人事施策の浸透状況を把握・問題発見する目的で活用されている。さらに近年は、テクノロジーの進化により、週次・日次等のより短いサイクルで「組織」や「個人」の状態を定量的・定性的に可視化し、新卒・中途入社者のオンボーディングなどに活用する企業も増えてきている。

　「B. 人材マネジメントシステムや人事施策の改善・見直し」は、何かしらの仮説を立て、データを集め、それらを分析することを通じて、人材マネジメントシステムの問題点とその要因を突き止め、打ち手を検討するために行われる。例えば、自社を取り巻く経営環境の変化や、それに伴う自社の戦略・方針の変化を踏まえ、中長期における「要員」や「人件費」に関する問題に対して仮説を設定し、各種人事データを分析することで「要員・人件費の構造」および「その配分状況」に問題がないかを検証し、打ち手を検討するために行われる。

　A・Bいずれにせよ、人事データを活用することで、問題とそれを引き起こしている要因の構造を明らかにし、経営層や各部門長などの関係者間で共通の認識を持ち、人材マネジメントシステムや各種人事施策の見直しの是非を判断するために活用されるものである。

　また、近年は「人的資本経営」が注目され、各種人事施策の効果の可視化が

求められるなど、人事担当者として人事データを活用するためのデータリテラシーを高めていくことは必須の課題となってきている。

以上を踏まえ、本章では、人事データを活用した現状分析の進め方の基本プロセスについて解説する。

2 人事データの類型

人事データには「定量データ」と「定性データ」の2種類がある。「定量データ」とは、賃金データなど人事管理の実態を数値で把握することが可能なものである。「定性データ」は、インタビューなどで収集した従業員の声や各種規程・マニュアル等の情報である。それぞれの主なデータを［図表1］に整理した。

現状分析には、「A．定量データから仮説を立て、定性データで検証（定量データ→定性データ）」と「B．定性データから仮説を立て、定量データで検証（定性データ→定量データ）」の2種類のアプローチがある。

Aのアプローチでは、「定量データ」から問題事象の要因の仮説を設定し、「定性データ」で仮説を検証した上で、要因を特定して打ち手を検討する。検証するために必要な「定性データ」がない場合は、必要な関係者にインタビュー等を行い、現場の生きた情報を取りに行くことも有用である。

Bのアプローチでは、「定性データ」を活用し、現状起きている問題事象や

図表1 ●「定量データ」と「定性データ」の主な具体例

定量データ	定性データ
・従業員属性データ（職種・等級） ・採用者数・退職者数 ・適性検査の得点データ ・月給・賞与 ・業績評価・多面評価の履歴 ・従業員意識調査の得点データ ・異動・等級変更の履歴 ・研修等の受講履歴　など	・経営方針 ・人事方針 ・各種規程・人事制度マニュアル ・エントリーシート ・退職理由 ・インタビューの記録内容 ・従業員意識調査の自由記述 ・自己申告の履歴　など

その要因の仮説を立て、「定量データ」を基に検証するアプローチとなる。従業員意識調査の得点や賃金等の「定量データ」を集計・分析し、「定性データ」から立てた仮説が正しいかどうかを検証していく。

いずれのアプローチにせよ、データから仮説を導き、検証し、現状起きている事象を構造的に把握していくことが、人事データを活用した現状分析におけるキーアクションとなる。

3　人事データを活用した現状分析方法

1　人事データを活用した現状分析の全体像

各種人事データを活用することで、さまざまな切り口から分析を行うことはできるが、効率的かつ効果的に行うには、事前に仮説を立て、検証ポイントを明らかにした上で分析を進める必要がある。つまり、何を明らかにしたいのかという目的を明確に定めた上で、アウトプットに必要なインプットデータを集め、集計・グラフ化することがファーストステップとなる。一方で、仮説以外にもデータから発見できる問題はあるため、この点についても見落とさないように注意が必要である。［図表2］のステップに沿って、人事データ分析の基本的な進め方を解説したい。

図表2 ● 現状分析の全体像

インプット	スループット	アウトプット
①分析の目的を定め、仮説を立て、検証ポイントを明らかにする	④データを読み取り、当初の仮説を検証する	⑦問題点を深掘り・分析し、定性・定量データを活用して、問題の要因を明らかにする
②アウトプットに必要なインプットデータを用意する	⑤仮説にとらわれず、あるべき姿に照らし、フラットにデータを見て、問題点を整理する	
③データを集計、グラフなどを活用して視覚的に捉える	⑥優先順位の高い問題点を特定する	⑧問題点を解消するための打ち手を検討する

250

1 インプット

　分析の目的を定め、仮説検証のポイントを明らかにした後に、アウトプットに必要なインプットデータを整理していく。人材マネジメントに関する情報は、マニュアルやデータが一元化されておらず、人事の各機能に点在していることが多い。全体を把握するための資料やデータが一つにまとまっていないことも多く、全員が同じ認識を持つのが非常に難しい。そのため、まずは現状分析に必要な人事データ・資料を一元化して整理することが必要となる。[図表3]のように、社内規程、ガイドブック・内規、人事データ、ヒアリング・アンケート結果などの定性・定量データから明らかにしたいポイントの事実情報と運用実態を一元的に整理することで、関係者間の認識をそろえやすくなる。

　また、膨大なデータの羅列だけを眺めていても、問題事象を発見することはできない。データがそろった次のステップは、[図表4]のようにアウトプットしたい内容に沿った切り口でデータを集計し、問題事象を発見しやすいようにグラフ化して視覚的に捉えることである。

図表3 ● 人事データ・資料の整理イメージ

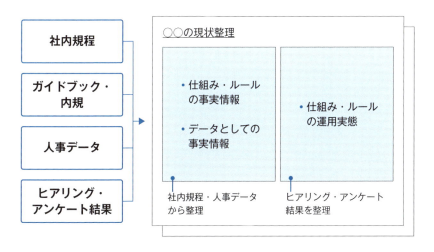

図表4 ● 定量データのグラフ化のイメージ

①データの羅列

年齢	人数	年代
23	12	20〜24
24	8	20〜24
25	8	25〜29
26	5	25〜29
27	6	25〜29
28	6	25〜29
29	5	25〜29
30	6	30〜34
31	3	30〜34
32	9	30〜34
33	5	30〜34
49	3	45〜49
50	4	50〜54
51	8	50〜54
52	3	50〜54
53	4	50〜54
54	16	50〜54
55	7	55〜59
56	8	55〜59
57	9	55〜59
58	8	55〜59
59	8	55〜59

②データの集計

年代	人数
20〜24	20
25〜29	30
30〜34	25
35〜39	18
40〜44	15
45〜49	15
50〜54	35
55〜59	40

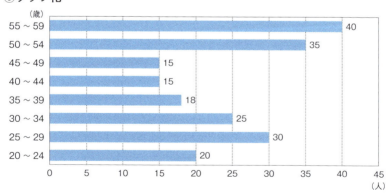

③グラフ化

①データの羅列だけを眺めていても、関係者間で共通の認識を持つことは難しい
②年代等の切り口でデータを集計すると、現状を捉えやすくなる
③さらに、グラフ化すると、50代が多く、40代が少ない等の現状について関係者間で視覚的に捉えやすくなる

第4章　人事データを活用した現状分析の進め方

2 スループット

　人事データから事実を整理したら、その事実を良い点と問題点に区分する。定性・定量データの整理は、事実としての現状を捉えているだけである。例えば、人事データから「従業員1人当たりの人件費」や「賃金の分布状況」を示しても、「人件費水準が高い・低い」「賃金システムが適切に運用されている・されていない」といった判断はそこに含まれない。その先は現状分析が必要となる。

　現状分析とは、企業や組織が進むべきベクトルに照らし、改善すべきことは何か、ボトルネックになっているのはどこかを明らかにすることである。つまり、現状（事実情報）とあるべき姿を比較した場合にギャップが生じている部分・生じていない部分がどこかを整理し、問題点を明らかにしていくプロセスということだ。したがって「問題点が特定され、取り組むべき課題を検討できる状態になっている」ことが現状分析におけるゴールといえる［図表5］。

3 アウトプット

　分析の結果として見えてくるさまざまな問題事象には、表面的な問題もあれば、本質に直結する問題もある。すべての問題事象を深掘りしてその要因を特定していく必要はないが、表面的な問題にとどまってしまうと本質的で重要な問題を見失ったり、的外れな打ち手を検討したりすることになるため注意が必要である。［図表6］のように、「なぜ」を繰り返して要因を深掘りし、問題点を突き止めた上で、打ち手を検討していくことが求められる。

図表5 ● 事実情報と問題点との違い

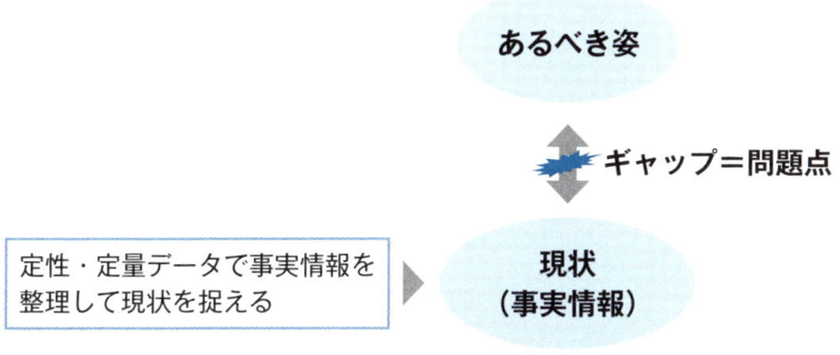

あるべき姿

ギャップ＝問題点

定性・定量データで事実情報を
整理して現状を捉える
▶
**現状
（事実情報）**

253

図表6 ● 問題点の深掘り分析のイメージ

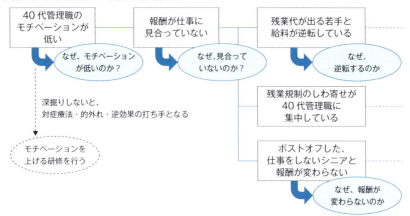

2 データ分析の基礎知識

1 データを整える

データ分析を始める前に、データに不備がないかを確認することは重要である。例えば、満足度等を5段階で問うアンケートで、無回答者の値を「9」と入れているデータをそのまま使い、平均値を算出してしまうことはありがちなミスである。この場合、本来の平均の最大値は「5」となるため、「5.4」などの平均値が出てくれば異常値であることに気づくことができるだろうが、たまたま「5」以下の平均値しか出てこなかった場合は、間違ったデータで分析を進めることになってしまう。データ分析を進める前に、度数分布表を活用してデータに不備がないかを確認し、不必要なデータを取り除くなど、データを整えることから始める必要がある［図表7］。

2 データの集計

個々のデータだけを眺めていても、全体の特徴を捉えることはできないため、1の手順で整えたデータを基に、マイクロソフト社のExcel等を活用してデータ集計を行う。集計を通じて、データ全体が持つ情報を一つの数値（指標）にまとめることで、データの特徴が把握しやすくなる。主な指標を［図表8］にまとめたが、専門的に深く学びたい方は、統計に関する基礎的な書籍を手に取ってほしい。

図表7 ● 度数分布表によるデータ不備の確認

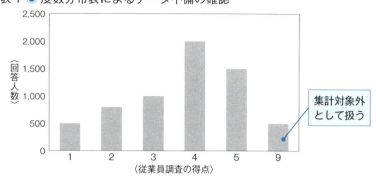

図表8 ● 主な指標

主な指標	意　　味
平均値	データのすべての値を足して、データの個数で割った値
中央値	データを大きさの順に並べ替えたときに、ちょうど真ん中に位置する値
最頻値	最も度数（個数）の多い値
度数分布	属性ごとのデータの度数（個数）

3 データのグラフ化

　先述のとおり、データの羅列だけを見ていても、問題点を見つけて関係者間で共有することは難しいため、集計した指標のグラフ化は有用な手段である。ただし、グラフの種類は目的に合わせて選択する必要がある。主なグラフの種類とその目的を［図表9］に整理した。後掲❹人事データを活用した現状分析のケースで棒グラフ・円グラフ・散布図は取り扱うので、詳しくはそちらを参照してほしい。

4 データの分析

　集計した指標やグラフを見て、現状を捉え、あるべき姿とのギャップから問題点を明らかにしていくことが現状分析の基礎となる。後掲❹にて、具体的なケースを基にデータ分析のポイントを詳しく解説するが、分析の観点を［図表10］にまとめたので確認してほしい。

図表 9 ● 目的に合わせたグラフの種類

目的	グラフの種類
分布を確認したい	散布図、ヒストグラム、箱ひげ図
相関状況を示したい	散布図
比較したい	棒グラフ、レーダーチャート
推移を示したい	折れ線グラフ
内訳を示したい	円グラフ、帯グラフ

図表 10 ● 分析の観点

目的	分析の観点
現状を捉える	絶対的な数値から現状を捉え言語化し、背景を考察する
現状の問題点を捉える	目標値やあるべき姿とのギャップを言語化し、背景を考察する
時系列上の変化を捉える	経年データから変化を捉え、その背景を考察する
属性別の傾向を捉える	全体との比較で、属性ごとの指標の特徴を把握する
世間平均との差異を捉える	世間平均のデータと比較し、自社の状況を把握する
事象間の関係性を捉える	散布図等を活用し、複数のデータの関係性から示唆を得る

4　人事データを活用した現状分析のケース

　ここでは、人事担当者が知っておきたい「人事データを活用した現状分析」のケースを取り上げる。「要員と人件費の現状分析」「賃金分析」「従業員意識調査の分析」の三つのケースを扱い、それぞれの目的と分析のポイントについて簡単に触れる。あくまで基礎的な内容にとどめているため、深く学びたい方は、必要に応じて専門書等で学ぶことをお勧めしたい。

第4章　人事データを活用した現状分析の進め方

1 ケース1：要員と人件費の現状分析

　要員と人件費は「従業員のモチベーション」と「コスト」の二つの視点を併せ持ちながら管理する必要がある。人件費というとコスト管理にばかり目が行きがちだが、従業員のモチベーション向上、組織活性化、業績向上を通じて自社の付加価値を増大させ、結果として総額人件費の絶対額を増大させていくという好循環をいかに生み出すかという視点も持っておきたい。

　日本の大企業は、「新卒一括採用」「年功序列」「終身雇用」といった雇用慣行を長らく続けてきたため、年次というくくりで要員を管理する傾向が強く、同様の視点で人件費の管理も行ってきた。そのため不況時でも、多少の希望退職を募集することはあっても整理解雇に踏み切る企業は少なく、入り口の採用人数を絞りながら人件費の総額を管理してきた企業も多い。その結果、人員構成が歪（いびつ）になり、「管理職の候補不足」「シニア層の余剰」等の副作用に悩まされるケースも発生している。

　また、近年ではAIなどのデジタル技術の発展が目覚ましく、デジタル技術を軸に据えて事業そのものの構造改革を急速に進めている大企業が増えている。そのほか、構造改革を加速させるための人材ポートフォリオの見直しや既存事業から新規事業への大胆な人材のリソースシフト・リスキルを課題としている企業も増加している。経営・事業の要請に応じて、人事部は新たな業務で活躍できる可能性の高い人材を見極め、異動・配置・リスキルを適宜行うことを通じ、経営・事業の推進に寄与することがこれまで以上に求められる。このような背景から、総数としての要員・人件費だけではなく、自社の人員状況を可視化し、あるべき姿とのギャップから問題点を捉え、タイムリーに打ち手を講じていくことも求められるようになってきている。

　以上のように、人事部に求められる要員・人件費管理のスキルがアップデートされつつあることは言うまでもないが、本ケースでは、人事担当者が知っておきたい基礎スキルとして「要員分析の基本」「人件費分析の基本」に絞って解説したい。

■ 要員分析の基本

　自社の要員の問題点を発見するには、属性で人員を分解し、可視化して捉えることがポイントになる。属性とは、「年代」「性別」「等級」「職種」「所属組織」「採用区分」「雇用形態」といった人員の切り口を指す。例えば、全社の人

257

員数が増加・減少している、全社の平均年齢が年々高くなっているなどの事象だけを見ても問題は発見できない。そこで、属性という切り口で人員数を集計し、グラフ等で視覚的に捉えることで、どこに問題があるのかが発見しやすくなる。データさえそろっていれば、Excel のピボットテーブルの機能を活用することで簡単に集計できるし、最近ではタレントマネジメントシステムの機能を活用することで簡単に可視化することも可能である。要員を可視化する流れを［図表11］にまとめたので、参考にしてほしい。

2 人件費分析の基本

人件費総額を眺めているだけでは、自社の人件費の問題点を発見することはできない。経年での変化や同業界の水準と比較できるように、自社の人事データから「従業員1人当たりの人件費」「労働分配率※」「人件費率」等の指標を算出して分析することがポイントになる。ただし、外注比率の高低等、企業によってビジネスや収益の構造が異なるため、他社と比べて一概に「労働分配率」「人件費率」が高い・低いという分析をしてもあまり意味はない。他社と比較して「なぜ」自社の人員や人件費の構造が現状のようになっているのかを考察し、経営層に対して人事の視点から問題点を提示することが求められる［図表12］。

※労働分配率とは、生産活動によって得られた付加価値のうち、労働者がそれをどれだけ受け取ったのかを示す指標である。一般に、労働分配率は、好況時に低下し、不況時に上昇する傾向がある。したがって、短期的な動きだけを見ていると、全体の基調判断を見誤ることがあるので留意が必要である。

2 ケース2：賃金分析

賃金分析の目的は、自社の人事ポリシーに従い、「社内において公平に人件費が分配されているか」「労働市場において競争力のある賃金水準であるか」を検証することである。

従業員の生活水準の維持という観点から、物価上昇に合わせて自社の賃金水準を見直すことも大事な要素だが、昨今は市場競争力の観点から自社の賃金水準の妥当性を検証するほうが実務上重要な観点となっているため、ここでは主に「社内公平性の観点」と「市場競争力の観点」での賃金分析の進め方について解説したい。

第4章　人事データを活用した現状分析の進め方

1 社内公平性の観点

　従業員の賃金に対する不満の多くは、「身近な人（≒社内の人）」との相対比較で自身の働きぶりが十分に認められていないと感じる点にある。同業他社との賃金水準の比較が大事であることは言うまでもないが、一方で社内における公平性が担保された賃金の仕組み・運用となっているかも定期的に検証する必要がある。

　各種人事マニュアルや規程等から、自社の賃金の仕組みが各従業員の「担う役割」や「働きぶり」に応じて支払われるようになっているかを確認し、実在する従業員の賃金分布がどのような状況であるかをデータから視覚的に捉えることが有効である［図表13］。

2 市場競争力の観点

　近年、「ジョブ型雇用」に注目が集まっている。その背景としては、事業構造変革に伴い高度な専門性を持った人材を獲得し、自社で活躍・定着させることが喫緊の課題となっていることが挙げられる。ビジネスの変革をリードする高度な専門性を持った人材は労働市場において希少性が高く、そのような人材の保有スキル・経験には市場価格が存在する。自社の賃金水準では採用できないため、別建ての雇用制度・人事制度を導入する企業も出てきている。

　転職が当たり前になりつつある世の中において、高度な専門性を持った人材だけではなく、優秀人材を労働市場から惹きつけ、つなぎ留めるには、市場価格をこれまで以上に意識した賃金管理が求められる。

　厚生労働省「賃金構造基本統計調査」や人事院「職種別民間給与実態調査」などの統計データを活用し、人材募集を依頼している人材紹介会社などに問い合わせ、自社の賃金水準の妥当性を定期的に検証していくことも必要であろう。

　また、「標準的に昇格したモデル」「最速で昇格したモデル」などの「モデル賃金」を作成し、これらのデータと実在者の賃金散布図とを比較したり、上記の統計データを組み込んだりすることで、自社の賃金の水準、仕組み、運用の問題点を考察することも有効である［図表13］。

259

図表 11 ● 要員の可視化の流れ

①従業員データ

各種システムから従業員データを抽出し、下記のようにデータとして整える

氏名	年齢	性別	等級	職種	所属組織	採用区分
A	31	男性	3 等級	営業	A 事業部	新卒
B	28	女性	2 等級	営業	B 事業部	新卒
C	54	男性	6 等級	事務	C 事業部	新卒
D	56	男性	6 等級	事務	B 事業部	中途
E	55	男性	7 等級	企画	A 事業部	新卒
F	23	男性	1 等級	企画	B 事業部	新卒
G	51	男性	6 等級	営業	A 事業部	新卒
H	27	女性	2 等級	営業	B 事業部	中途
I	50	男性	7 等級	営業	D 事業部	中途
J	53	男性	8 等級	営業	B 事業部	新卒
K	38	女性	5 等級	営業	A 事業部	新卒
L	25	女性	1 等級	営業	C 事業部	中途

②従業員データから属性ごとの度数（人数）と比率を集計する

①のデータを属性ごとに人数集計する。人数だけを見ていても示唆は得られないため、合計に対しての比率を算出する

年代	人数	比率
20 代	83	30%
30 代	78	28%
40 代	42	15%
50 代	72	26%
合計	275	100%

性別	人数	比率
男性	180	65%
女性	95	35%
合計	275	100%

等級	人数	比率
1 等級	20	7%
2 等級	30	11%
3 等級	40	15%
4 等級	55	20%
5 等級	60	22%
6 等級	40	15%
7 等級	20	7%
8 等級	10	4%
合計	275	100%

※小数第 1 位を四捨五入して表示しているため、合計が 100%
　にならないことがある（以下、③④も同じ）

③集計結果をグラフ化し、視覚的に捉える

関係者に問題状況を共有する場合、②のような集計結果をそのまま示すのではなく、グラフ化し視覚的に捉えられるように資料をまとめたほうが議論しやすい。その際は、メッセージとして伝えたい内容に対応した、適切なデザインのグラフを選択することがポイントとなる。例えば、「40 代が少なく、次期経営人材候補のプールが十分でない」と経営層に訴えたいのであれば、「円グラフ」よりも「棒グラフ」のほうが分かりやすくメッセージを伝えられる

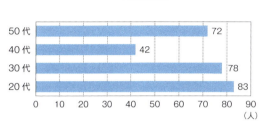

④データをクロス集計する

②で気になった点をさらに深掘りして分析するために、クロス集計（属性を掛け合わせて集計）する。例えば、女性の管理職を増やしたいが、属性別集計結果やそのグラフを見て「そもそも女性の割合が35％と少ないので管理職候補が少ないのも仕方ない」と結論づけるのは早計である。下記のように「年代×性別」でクロス集計することで、「20・30代の男女の人数はほぼ変わらない」ということが分かる。そのため、「候補者を増やすためには、女性社員を育成・定着させる環境を整えるべき」というメッセージのほうが適切であろう

属性別集計

性別	人数	比率
男性	180	65%
女性	95	35%
合計	275	100%

年代×性別のクロス集計

年代	男性 人数	男性 比率	女性 人数	女性 比率
20代	42	15%	41	15%
30代	43	16%	35	13%
40代	30	11%	12	4%
50代	65	24%	7	3%
合計	180	65%	95	35%

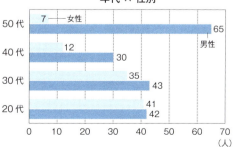

図表12 ● 労働分配率の比較

- 労働分配率（％）の計算式は「人件費÷付加価値×100」
- 自社と同業界の労働分配率を比較し、自社の労働分配率がどの程度の水準なら適正かを検討
  ※代表的な統計として経済産業省の「企業活動基本調査」と財務省の「法人企業統計調査」がある
- 何と比較するにせよ、人件費・付加価値に含める項目は可能な限り同じものにして比較する

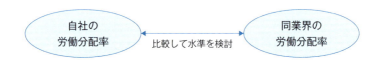

	経済産業省「企業活動基本調査」	財務省「法人企業統計調査」
人件費	給与総額	役員給与 役員賞与 従業員給与 従業員賞与 福利厚生費
付加価値	営業利益 給与総額 福利厚生費 租税公課 減価償却費 動産・不動産賃借料	営業純益（営業利益−支払い利息等） 人件費 租税公課 動産・不動産賃借料 支払い利息等

第4章　人事データを活用した現状分析の進め方

図表13 ● モデル賃金の作り方・賃金散布図

①昇格モデルを設定

内規等で定められている昇格のモデル年数を活用するか、直近の実在者の実績値を参考にし、最速・標準・最遅の年数のモデルを設定する

等級	最速	標準	最遅
7等級～	42歳	50歳	－
6等級	38歳	45歳	－
5等級	30歳	38歳	－
4等級	28歳	33歳	45歳
3等級	26歳	28歳	35歳
2等級	24歳	25歳	28歳
1等級	22歳	22歳	22歳

②モデルごとの賃金を設定

モデルごとに昇格・昇給していった場合の月給・年収水準の一覧を作成する

最速モデル　　　　　　　（円）

年齢	等級	月給	年収
22	1等級	220,000	3,740,000
23	1等級	228,000	3,876,000
24	2等級	250,000	4,250,000
25	2等級	258,000	4,386,000
26	3等級	280,000	4,760,000
27	3等級	290,000	4,930,000
28	4等級	330,000	5,610,000
29	4等級	340,000	5,780,000
30	5等級	350,000	5,950,000
52	8等級	748,000	12,716,000
53	8等級	760,000	12,920,000
54	8等級	772,000	13,124,000
55	8等級	784,000	13,328,000
56	8等級	796,000	13,532,000
57	8等級	808,000	13,736,000
58	8等級	820,000	13,940,000
59	8等級	832,000	14,144,000
60	8等級	844,000	14,348,000

標準モデル　　　　　　　（円）

年齢	等級	月給	年収
22	1等級	220,000	3,630,000
23	1等級	225,000	3,712,500
24	1等級	230,000	3,795,000
25	2等級	250,000	4,125,000
26	2等級	255,000	4,207,500
27	2等級	260,000	4,290,000
28	3等級	280,000	4,620,000
29	3等級	285,000	4,702,500
30	3等級	290,000	4,785,000
52	7等級	618,000	10,197,000
53	7等級	627,000	10,345,500
54	7等級	636,000	10,494,000
55	7等級	645,000	10,642,500
56	7等級	654,000	10,791,000
57	7等級	663,000	10,939,500
58	7等級	672,000	11,088,000
59	7等級	681,000	11,236,500
60	7等級	690,000	11,385,000

最遅モデル　　　　　　　（円）

年齢	等級	月給	年収
22	1等級	220,000	3,630,000
23	1等級	223,000	3,679,500
24	1等級	226,000	3,729,000
25	1等級	229,000	3,778,500
26	1等級	232,000	3,828,000
27	1等級	235,000	3,877,500
28	2等級	250,000	4,125,000
29	2等級	253,000	4,174,500
30	2等級	256,000	4,224,000
52	4等級	351,000	5,791,500
53	4等級	354,000	5,841,000
54	4等級	357,000	5,890,500
55	4等級	360,000	5,940,000
56	4等級	363,000	5,989,500
57	4等級	366,000	6,039,000
58	4等級	369,000	6,088,500
59	4等級	372,000	6,138,000
60	4等級	375,000	6,187,500

③モデル賃金・世間水準・実在者の散布図

「年齢×所定内賃金」「等級×所定内賃金」などの散布図を作成することで、自社の実在者の賃金の実態が視覚的に捉えられるようになる。また、「所定内賃金＋時間外手当」「年収」等のデータでも散布図を作成することで、自社の賃金制度の問題点をより具体的に把握できるようになる（本書では割愛）

年齢ごとの分布

「自社のモデル賃金」と労務行政研究所をはじめとした「外部機関が調査しているモデル賃金」を重ね合わせ、自社の賃金制度の現状と問題点を考察する

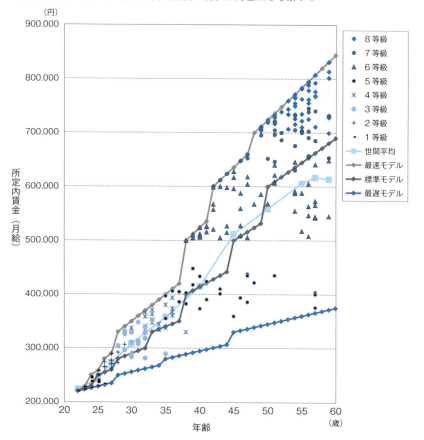

第4章 人事データを活用した現状分析の進め方

|等級ごとの分布|

主に等級間の重複度合いを確認し、各等級の「担う役割」「働きぶり」に対して適正な人件費の配分がなされているかを確認する

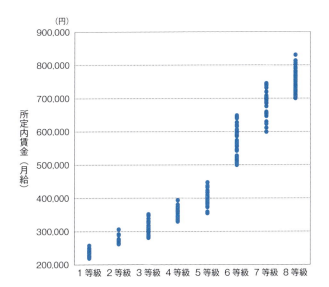

考察のポイント

Step1　事実を言葉にし、解釈を加える
- 同一年齢で見たとき、昇格で差がつく年齢は？
- モデル賃金と比較して想定の範囲内といえるか？
- 世間水準と比較して妥当な水準といえるか？
- 等級間の格差の状況は妥当といえるか？

Step2　なぜそうなっているかを考える
- 仕組み上の問題点、運用上の問題点は何か？

3 ケース3：従業員意識調査の分析
1 調査設計から打ち手の検討までの全体像

従業員意識調査には、「現状把握型」と「仮説検証型」の2種類がある。

「現状把握型」では、調査会社等のベンダーが提供している網羅的な調査フレーム・項目で調査を実施し、その結果を踏まえて自社の現状の問題点や課題を整理して、定点観測的に状況を把握するために実施される。

一方、「仮説検証型」は、調査前に組織の状況や問題に関する仮説を設定し、それに基づいた調査を実施して、その結果を基に検証を行うものである［図表14］。「あるべき姿」と「あるべき姿に対する現状の仮説」を言語化した上で、現状の仮説を検証するための調査項目を設計する。仮説を構築するには、経営層や従業員へのインタビューなどを通じた情報収集も有効となる。

2 調査データの読み取り方

調査データの読み取りは、得点の「絶対値」に基準を置くパターンと、「他データとの比較」に基準を置くパターンがある。「他データとの比較」では、主に「一般水準との比較」「他属性との比較」「他項目との相対比較」「経年比較」の4種類の基準がある。基準の置き方およびその読み取り方の例について［図表15］に整理した。

「定量的なデータ」を読み取る際には、得点に基準を設けることが重要となる。「絶対値」の基準を優先しつつ、他の基準と掛け合わせることで、得点の高低の意味を読み取ることが基本である。

3 調査結果の背景を読み解く

全社・組織別のコンディションの全体を捉えるには、「経年比較」や「他属

図表14 ● 仮説検証型の従業員意識調査の全体像

第4章　人事データを活用した現状分析の進め方

図表 15 ● 基準を置いた調査データの読み取り方

基準の置き方		概要	読み取り方の例 ⇒ 5 段階で全体平均が 3.54 の項目
得点の絶対値		得点の高低そのものを基準とした読み取り	3.50 以上なので高い
他データとの比較	一般水準との比較	一般水準との比較による読み取り	同項目の他社平均値である 3.64 と比べると低い
	他属性との比較	全体・属性間の比較による読み取り	A 事業部の同項目は 3.44 となっており、全体平均と比べると低い
	他項目との相対比較	他項目の得点水準との比較による読み取り	他の項目はすべて 3.70 を超えている中で、3.54 は相対的に低い
	経年比較	同じ属性・項目における前回データとの比較による読み取り	前回の同項目は 3.44 だったため、前回から得点が上昇している

性との比較」で得点の「高い」「低い」を押さえる必要があるが、それに加えて、そのような得点になっている背景は何か、つまり「結果を引き起こしている要因」について思考を巡らせることも同時に重要である。

　「結果」と「要因」が分かれているような構造的な従業員意識調査であれば、「結果」と「要因」の項目を行き来しながら起きている事象を言語化し、データから言えることを資料としてまとめていく。一方で、データから言えることだけをまとめたのでは、人事担当者の仮説にすぎず、課題設定や打ち手も独りよがりの偏ったものになりがちである。課題設定・打ち手の確実性を高めるには、まとめた資料をベースに関係者間で対話し、多角的な視点で起きている問題事象を分析して、解像度を高めていくプロセスが欠かせない。

4 現場に調査結果のデータを展開する

　調査結果は部門によるバラつきが大きくなる傾向があり、全社一律の課題設定・打ち手にも限界がある。従業員意識調査の結果を各組織にフィードバックし、組織長が結果を読み取り、職場内で結果を踏まえた対話をすることで、取り組むべき課題や打ち手を設定し、自らの職場をより良くしていくための施策を実践していくことが必要である。人事のプロフェッショナルではない現場の組織長が正しく結果を読み解き、課題・打ち手を設定するには、「調査データ

の読み取り方」「課題・打ち手の設定方法」に関するガイドブックやガイダンス動画などを用意し、現場に展開していくなどの工夫も有効である。

5 効果検証のサイクルを回す

前回の調査結果を踏まえて取り組んだ施策が、得点の上昇・低下に影響があったかどうかといった視点を持ち、調査結果のデータを検証してみてほしい。定期的に従業員意識調査を行っているのであれば、定点で打ち手の効果検証を行うサイクルを回していくことも有効であろう。

5 最後に

人事データを分析し、現状を正しく捉えることは、自社のより良い未来に向けた一歩を踏み出すということである。ただし、現状をいくら精緻に分析したところで正解はなく、それだけで人・組織がより良い方向に進むことはない。現状分析のプロセスを通じて発見した問題点を関係者間で共有し、建設的な対話を通じて課題と打ち手を設定し、関係者とともに実行していくことのほうがはるかに重要である。

そして、それらの打ち手が本当に有効に機能しているのか、効果があったのかをデータで検証した上で、新たな課題・打ち手を設定し、さらに改善を進める力を身に付けることを人事担当者には期待したい。

樫野正章　かしの まさあき

株式会社リクルートマネジメントソリューションズ

技術開発統括部 コンサルティング部 部長

2002 年大学卒業後、コンサルティング会社を経て、2008 年より現職。

HRM 領域（主に人事制度構築）のコンサルティングに従事したのち、2022 年よりコンサルティング部の責任者を担当。現在は、コンサルティングサービスのクオリティーマネジメント、ソリューション開発、組織マネジメントを担当している。

第 5 章

人事担当者に求められる
コミュニケーション・スキル

村田 亮
株式会社 Billage 代表取締役

1 はじめに—人事に必要なものとは

1 法律知識はどこまで必要か

「人事に必要なスキルや知識」と聞いてまず思い浮かべるのは、どういったものだろうか。労働法や民法など人事領域に関連する法律知識であろうか。それとも採用で厳正に人を見極められるスキルだろうか。あるいは給与計算に関する細かい処理を正確にこなすスキルなどだろうか。労働に関する法律をマスターしたり、資格を取得したりすることが、人事担当者としての第一歩だと思っている方も少なくないように感じる。

しかし、専門的な法律知識やこまごまとした実務遂行スキルは、同じ人事とはいえ、どういった分野を担当するかで大きく異なるため、実はそこまで優先順位は高くない。法律知識はその分野の専門家、例えば労務関係であれば社会保険労務士に、個別のトラブルであれば弁護士に聞けば解決することが多いので、そこまで網羅的に法律知識を習得しなくても業務に支障を来すことはない。法律の丸暗記や過去の判例の収集といった"お勉強"はそれほど必要ないのだ。

ただし、法律知識については高度に専門的である必要はないが、最低限のレベルは必要だ。専門家がいるからといって何も知らなくてよいというわけではないので、その点は注意してほしい。

2 人事として常に求められるスキルとは

では、どういったスキルが人事担当者として押さえておかなければならない重要なスキルなのかというと、それがずばりコミュニケーション・スキルである。人事担当者は企業内のさまざまなステークホルダーとの橋渡し役となり、円滑なコミュニケーションを取ることが求められるため、そのスキルを他の職種以上に身に付けておく必要がある。いくら論理的で正しいことを言っていても、「正しいのは分かるが、あの人の言うことは聞きたくない」「何を言っているかよく分からないから聞く必要もない」「人事がまた何か言っている。いつものことなので、聞いたふりだけしておこう」など、実際の業務では発言の正しさや内容ではなく、相手が聞きたいと思うかどうかで判断されてしまうことが少なくない。

第5章　人事担当者に求められるコミュニケーション・スキル

　コミュニケーション・スキルを高めることで、会話をきちんと聞いてもらえる頻度を高め、社員との信頼関係を築き、組織内のコミュニケーションを改善できる。そこで本章では、コミュニケーション・スキルを高めるための具体的な方法を紹介していく。

② コミュニケーション・スキルの基本

❶ メラビアンの法則

　本書を手に取った勉強熱心なあなたなら、「メラビアンの法則」について聞いたことがあるかもしれない。法則の名前まで覚えていなくても、コミュニケーションを取るときに"言葉より見た目が大事"という話は聞いたことがあると思う。もっと具体的にいうと、コミュニケーションに影響を与えているのは、言語情報が7%、聴覚情報が38%、視覚情報が55%の割合であるという、実験結果から導き出された法則のことである。実はこの法則は、多くの場合において誤解されている。分かりやすい数字が示されていることから上記の数値のみが独り歩きしてしまい、これを引用して、ビジネススキルセミナーやコミュニケーション研修などで「見た目が重要」といった文脈で紹介されることがあるが、その場合は冷静に解釈したほうがよい。

　アメリカの心理学者アルバート・メラビアンが行った実験の流れは以下のとおりである。

①「好き」「嫌い」「普通」を連想させる単語を三つずつ（合計九つ）、被験者に選んでもらった（言語情報）
②次に、その九つの単語に対して「好き」「嫌い」「普通」を連想させる声色でレコーダーに録音した（聴覚情報）
③さらに、九つの単語に対して「好き」「嫌い」「普通」を連想させる表情の顔写真を1枚ずつ用意した（視覚情報）
④被験者に顔写真を見せながら、録音した音声を聞いてもらい、「好き」「嫌い」「普通」の三つのメッセージが、言語・聴覚・視覚の3種類の情報において互いに矛盾した場合に、どのメッセージが強く出るかを被験者に回答してもらった

271

図表1 ● メラビアンの法則

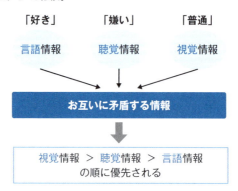

　その結果として、言語情報、聴覚情報、視覚情報が一致しないときには、視覚情報、聴覚情報の順に優先され、言語情報は最も優先されなかったということが分かったのである［図表1］。

　つまりメラビアンの法則では、コミュニケーションにおいて、伝えたい言語情報と声のトーンや表情などの非言語（ノンバーバル）コミュニケーションが矛盾している場合に、伝えたい言語情報が伝わりづらいということを示しているのであって、言語情報が1割以下の価値しかないという話ではないのだ。

2 ノンバーバルコミュニケーションとは

　メラビアンの実験でも触れた声色や表情のほかにも、身ぶりや手ぶり、声の抑揚やスピードなどといった、言語（バーバル）以外のコミュニケーションを非言語（ノンバーバル）コミュニケーションといい、情報伝達の手段としてより繊細なニュアンスや感情を伝えることが可能だ。

　また、多くのコミュニケーションにおいては、言語（バーバル）コミュニケーションと非言語（ノンバーバル）コミュニケーションは互いに連動しており、無意識的にそれぞれが同じメッセージを発信する場面が多くなる［図表2］。つまり、情報をこちらから伝える場合だけではなく、相手から情報を受け取る場合にも、非言語（ノンバーバル）コミュニケーションを意識する必要があるのだ［図表3］。

第 5 章　人事担当者に求められるコミュニケーション・スキル

図表 2 ● 言語・非言語コミュニケーション

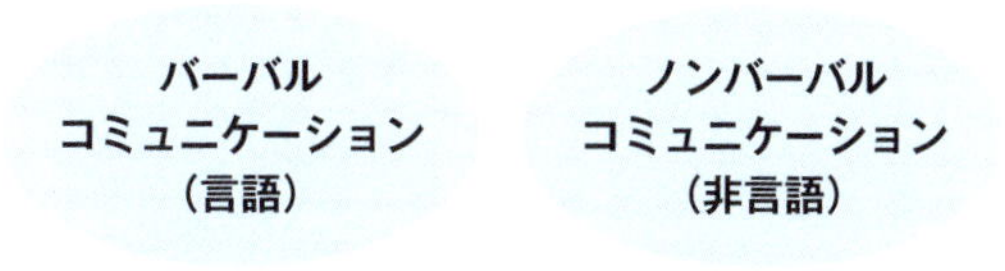

バーバル
コミュニケーション
（言語）

ノンバーバル
コミュニケーション
（非言語）

それぞれが同じ情報を発信することが多い

図表 3 ● ノンバーバルコミュニケーションの代表例

声の抑揚やスピード	声の高低、話すスピードはどうか
表情	• 目元や顔の筋肉がどう動いているか • 鼻の穴が膨らんでいないか
眼球の動き	上下左右のどこを見るか
ボディランゲージ	• 身ぶり手ぶりをしているか • 顔のどこを頻繁に触っているか
姿勢	• 前のめりになっているか • ふんぞり返っているか

3 コミュニケーションの基本は情報の発信と受信

　コミュニケーション・スキルは大別して、情報を受信する際の「対人理解力」と情報を発信する際の「対人影響力」がある [図表4]。これらは相互に関連していて明確に区分けすることが難しく、また効果的なコミュニケーションを実現するためには、両方のスキルをバランスよく発揮することが求められる。

1 受信：対人理解力

　対人理解力は、他人の感情、行動の背後にある意図や動機、考え方を理解し、適切に対応するスキルである。たとえ言語で表現されていなくても、表情やしぐさ、声のトーンといった非言語の情報からメッセージを読み取ることが必要である。また、発信者自身でさえもうまく表現できていない感情や考えも、相手の視点に立って考え、その人がなぜそのような行動を取るのか、何を求めているのかを深く理解する必要がある。

273

図表 4 ● 受信と発信

発信
対人影響力
対人理解力
受信

2 発信：対人影響力

　対人影響力は、他人の意見や態度、行動に影響を与えるスキルである。自分の考え方を相手に理解してほしい、こういう印象を持ってほしい、このような行動を取ってほしいといった、他人に対する特定の影響力や効果を期待するときに、このスキルが活躍する。

　言葉でうまく伝わらない場合には、直感的に相手の感情に訴えるようなプレゼンテーションをしたり、権威のある第三者の言葉を引用したりすることで、相手により効果的に影響を与えることができる。

4 効果的なコミュニケーションの取り方

　効果的なコミュニケーションを取るための具体的なスキルとして、[図表 5]のポイントを確認してもらいたい。

1 アクティブリスニング（積極的傾聴）

　相手が話している間、目を見てうなずくなど、話を真剣に聞いていることを身体で示すスキルである。相手の話を遮らないようにし、話し終わるまで待つことが重要である。ついつい時間がないときや話の結論が想像できるようなときに、話の腰を折ったり、結論を先回りして答えたりしてしまいがちだが、ぐっと気持ちを抑えて聞き役に徹する。話を聞いた後は、相手の言ったことを要約して返す（リフレクティング）ことで、こちらが相手の話を理解していることを伝えるのがポイントである。

2 オープンな質問をする

　相手が詳しく話せるようにオープンな質問をすることで、さらに深いレベルでのコミュニケーションが生まれる。例えば、「そのときどう感じましたか？」や「具体的にはどのような状況でしたか？」などのように、英語でいうところ

第5章　人事担当者に求められるコミュニケーション・スキル

図表5 ● 効果的なコミュニケーションの取り方

(1)　アクティブリスニング

OK	NG
・目を見てうなずく ・最後まで話を聞く ・要約して聞き返す	・相手を見ない ・パソコンやスマホに目を落としたまま話を聞く ・途中で話を遮る ・聞き流してリアクションしない

(2)　オープンな質問をする

OK	NG
・「この件についてどう思いますか？」 ・「具体的にはどのような状況でしたか？」	・「なぜいつも同じ間違いをするのですか？」 ・「上司に連絡もせずに会社を休んでいいと思っているんですか？」

(3)　先入観をできるだけ持たない

OK	NG
・今この瞬間を意識する ・過去にこだわらない	・あの人はなんとなく苦手だと身構える ・身なりや立ち振る舞いだけで判断する

(4)　感情を共有する

OK	NG
・相手の感情を想像する ・相手が感じたであろう感情を口にする 　→「それはうれしかったでしょうね」など	・起きた出来事や事実のみに固執する ・「なぜ？」と理由を不必要に追及する

(5)　ボディランゲージに注意する

OK	NG
・相手に体を向ける ・話している内容と身ぶり手ぶりを一致させる ・身を乗り出して、関心があることをポジティブに表現する	・腕や足を組む ・眉間にシワを寄せる ・椅子の背もたれに深く寄り掛かる

275

の「How」で始まる質問をすることで、相手の考えを具体的に、正確に理解できるようになる。

3 先入観をできるだけ持たない

相手の話を聞く際は、自分に先入観や思い込みがあるという前提で、できるだけそういったものを排除し、オープンマインドで接することが大切である。先入観や思い込みがあると、無意識にコミュニケーションに偏りが出てしまう。例えば、「あの人は苦手だな」「あの人は怖い人だ」といった思い込みに自身が気づいていない場合、その思い込みが自身のコミュニケーションに自然と表れてしまい、結果的に自分が勝手に想像した人物像となるように相手を仕立て上げてしまう。

自分が相手に対し、どういった先入観や思い込みを持っているのかを客観的・俯瞰的に見つめ直すことにより、相手とのフラットなコミュニケーションが可能となり、相手も自分の意見や感情をよりオープンに話せるようになるのである。

4 感情を共有する

相手の話に込められている感情を理解し、共感を示すことで、相手との信頼関係を築ける。例えば、「それはさぞ大変だったでしょうね」という一言だけでも共感を示すことができるので、ぜひ意識して発信するようにしてほしい。社内のコミュニケーションでは、事実や起きた出来事に注意が向きがちだが、意識的に相手の感情をくみ取り、相手が抱いたであろう感情を言葉にすることが重要である。

5 ボディランゲージに注意する

相手の話を聞く際には、自分のボディランゲージにも注意を払い、開放的な姿勢を取るとよい。例えば、腕組みは相手に対しての非言語での強い拒絶のメッセージになる。腕を組まず、相手に対して体を向けるなどのポーズを取るほうが、心証が良くなるだろう。

また、身ぶり手ぶりといったボディランゲージ以外にも、人は視線や表情、姿勢、外見といったもので非言語的なメッセージを相手に発信している。自分が伝えたいメッセージと、自身が発信している非言語コミュニケーションに矛盾がないか、鏡や映像に映った姿を確認してみるのもお勧めである。

第5章　人事担当者に求められるコミュニケーション・スキル

③　コミュニケーション・スキルの応用・発展

1　なぜ、映画・アニメ・漫画で感動できるのか

　あなたは、映画やアニメを見たり、漫画や小説を読んだりして涙を流した経験はあるだろうか。大抵の人が少なくとも一度はそういった経験があると答えるだろう。しかし、よくよく考えてみるとおかしな話である。映画館で見る映像は画面に近づくと、大きなドットが３色にピカピカ光っているだけで、そんな光の点滅を見ても人が涙を流すことなど本来はあり得ない。漫画や小説も同様で、黒のインクが付着しているだけの薄い紙を眺めて泣くほうが難しい。しかし、現実には映画館で号泣する人もいるし、ゲームやアニメの世界観に没入する人もいる。これはどういうことだろうか。

　私たちは、実際に存在している現実世界のものを見たり聞いたり触ったりしていると認識しているが、実は現実世界によく似た、「自分が認識した世界」の中で生きているのだ。一昔前に、仮想現実空間と現実空間を行き来する「マトリックス」という映画がはやったが、私たちが生きていると思っている現実世界そのものが仮想現実世界のようなものだともいえるだろう。

　先ほどの映画館の例でいえば、実際には快適な空調の効いた映画館の中で、快適な映画館の椅子に座って、キャラメルポップコーンを片手に映像を見ているだけなのだが、自身は映画の中のストーリーに没入してしまい、あたかも現実世界を認識するように、映画の世界を認識して感動し、涙を流しているわけなのである　[図表6]。

2　強力なラポールの形成方法

　「ラポール」とは "話し手と受け手との信頼関係" を意味する心理学用語である。コミュニケーションでは、いかにして相手とのラポールを形成するかが重要となる。そこで、先ほど触れた映画館で人を感動させる仕組み・仕掛けについて知ることが大いに役立ってくる。

　それでは具体的に映画館で人を感動させること、すなわち「人を動かす」状況をどうつくるのか、日々のコミュニケーションにどう活用すればよいのか、そのテクニックを解説する。

277

図表6 ● 仮想現実空間と現実空間（映画館の例）

	仮想現実空間	現実空間
起こっていること	感動的なストーリー展開	無数のドットが3色に点滅
身体の反応	感動して号泣	・エアコンの寒さを感じている ・椅子が心地よい　など

1 自分と相手とを同調させる

「ペーシング」という手法で、相手と似た話し方や動きをして自分を相手に同調させるというものがある。これによって、相手の仮想現実空間と自分の仮想現実空間を重ね合わせることができる。ペーシングの基本動作の一つとして、相手の言ったことをそのまま返す「オウム返し」がある。なぜ、オウム返しが効果的なのか、明確な理由を知らずに使用している方も少なくないだろう。理由は単純で、相手の「映画の中のストーリー」を自分も共有することで、相手に心を開いてもらうためだ。

「今週は雨の日が多くて、洗濯物がたまってしまって」と言われたら、相手と同じテンションで「今週は雨の日が多くて、洗濯物がたまりますね」と返せばよいのだ。このケースだと簡単に思えるかもしれないが、例えば相手に「前よりプレゼンが分かりやすくなったね」などと褒められた際、「ありがとうございます」とか「うれしいです」と答えてしまうことはないだろうか。これでは自分の感情を答えているだけなので、ペーシングの手法にのっとるならば、「プレゼンが分かりやすくなりましたか」というように相手が感じたことをそのまま再現する必要がある。

第 5 章　人事担当者に求められるコミュニケーション・スキル

2 五感の刺激を言語化して仮想現実空間から引き戻す

　コミュニケーションの最中は、ついつい話の中身や議題に集中してしまいがちだが、相手の仮想現実空間から自分の「映画の中のストーリー」に強制的に意識を切り替えさせる手法がある。例えば、映画を見ていてふと、「ちょっとトイレに行きたい」「空調が効きすぎて寒い」などの理由で、没入した世界観からわれに返る瞬間がある。ロジックはそれと同じで、相手が感じていることや見ていること、聞いていることを言葉にして伝えてあげるのだ。そうすることで相手が、こちらの発した言葉の世界に強く臨場感を抱くため、お互いの仮想現実空間を共有しつつも、こちらが語るストーリーに説得力を感じるのである。

　具体的には、「空調が効きすぎて少し寒いですね」「この椅子の座り心地はいいですね」「遠くでサイレンが鳴っていますね」といったように、今この瞬間に相手が五感で感じていることを分かりやすく言葉にするのである。

3 仮想現実空間を書き換える

　さらに高度な手法として「リーディング」がある。先ほどのペーシングは、自分と相手とを同調させるために、相手の言ったことをそのまま返す手法であったが、「リーディング」は、そこからさらに進んで、自分の「映画の中のストーリー」に相手を引き込む手法である。順番を飛ばしていきなりやってしまうと大抵は反感を買うため、相手との同調が十分にできてから、五感の刺激を言語化して、こちらのストーリーに説得力を十分に持たせた状態で行う。

　例えば、先ほどの「空調が効きすぎて少し寒いですね」の後に、「でも、目が覚めるのでちょうどいいくらいです」というように、相手のストーリーに追加の情報（自分のストーリー）を書き足すのである。

4　人事担当者の担当職務別に見たコミュニケーションのポイント

　以上のコミュニケーション・スキルの基本から応用・発展までを踏まえた上で、人事担当者が特に意識すべき業務上のポイントを担当職務別に説明する。

1　採用担当：求職者とのコミュニケーション

　採用担当者にとってのゴールは優秀な人材を採用して、企業内で活躍してもらうことである。そのためには、企業説明会や面接で、会社の魅力づけと求職

279

者の見極めを行うことが重要である［図表7］。

1 会社の魅力づけ

　求職者が、企業理念やビジョンといった会社の目指すべき方向性をいかに魅力的に感じ、自分ごとのように捉え、納得してもらえるかが重要である。間違っても、会社のブランド価値や沿革、年収、福利厚生などを分かりやすく伝えることだけが魅力づけではないので留意されたい。

　よく動画CMや広告で、喉を鳴らしながらごくごくと飲み干す炭酸飲料やジュワッと肉汁がたっぷりとあふれ出すステーキ、プルプルとみずみずしいゼリーなどを見て、「うぁ、おいしそう！」と感じることはないだろうか。この食欲や購買意欲をかき立てられる感覚をシズル感という［図表8］。シズルの語源は英語のジューという肉が焼ける様子（sizzle）から来ている。

　目の前に熱々に焼けた肉やキンキンに冷えた炭酸飲料がないにもかかわらず、思わず食欲が刺激されてしまうのは、CMや広告を見ている人の脳内に、

図表7 ● 面接でのコミュニケーションのポイント

図表8 ● シズル感

今この瞬間の現実よりも、その食べ物のイメージを強く思い起こさせているからである。

一方で、食べ物のCMや広告が、成分表示や機能面の解説だったらどうだろうか。他社の製品より肉の内容量が10%多い、牛の飼料をオーガニック素材に厳選して見直した、アルコール飲料の容量を5%増やした、ビタミンCをレモン50個分配合した……などと聞いて食欲が刺激されるだろうか。

つまり、こちらがイメージしてほしい仮想現実にリアリティを持たせるためには、シズル感のある言葉を使っているかどうかが重要なのだ。

求職者に会社の魅力を伝える場合でも同じことがいえる。会社の規模や成り立ちなどではなく、入社後の求職者自身の姿という仮想現実に対して、いかに臨場感を持たせることができるかがポイントである。求職者が、疑似的に入社して活躍しているイメージが浮かびやすいように、具体的な入社後の働き方を、現在活躍している社員のエピソードを通してシズル感を持って伝えることが重要となる。また、入社後の違和感や懸念点についても、実際に入社した社員の実体験を基に伝えることで、入社した自分の姿という仮想現実に、よりリアリティと説得力が生まれてくる。

最近だと、求職者本人の意思以外の理由（新卒採用であれば「親ブロック」、中途採用であれば「嫁ブロック」など）で入社に至らないケースもある。その対策として、先輩社員の具体的なエピソードを引用し、どのようにしてそういったことを回避したのかを伝えてみる。ロジックだけではなく、そのときに感じた先輩社員の感情面にも言及し、その感情まで追体験させることができればベストである。もしも、そういった社員がいない、エピソードがないという場合には、「例えばご縁があって、もし弊社に入社いただいたとしたら……」というように、仮定を通して具体的なイメージを抱かせることも一つの手段である。

2 求職者の見極め

「面接では、求職者の見極めこそが最も重要で、この見極めのスキルが面接官に必須である」と思われている方には拍子抜けかもしれないが、面接で求職者が入社後活躍できるかどうかを見極めることはほとんどできないと思ったほうがよい。

面接の結果は、面接官の先入観や印象に左右されてしまうし、その求職者が

活躍するかどうかは配属部署の人間関係に大きく影響を受けるため、そもそも活躍できるかどうかの見極めとしては、面接はそれほど機能していない。

しかし、「活躍しない人」や「採用してはいけない人」はある程度の確率で見極めることが可能である。オーソドックスではあるが、①前職の退職理由（中途採用の場合）、②現在何をしたいか、③将来どうなりたいか、の3点を順番に聞き、自社が求める人材要件と合うかどうかを判断する。さらに、事前にWEBテストなどを受検させて、ある程度の選別を行っておけば、面接において高頻度でミスマッチが起こることはない。

一方で、最近の面接でよく目にするのが経歴詐称である。本来主担当でないにもかかわらず、自分があたかも主担当かのように振る舞う「アレオレ詐欺」から、履歴書に書いてある大学にも前職にもそもそも在籍していなかったという信じられないものまで、実際に多数の詐称を目にしてきた。そういった「採用してはいけない人」を見抜くテクニックを［図表9］で紹介する。ここに挙げた質問をすることで、ある程度詐称は見抜けるだろう。

なお、過去を捏造しているときには視線が右上（面接官から見て左上）に向くといわれるが、実際には人によってリアクションが異なるので、例えば面接の会場に着くまでどういった移動手段で来たかなど、正直に答えやすい質問でどういったリアクションを取るかを確認した上で、そのときとの反応の違いを探ることをお勧めする。

図表9 ● 経歴詐称を見抜くポイント

①肯定的に事実を答えやすい質問と否定的な回答になりやすい、あるいは答えづらい質問を準備し、それぞれの質問に対して、どういった目線の動き方や表情、しぐさをしたかを覚えておく
②その後に、履歴書の過去の経歴を順番に確認していき、どの質問でどういったリアクションをしたかを確認する
③それぞれのリアクションが肯定的なリアクションなのか、否定的なリアクションなのかを①で確認したリアクションを基にチェックする
④否定的なリアクションを取った経歴について詳しく質問し、リアクションがどう変化するかを観察する

❷ 教育・研修担当：現場社員とのコミュニケーション

研修担当者は、研修を通じて社員にどうなってほしいのか、研修を受けた後のゴールを明確にすることが重要である。そして、そのゴールに向かうための道筋を用意し、コミュニケーションを通して受講者を導くことが必要となる。その際は、役者のような気持ちで、先導役を演じ切ることが重要である。以下に、研修をより効果的にするステップを順番に記載する［図表10］。

1 分離（外部からの遮断）

研修対象者を日常の業務から隔離するため、社内の会議室や貸し会議室を利用して、普段の業務によって研修が中断されないようにする。研修施設や保養施設を利用し、週末などに泊まりがけの研修を設定するのもよい。通常業務の連絡で研修が邪魔されないようにスマホの電源を切ってもらったり、電話をつながないように各職場と事前調整をしたりするのも効果的だ。

また、研修中はお互いにニックネームを付けて呼び合うようにし、役職や肩書に影響されないように配慮する。事前に名札を準備して、ニックネームをお互いに分かりやすくしておくと便利である。

2 移行（自己内省）

研修受講者に繰り返し自己内省を促し、自分の至らなかった点、十分に力を出し切っていなかった点など過去の点検をしてもらう。全員が常に仕事に対してフルコミットをして、全力疾走をし続けていることは通常あり得ないので、「もっと貪欲にできたはず」「途中で"まあいいか"で済ませてしまった」といったことを事細かに振り返ってもらう。短時間ではなかなか集中し切れない人もいるので、一度の研修でできるだけ長い時間を設けるとよい。泊まりがけの研修であれば、時間をあまり気にすることなく取り組めるので、効果が出やすいだろう。

図表10 ● 研修担当者が受講者に向けて行うコミュニケーション

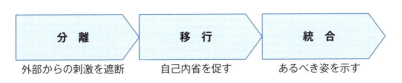

これにより、受講者の変なプライドや、仕事をしていく上で障害となるようなこだわりを取り除ける。研修担当者は、内省を促すような「なぜ？」「本当に？」という質問を投げ掛け続けることがポイントだ。

3 統合（研修のメッセージを伝える）

研修担当者は、研修で伝えたいメッセージを最後まで徹底して伝えることが大切である。会社がどういう方向に向かっていて、社員にはどういうことを期待しているのか、という明確なメッセージを、自信を持って伝えるのである。メッセージを伝える際のコツは、ゆっくりと同じ内容を何度か繰り返し、一人ひとりの目を見て伝えることである。特に大事な内容は、受講者全員で声に出して繰り返してもらうのもよいかもしれない。

そして、研修で学んだ内容を今後どのように業務に活かしていくのかを受講者に作文してもらい、全員の前で発表する場を設ける。発表が終わったら、研修担当者は積極的に拍手をして肯定のメッセージを伝える。そうすることで、受講者に対して、組織の一員であるという安心感の付与と、モチベーション向上の効果が期待できるのだ。

3 人事企画・労務管理担当：労働組合、現場社員、管理職、経営層とのコミュニケーション

人事企画や労務管理担当の場合、社内の経営層から現場のスタッフ、さらには労働組合がある場合は労働組合の幹部まで、業務上コミュニケーションを頻繁に取る相手はさまざまである。そういった社内でのコミュニケーションの際には、身ぶり手ぶりを含めた基本的なコミュニケーションのスキルを用いることに加え、相手が普段行っているコミュニケーションを、逆にこちらから行うようにすると効果的である。つまり、組織上での役割が経営に近い相手ほど、人事側は発信を強めるように意識し、現場に近い相手ほど人事側は聞き役に徹するようにするとよい［図表11］。

ここでは特に、経営層に対して人事制度分析などについてプレゼンテーションする際のコミュニケーションのポイントを紹介する［図表12］。

1 結論から先に言う

ビジネスの世界ではよく「結論から先に言え（Conclusion first）」といわれる。聞き手にスピーディーに考えを伝えることで、論理的な結論を早く導き出

図表 11 ● 階層別のコミュニケーション

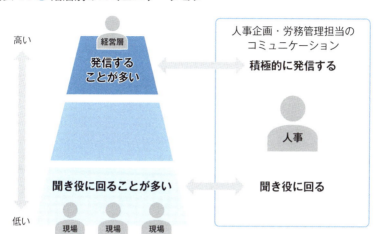

図表 12 ● 経営層へのコミュニケーションのポイント

- 結論から伝え、その後に理由を説明する
- 複数の解決策を提案し、それぞれのメリット・デメリット・コストを伝える（[図表13] 参照）
- できるだけ手短に伝える
- 専門用語や不必要なカタカナ語を使わない
- 明るい未来を想像させる

せるためだ。日本的な気配り、根回し、場の空気、奥ゆかしい配慮といったものは、時に判断の邪魔になる。

2 複数の解決策を提案する

　分析結果の羅列を長々と説明されるのは誰にとっても苦痛だ。分析結果を踏まえて、どのような打ち手があるのか、メリット、デメリット、コストの視点から複数の解決策を提案するようにする [図表13]。課題を解決するためにどのような方策があるのか、筋道を立てたストーリーで語ることで経営層は判断しやすくなる。

図表13 ● 複数の解決策の提案例

	メリット	デメリット	コスト
プランA	工数変化なし	・シェアの低下 ・利益率低下	追加費用がない
プランB	・コストダウン ・適正な規模への縮小	社員のモチベーション低下	10%コストダウン
プランC	・売上増加が見込める ・シェア拡大	コスト増加	20%コストアップ

メリット・デメリット・コストを表に落とし込んで
視覚的にわかりやすく提示するとよい

3 手短に伝える

人事担当者としては、多角的な視点からさまざまな分析をした結果を伝えたい気持ちは分かるが、経営層は必ずしも人事制度に詳しいわけではない。したがって、できるだけ分かりやすく手短に伝えるほうが、論点を整理できる。

4 専門用語は使わない

上記3と同じ理由で、人事の専門用語を頻繁に使うのは避けたほうがよい。人事担当者にとっては当たり前の言葉でも、経営層にとってはなじみのない言葉が少なくない。言葉の意味が理解できないと、経営層も判断のしようがない。経営の目線に立って話を構成し、専門用語を使わないように言葉を分かりやすく言い換えて説明することが必要だ。

5 明るい未来を想像させる

経営層に説明するケースでは、経営層が判断した結果として、会社の現状が改善される、あるべき姿に近づけるといった明るい未来を想像させることが必要だ。

経営層は、限られた情報の中で短期間のうちに何らかの判断をし、次のアクションにつなげていかなければならない。だからこそ、その選択によって成功するというイメージを持てることが重要になる。うまくいくと信じて実行する

のと、うまくいくのかどうか疑心暗鬼になって行動するのとでは、成功確率が大きく変わってくるだろう。

　本章では、基本的なコミュニケーション・スキルや、人事担当者として意識しておくべきコミュニケーション上の留意点をまとめた。人事の業務は多岐にわたるため、すべてを余すところなく紹介することはできないが、本章の内容を参考に、人事業務を通じて多くのコミュニケーションを重ね、知見を積み上げていってほしい。

村田 亮　むらた りょう

株式会社 Billage（ビレッジ）　代表取締役

東北大学経済学部卒。予備校、コンサルティング会社、不動産会社の営業を経て、レバレジーズ株式会社に入社し、メディカル事業部の立ち上げに参画。その後、人事部へ異動し、採用業務、人事制度運用、研修制度構築など人事業務全般を担当し、会社の成長に貢献する。

エムスリーキャリア株式会社で人事を経て、2015 年に株式会社 Billage を設立。

第6章

労働法の見方・読み方
人事担当者として必要となる法令・条文を読み解くスキル

吉田利宏
元衆議院法制局参事

1 本章のねらい

1 労働法の役割

「社会あるところに法あり」というが、「働き方改革」や「少子化の歯止め」など社会的な問題解決のためにも労働法の見直しが議論されている。

「合意（契約）は守られなければならない」という法格言がある。しかし、使用者と労働者の間の契約は自由に結べるものではないし、労使関係のいざこざに法は立ち入ってくる。それは、法の適正な保護がなければ、労働者は使用者と対等な関係を築くことができないからである。

私法の基本原理に、自分たちの法律関係は自分たちで決めることができるとする「私的自治の原則（契約自由の原則）」というものがあるが [図表1]、労働者保護の点からはその修正がなされる必要がある。たとえ「最低賃金以下で働きたい」と労働者が申し出ても、そうした契約は結ぶことができないのもそのためだ。

また、「私的自治の原則」からは、自分が決めたことだからその責任を自分で負うという「過失責任の原則」も導かれる。つまり、「わざと」や「わざとと同視される過失」があるような場合には責任を負うが、それ以外の責任は負わなくてよいとする考え方である。しかし、労働法では、この「過失責任の原則」の修正も見られる。労働基準法の災害補償の規定（具体的には労災保険法がそれを実現している）は、労働者本人の落ち度とは関係なく業務上の災害について「無過失賠償責任」を使用者に求めている。

使用者にとっては「厳しい」内容に映るかもしれないが、こうした視点から見ると納得できるものだ。長い目で見れば、労働者が安心して力を発揮できる環境をつくり上げれば、使用者はもとより社会全体にとっても利益が多いからだ。

2 条文を読み解くスキルを磨く

さて、働く場面について細かく注文を出す労働法であるが、法の趣旨も含めての理解がないと思わぬ落とし穴に陥る危険性がある。コンプライアンス（法令遵守）は型どおり条文を知るだけでは達成できず、その趣旨や背景にある考え方を理解して初めてなし得るものといえるのだ。「悪法もまた法なり」と諦

図表1 ● 私法の基本原理

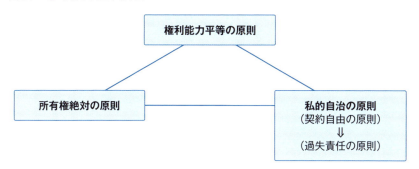

(1) **権利能力平等の原則**
　すべての人が国籍・階級・職業・年齢・性別などによって差別されることなく、等しく権利義務の主体となる資格（権利能力）を有する
(2) **所有権絶対の原則**
　所有権は何人に対しても主張でき、国家や他人が所有物の支配に干渉することはできない
(3) **私的自治の原則**
①契約自由の原則
　個人と個人の間で結ばれる契約については、国家が干渉せず、それぞれの個人の意思を尊重しなければならない
②過失責任の原則
　過失（故意を含む）がなければ損害賠償責任を負わされることがない

めるのではなく、なぜ、そのような法律が必要なのかを積極的に考える姿勢こそが、法を利用し味方につける唯一の手だてなのかもしれない。そこで、まず条文を読み解くスキルの習得が必要となる。

2 条文の構造を知る

　最初に、法令の各パーツの名称を確認しながら条文の構造を見ていこう。

1 題名

[図表2]では、①（以下、○番号は[図表2]の○番号を示す）と⑨が法令の「題名」と呼ばれるものだ。法律名という人も多いが正式には「題名」という。⑨のように一部改正法の場合には、題名に「の一部を改正する法律」の文字が入る。A法とB法を本則で同時に改正する場合には「A法及びB法の一部を改正する法律」となり、3本以上の法律を本則で同時に改正する場合には「A法等の一部を改正する法律」となる。その意味で一部改正法は題名からその内容を推し量ることができる。

新規立法や"もと法"（一部改正法が溶け込んだ後の法律をこう呼ぶ）の場合には、題名が長いと略称で呼ばれることも多い。例えば、「労働者災害補償保険法」が正式な題名だが、普通は「労災保険法」とか「労災法」などと呼ばれる。略称に正式なものはないため、人によっていろいろな呼び方をするものだ。

2 法律番号

どの法律にも「法律番号」というものがある。法律番号は人でいえば戸籍のようなものだ。②のように、法律番号は公布された年と公布された順番を示す番号との組み合わせによる。昭和46年法律第68号とあれば、昭和46年の68番目に公布された法律ということを示している。正式な法律番号はこのように公布年と公布順の組み合わせで決まるが、六法全書などでは「昭和46年5月25日法律第68号」と日付まで加える場合も多い。公布日を示すことで官報の原本に当たる便宜を図る意味があるのだろう。

法律番号の目的は法律の特定にある。例えば、近ごろは地方分権が進み、地方自治法が毎年のように改正されている。つまり、「地方自治法の一部を改正する法律」や「地方自治法等の一部を改正する法律」はいくつも存在する。このように同じ題名の法律の中から、ある一つの法律を特定するには、法律番号が欠かせない。ただ、一部改正法も法律であるから法律番号は存在するのだが、一部改正法の題名の後には法律番号を付けないルールがある。一部改正が成立と同時にもと法に溶け込む存在であるからという理由による。なお、⑩にあるように、改正される法律の題名の後には法律番号を添える。

第6章 労働法の見方・読み方

図表2● 条文の構造（パーツ）

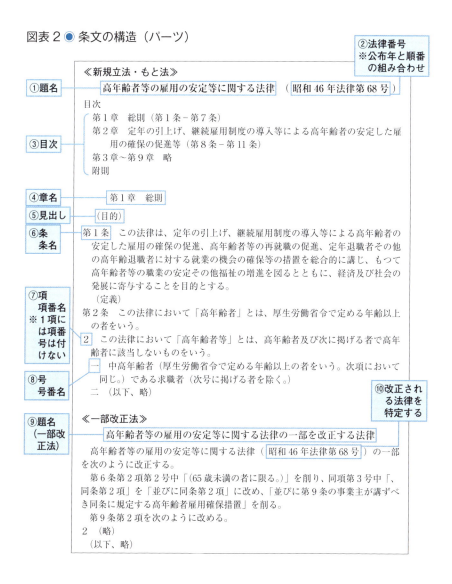

3 目次

③のように、題名の次に置かれるのが「目次」である。目次は章が置かれるような条文数の多い法令だけに付けられる。労働基準法をはじめとした労働関

293

係の法令の多くには目次が付いている。書籍の目次もそうだが、目次を見れば探し求める条文がどこにあるのか、すぐに見つけることができる。さらに、目次は法令の全体構成を眺めるのにも大変便利である。『あらすじで読む日本の名著』という本があるが、法令の目次を目で追うだけで、法令の「あらすじ」を理解することができるのだ。それなのに、六法全書では目次が省略されることが多い。

④ 章名

④を「章名」という。新しい章が始まる最初に付される章の看板のようなものである。なお、章の下にはさらに「節」「款」が置かれることがある。なお、身近な労働法令としては、雇用保険法、健康保険法、介護保険法などで「節」「款」が置かれている。また、とてつもないボリュームのある法律（民法や刑法）の場合だと、章の上にさらに「編」が置かれる。

横文字略称に気を付けろ！　*Column*

「略称は知っていても正式な題名が分からず、六法全書が引けない」。そんな経験をした人も多いだろう。ガラスケースの向こうに「ごちそう」があるようでなんとも歯がゆいものだ。近ごろは横文字略称が増えているので、こうした経験が多い。DV 防止法ぐらいだとなんとなく分かるかもしれないが、PSE 法はどうだろうか。ADR 法となると内容は分かっていても正式な題名を答えられる者は少ないかもしれない。

DV 防止法	配偶者からの暴力の防止及び被害者の保護等に関する法律
PSE 法	電気用品安全法
ADR 法	裁判外紛争解決手続の利用の促進に関する法律

なお、横文字略称に限らず、六法全書の目次には略称での表記がある。正式な題名を探す手掛かりとなるはずだ。

第6章　労働法の見方・読み方

5 見出し

　⑤を「見出し」という。見出しは条文の前にあって、その条文の内容を要約したものである。ただし、いくつか注意事項がある。例えば、労働関係調整法を六法全書で引くと、[図表3] のような「へんてこ」な見出しが付されていることがある。これは編集者が「親切心」で付けた見出しである。こうした見出しのことを立案関係者は「亀甲括弧」または略して「キッコ」と呼ぶ。

　もともと古い法令では見出しを付ける習慣がなかった。そのため見出しがないまま現在に至っている法令がある。労働関係調整法もその一つだ。しかし、見出しがないと不便であることから、六法全書の編集に当たって出版社が便宜を図っている。亀甲括弧は正式な見出しと区別するための印なのだ。

　さらに、六法全書を開いてみると、本来の見出しと編集者が付けた見出しが混在している法律がある。例えば、地方自治法がその例だ。新たに加えられた条文や改正がなされた条文には見出しがあるが、そうでない条文には見出しが存在しない。

　老婆心ながら注意しておくと、そうした本来見出しのない条文を引用する場合には見出しなしで引用しなければならない。また、各社の六法全書を比べてみると出版社の付けた見出しが微妙に違うことがある。「僕の見出しと君の見出しが違う！」なんてトンチンカンな発見に声を上げないように気を付けなくてはならない。

6 条

　法令の基本的な単位は条である。⑥の部分を「条名」という。一部改正法の本則では、改正する法律ごとに条を立てるのが普通である。例えば、「A法及びB法の一部を改正する法律」の場合、第1条にA法の改正が、第2条にB法の改正が続く。

図表3●「へんてこ」な見出しの例

パターン1	パターン2	パターン3
【目的】 第1条　××××× ………	〔目的〕 第1条　××××× ………	第1条〔目的〕　×××× ×× ………

295

なお、時には、同じ法律を第1条と第2条で改正する場合がある。これは第1条の改正と第2条の改正とを時間差で（施行期日を異ならせて）行うときに使う手法である。これを一般に「2段ロケット式改正」と呼んでいる。

7 項

　⑦が「項」と呼ばれる部分である。項は条の段落だ。項番号は普通、算用数字（2、3、4…）で表される。なお、2項以下は項番号があっても、1項には項番号を付さない。項番号も古い時代には付されなかった。しかし、これまた六法全書では、親切心から編集者が付けてくれている場合が多い。丸で囲った数字の項番号がそれだ。項番号がない条文を引用する際には、正式には「番号なし」で引用すべきだが、さすがに、それでは分かりにくい。丸で囲った数字のままの項番号で引用するのがよいだろう。

8 号

　⑧の部分を「号」という。この号を指し示すときには「2条2項1号」と表現する。号はいくつかの事項を列記したいときに使う。縦書きである国の法令では、号番号は漢数字（一、二、三…）で表される。横書きを基本とする条例などの法令では(1)(2)(3)…と表現されることが多い。

3　法律の全体構造を知る

　ここでは、法令の目次や目的規定から法令の「あらすじ」を理解する方法を紹介しよう。また、併せて各章での「目の付けどころ」を解説することにする。

1 法律の全体構造

　新規立法やもと法の場合、法律の全体構造のパターンと主な規定事項は[図表4]のようになる。この中で「実体的規定」こそが、その法律のメインになる。

　試しに、「短時間労働者及び有期雇用労働者の雇用管理の改善等に関する法律」（以下「パートタイム・有期雇用労働法」という）の目次を見てみよう

[図表 5]。このうち、実体的規定は第 2 章から第 4 章までである。これらの章名からだけでも、パートタイム・有期雇用労働者対策について国が方針を定め、事業主が行うべき雇用管理の改善のための措置を規定し、紛争解決のための手伝いをする「しかけ」が定められていることが分かる。さらに、罰則のない法律であるから、雇用管理の改善のための措置などは比較的緩やかな方法で実現されるのであろうことも読み取れる。

図表 4 ● 法律の全体構造

総　　則	目的規定・定義規定・基本理念・責務規定など法全体に関係する規定
実体的規定	その法の中心的な規定（規制法における規制手段など）
雑　　則	全体に関係する規定ではあるが些細な規定や、実体的規定を補うような規定
罰　　則	義務規定や禁止規定に違反した場合の処罰規定。罰則がない法律もある
附　　則	施行期日・経過措置など

図表 5 ● 短時間労働者及び有期雇用労働者の雇用管理の改善等に関する法律（パートタイム・有期雇用労働法）の目次から見た全体構造

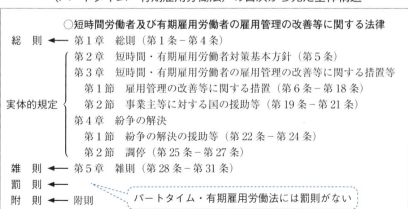

2 総則

1 目的規定

多くの法令の最初に置かれるのが「目的規定」である。目的規定は目次以上に、その法令の「あらすじ」を理解するのに最適だ。多くの目的規定が、①法律を必要とした背景、②目的を実現するための手段、③第一義的な目的、④究極の目的といった構成になっており、その法律の規定内容を「ぎゅっと圧縮」した作りになっている。パートタイム・有期雇用労働法の目的規定について、上記①～④の視点から分解すると［図表6］のようになる。

2 定義規定

目的規定の次に置かれるのが「定義規定」だ。その法令の"主な登場人物"については、2条あたりに定義規定が置かれることが多い。ただし、注意が必要なことがある。総則では法全体を通じて必要となる言葉の定義は行うが、ある章やある節だけで使われる言葉の定義は必要となる場所で行われることが多い［図表7］。こうした言葉の定義を見落とすと、法令の正確な解釈は難しくなる。定義以外の場所で重要な定義規定を見つけたら、六法全書が汚れても「印」を付けておくのがよい方法だ（もちろん、他人の六法全書でこんなことはしてはいけない！）。

図表6 ● パートタイム・有期雇用労働法（第1条）の目的規定の分解

①法律を必要とした背景	我が国における少子高齢化の進展、就業構造の変化等の社会経済情勢の変化に伴い、短時間・有期雇用労働者の果たす役割の重要性が増大していることに鑑み、
②目的を実現するための手段	短時間・有期雇用労働者について、 ・その適正な労働条件の確保、 ・雇用管理の改善、 ・通常の労働者への転換の推進、 ・職業能力の開発及び向上等に関する措置等を講ずることにより、
③第一義的な目的	通常の労働者との均衡のとれた待遇の確保等を図ることを通じて短時間・有期雇用労働者がその有する能力を有効に発揮することができるようにし、
④究極の目的	もってその福祉の増進を図り、あわせて経済及び社会の発展に寄与することを目的とする

第 6 章　労働法の見方・読み方

図表 7 ● パートタイム・有期雇用労働法に見る定義規定と条文に出てくる
　　　　 用語の定義

（定義）
第 2 条　この法律において「短時間労働者」とは、1 週間の所定労働時間が同一の
　　事業主に雇用される通常の労働者（当該事業主に雇用される通常の労働者と同種
　　の業務に従事する当該事業主に雇用される労働者にあっては、厚生労働省令で定
　　める場合を除き、当該労働者と同種の業務に従事する当該通常の労働者）の 1 週
　　間の所定労働時間に比し短い労働者をいう。
2　この法律において「有期雇用労働者」とは、事業主と期間の定めのある労働契
　　約を締結している労働者をいう。
3　この法律において「短時間・有期雇用労働者」とは、短時間労働者及び有期雇
　　用労働者をいう。

（通常の労働者と同視すべき短時間・有期雇用労働者に対する差別的取扱いの禁
止）
第 9 条　事業主は、職務の内容が通常の労働者と同一の短時間・有期雇用労働者
　　（第 11 条第 1 項において「職務内容同一短時間・有期雇用労働者」という。）で
　　あって、当該事業所における慣行その他の事情からみて、当該事業主との雇用関
　　係が終了するまでの全期間において、その職務の内容及び配置が当該通常の労働
　　者の職務の内容及び配置の変更の範囲と同一の範囲で変更されることが見込まれ
　　るもの（次条及び同項において「通常の労働者と同視すべき短時間・有期雇用労
　　働者」という。）については、短時間・有期雇用労働者であることを理由とし
　　て、基本給、賞与その他の待遇のそれぞれについて、差別的取扱いをしてはなら
　　ない。

　なお、当然ながら、ある法律での定義は他の法律に及ばない。例えば、労働
組合法と労働基準法のどちらも「労働者」の定義をしているが、両者の内容は
微妙に違っている。

　労働組合法では主として労働組合の構成員として労働者が登場する。そのた
め、現在は直接仕事に就いていない者（失業中の者など）も含めて労働者とし
ている。一方、労働基準法では、まさに「働いている場面」での労働者保護が
問題となるため、「事業に使用される者」や「賃金を支払われる者」などの要
件が求められている［図表 8］。

図表8 ● 同じ用語でも法律によって定義が異なる例

労働組合法3条	労働基準法9条
この法律で「労働者」とは、職業の種類を問わず、賃金、給料その他これに準ずる収入によつて生活する者をいう。	この法律で「労働者」とは、職業の種類を問わず、事業又は事務所（以下「事業」という。）に使用される者で、賃金を支払われる者をいう。

　法律での定義が政省令に及ぶかという疑問も生じるかもしれない。法律と政省令は一体である。特段、断りのない限り「及ぶ」と考えて間違いはない。

③ 実体的規定

　実体的規定は法律によって千差万別だ。ただ、そういってしまっては「身も蓋もない」ので、一つだけ読み方のポイントを示しておこう。

　実体的規定は、目的規定の手段の部分で示された順序で規定が並ぶのが普通であるが、それぞれの「措置」においては「時系列の原則」に支配されている。もし、「今日1日の仕事を報告しろ」と上司に言われたら、出社してから現在に至るまでに行っていたことを順番に話すだろう。ある意味、法も同じなのである。

　例えば、パートタイム・有期雇用労働法の第4章は「紛争の解決」について定めている。この章では、紛争が起きたときはできるだけ事業所内の苦情処理機関で処理し、それでも解決しない場合には都道府県労働局長へ援助を求め、紛争解決に必要があると認めるときは調停に付されることが定められている。条文もこの流れに従い規定されている。

④ 雑則

　雑則の章に置かれる規定も実体的規定に合わせてさまざまであるが、しばしば置かれる規定としては主務大臣の規定がある。労働法の場合はあまりないが、法律によっては1人の大臣だけではなく、その法律を所管する大臣が複数存在する場合がある。こうした法律を「共管の法律」という。そうした場合に必要なのが主務大臣の規定である [図表9]。その事項に関する省令などを発する権限も当然、主務大臣を踏まえたものとなる。

第6章　労働法の見方・読み方

図表9 ● 法律を所管する大臣が複数存在する場合の規定

○行政執行法人の労働関係に関する法律
第7章　雑則
（主務大臣）
第36条　第27条第5号及び第33条第5号に規定する主務大臣は、**厚生労働大臣**及び**行政執行法人を所管する大臣**（当該調停又は仲裁に係る行政執行法人を所管する大臣に限る。）とする。

5 罰則

1 罰則の種類

　実は「罰則」には、正式な刑罰とそうでないものがある。何が正式な刑罰かというと、刑法9条に定められた「死刑、懲役、禁錮、罰金、拘留、科料」（これらの刑と併せて「没収」という刑も科せられることがある）がそれだ。

　刑法に挙げられている刑罰メニューを「正式な刑罰」といったが、講学上の言葉では「行政刑罰」と呼んでいる。こうした正式な刑罰は刑事裁判を経て科されることとなる。つまり、刑事訴訟法の適用も受ける。その意味でも正式である。ただ、労働法ではさすがに「死刑」の規定はない。そこで、それ以外の正式な刑罰の種類を示すと［**図表10**］のようになる。

　なお、2022（令和4）年に刑法が一部改正され、2025（令和7）年6月1日からは、このうち、懲役刑と禁錮刑がなくなり、拘禁刑として統一されることになる。これまでは自由刑は懲役刑が基本であり、刑務作業を通じて技術を身に付けるとともに、自らの罪と向き合うことにより再犯を防ぐことが期待され

図表10 ● 自由刑と財産刑

自　　由　　刑			財　産　刑	
懲役 （刑務作業あり）	禁錮 （刑務作業なし）	拘留 （刑務作業なし）	罰金	科料
2025（令和7）年6月1日以降				
拘禁刑		拘留	罰金	科料

ていた。ところが、犯罪によっては再犯率が高い犯罪もあり、それぞれの犯罪や罪を犯した者に適合したプログラムや指導により更生することが重要だと認識されるようになった。刑務作業を否定するものではないが、こうしたことを踏まえ、少なくとも当初よりの刑務作業あり（懲役）、なし（禁錮）の区別はなくすこととなった。また、拘留も「30日未満の拘禁刑」のイメージで再構成されることになった。

いずれにしても、刑罰は、自由を奪われる「自由刑」と、お金を払うよう求められる「財産刑」の大きく二つに分かれる。

これに対して罰則の章に規定されていながら、正式な刑罰ではないのが「過料」である。お金を科すという点では罰金や科料と同じであるが、「したことの反社会性を問う」というほどの強い意味はなく、軽いペナルティとして科されるものだ [図表11]。軽いペナルティであるから、刑事裁判を経るという大げさなことはしない。国の法令違反の場合には、非訟事件手続法という法律に従い、地方裁判所などが簡単な手続きで科す。条例違反などでも過料に処されることはあるが、こちらは長（知事や市区町村長）の行政処分としてなされる。

2 罰則規定の読み方

労働施策の総合的な推進並びに労働者の雇用の安定及び職業生活の充実等に関する法律（労働施策総合推進法）をモデルにして罰則の読み方を解説しよう [図表12]。

罰則規定は「重い順」で並ぶ。死刑、懲役・禁錮（拘禁刑）、罰金、拘留、科料の順で重い。さらに次に、正式な刑罰ではない過料が続く。

拘禁刑導入後の労働施策総合推進法で見てみよう。39条に「拘禁刑」があり、労働施策総合推進法では一番重い罰則に当たる。もし、拘禁刑を科す罰則規定が複数あれば、量刑の重い順に並ぶことになる。40条は「罰金」だけだが、もし、罰金額の異なる複数の罰則規定があるなら、やはり、罰金額の高い順に並ぶ。

意外に知られていないのが、刑法総則との併せ読みというスキルである。労働施策総合推進法40条の規定を見てほしい。「30万円以下の罰金に処する」とあるわけだが、実際には「1万円以上30万円以下の罰金」が裁判所により科されることになる。なぜなら、刑法15条に「罰金は、1万円以上とする」とあるからだ。同じように刑法12条1項には「拘禁刑は、無期及び有期と

第6章　労働法の見方・読み方

図表 11 ● 罰則に過料が記されている労働法令の例

○雇用の分野における男女の均等な機会及び待遇の確保等に関する法律

第33条　第29条第1項の規定による報告をせず、又は虚偽の報告をした者は、20万円以下の過料に処する。

○高年齢者等の雇用の安定等に関する法律

第57条　第16条第1項の規定による届出をせず、又は虚偽の届出をした者（法人であるときは、その代表者）は、10万円以下の過料に処する。

○障害者の雇用の促進等に関する法律

第88条　第33条の規定に違反した者は、20万円以下の過料に処する。

第89条　第59条第3項の規定により厚生労働大臣の認可を受けなければならない場合において、その認可を受けなかつたときは、その違反行為をした機構の役員は、20万円以下の過料に処する。

第89条の2　第74条の3第14項の規定に違反して財務諸表等を備えて置かず、財務諸表等に記載すべき事項を記載せず、若しくは虚偽の記載をし、又は正当な理由がないのに同条第15項各号の規定による請求を拒んだ在宅就業支援団体は、20万円以下の過料に処する。

第90条　第23条の規定に違反したもの（法人その他の団体であるときは、その代表者）は、10万円以下の過料に処する。

第91条　在宅就業障害者が次の各号のいずれかに該当するときは、5万円以下の過料に処する。

一・二　（略）

し、有期拘禁刑は、1月以上20年以下とする」とある。労働施策総合推進法39条に「6月以下の拘禁刑」に処するとあるわけだが、その意味は「1月以上6月以下の拘禁刑」を裁判所が科すということになる。

　罰則一つをとっても、刑法総則と併せて読まなければならないと聞くと「トホホ」な気分になるが、一度覚えてしまえば大したことではない。これもスキルのうちである。なお、刑法総則に定める刑罰の範囲は［**図表13**］のようになる。この規定を頭に置いて各法律の罰則規定を読むとよい。

　さらに1点だけ追加しておくと、刑法38条1項には「罪を犯す意思がない行為は、罰しない。ただし、法律に特別の規定がある場合は、この限りでな

303

図表 12 ● 労働施策総合推進法に見る罰則の記載 （2025〔令和7〕年6月1日以降）

○労働施策の総合的な推進並びに労働者の雇用の安定及び職業生活の充実等に関する法律
　　（罰則）
　　第39条　第32条第4項の規定に違反した者は、6月以下の拘禁刑又は50万円以下の罰金に処する。
　　第40条　次の各号のいずれかに該当する者は、30万円以下の罰金に処する。
　　　　一　第27条第1項の規定に違反して届出をせず、又は虚偽の届出をした者
　　　　二　第28条第1項の規定による届出をせず、又は虚偽の届出をした者
　　　　三　第34条第1項の規定による報告をせず、若しくは虚偽の報告をし、又は同項の規定による当該職員の質問に対して答弁せず、若しくは虚偽の陳述をし、若しくは同項の規定による検査を拒み、妨げ、若しくは忌避した者
　　　　四　第36条第2項の規定による報告をせず、又は虚偽の報告をした者
　　２　法人の代表者又は法人若しくは人の代理人、使用人その他の従業者が、その法人又は人の業務に関し、前項の違反行為をしたときは、行為者を罰するほか、その法人又は人に対しても、同項の刑を科する。
　　第41条　第36条第1項の規定による報告をせず、又は虚偽の報告をした者は、20万円以下の過料に処する。

図表 13 ● 刑法に定める刑罰の範囲

懲 役	無期・有期（1カ月以上20年以下）
禁 錮	無期・有期（1カ月以上20年以下）
罰 金	1万円以上
拘 留	1日以上30日未満
科 料	1000円以上1万円未満

［注］　1.　一定の場合には刑の加重・減軽がある。しかし、懲役や禁錮の長期（上限）は30年を超えることはできない。
　　　　2.　2025（令和7）年6月1日以降、上記表は以下のとおりとなる。

拘禁刑	無期・有期（1カ月以上20年以下）
罰 金	1万円以上
拘 留	1日以上30日未満
科 料	1000円以上1万円未満

い」との規定がある。罰則でいうところの「第○条の規定に違反した者」というのは普通、「故意に（わざと）」違反した者を想定している。これもついでに覚えておくとよいだろう。

3 両罰規定

再び労働施策総合推進法40条2項を見てほしい［図表12］。このような規定を「両罰規定」という。会社などの事業活動において違反行為をしたときは、その違反者ばかりでなく法人である会社なども罰するとの規定である。違反行為の利益を最終的に得ているのは法人などである。違反者だけが罰せられるのでは公平ではないし、罰則の効果も期待できない。そこで定められたのが両罰規定というものだ。ただし、会社に拘禁刑を科すことはできないので、違反者と同時に科されるのは財産刑だけである。

「十分注意していたのに、うちの社員が違反をしてしまって……」。会社は決まってこんな言い訳をするものだが、この両罰規定による会社の責任は無過失責任ではない。つまり、言い訳ではなく、本当に違反行為をしないように注意し、社員を監督していたことが証明されれば、会社は処罰を免れることもできる。判例（最高裁大法廷　昭32.11.27判決）も「事業主として右行為者らの選任、監督その他違反行為を防止するために必要な注意を尽さなかつた過失の存在を推定した規定と解すべく、したがつて事業主において右に関する注意を尽したことの証明がなされない限り、事業主もまた刑責を免れ得ない」としている。こんな点からも、社内のコンプライアンス教育の重要性が分かるというものだ。

4 不利益処分としての企業名の公表

「法違反などをした企業名などの公表」という手法も法律に定められることがある［図表14］。例えば、障害者雇用促進法46条1項では、雇用する障害者数が法定雇用障害者数未満である事業主に対して雇い入れに関する計画の作成を命じることができるとしているが、同法47条は作成したこの計画の実施の勧告に事業主が理由なく従わないときには、その旨を公表することができるとしている。ただ、このような措置の法的な性格は罰則というよりも法を守らせるための不利益処分としての性格が強い。そのため、障害者雇用促進法でも罰則の章ではなく実体的規定の章の中（第3章　対象障害者の雇用義務等に基づく雇用の促進等）に置かれている。

図表 14 ● 企業名公表を記した主要な労働法令

○障害者の雇用の促進等に関する法律
　　（一般事業主についての公表）
　　第 47 条　厚生労働大臣は、前条第 1 項の計画を作成した事業主が、正当な理由
　　　がなく、同条第 5 項又は第 6 項の勧告に従わないときは、その旨を公表する
　　　ことができる。

○雇用の分野における男女の均等な機会及び待遇の確保等に関する法律
　　（公表）
　　第 30 条　厚生労働大臣は、第 5 条から第 7 条まで、第 9 条第 1 項から第 3 項ま
　　　で、（中略）、第 12 条並びに第 13 条第 1 項の規定に違反している事業主に対
　　　し、前条第 1 項の規定による勧告をした場合において、その勧告を受けた者
　　　がこれに従わなかつたときは、その旨を公表することができる。

○労働者派遣事業の適正な運営の確保及び派遣労働者の保護等に関する法律
　　（公表等）
　　第 49 条の 2　（略）
　　2　厚生労働大臣は、前項の規定による勧告をした場合において、その勧告を受
　　　けた者がこれに従わなかつたときは、その旨を公表することができる。

6 附則

1 附則の表現の仕方

　施行期日や経過措置などを定めるのが「附則」である。附則は普通、本則とは通し条数となっていない。本則が何条あろうとも、附則は 1 条から始まるのが一般的だ。そのため、本則の 1 条と区別するために附則の 1 条は「附則第 1 条」と表現する。

2 附則の内容

　結婚当初は「これからずっと一緒だよ」というようなことを言うものだが、限時法（期限を限って効力を有する法令のこと）でない限り、法令の本則も「これからずっと続く」ことを一応想定した規定が並んでいる。これに対して附則は、新法施行に伴って必要となる規定が並ぶ。結婚でいえば、「いつ籍を入れるか」から始まって、新しい生活を「どこで暮らし始めるか」などが当面の問題となるだろう。新しいマンションで新婚生活を始めるのなら、今まで借

第6章　労働法の見方・読み方

りていたアパートの賃貸契約を解約する必要も出てくるだろう。法令も同じ
で、いつから施行するかが最初の問題としてあり、新法の新しい制度が始まっ
たときに、古い制度をそのままやめてしまうのか、それとも期限を決めて新し
い制度に乗り換えるのか、などの問題に答えを出しておかなければならない。
これらの処理を定めたのが附則の規定といえる。

3 改正法附則

　誓い合ったはずの結婚でも離婚があるように、「ずっと続く」はずの法令の
規定も改正されることがある。その場合には、また、改正に伴う措置が必要と
なる。だから、一部改正法にも附則が置かれる。こうした一部改正法に付けら
れる附則を「改正法附則」という。ただ、何度も改正される法律では改正法附
則といってもたくさんある。そのため、改正年を呼び名に加えて「令和6年改
正法附則」などと呼んで特定する。

　改正されると、一部改正法の本則はもと法に溶け込んでしまう。そのため、
一部改正法の附則だけが残っていく。これらは過去の改正の記憶をとどめる
「改正の年輪」のようなものといえる。ただ、一般の六法全書では一部改正法
附則は全部掲載されていない。

4 附則の規定順序

　附則の規定の並びは、[図表15] のような順序が一般的である。新規立法の
附則も一部改正法附則も同様である。なお、網掛けの部分だけが「改正の年
輪」として残される一部改正法附則である。このうち、経過措置は対象がなく
なると失効し、人知れず消えていく。例えば、「新たに営業の許可制が導入さ
れるが、今まで同種の営業をしていた者は施行の日から1年に限り許可なく営

図表15 ◉ 附則での主な規定と順序

・施行期日	施行期日を定める政令以外は必須事項
・既存法令の廃止規定	内容が「かぶる」ため廃止しないといけない法令の廃止はこの場所。ある法令を廃止することが一つの政策判断なら本則で廃止する
・経過措置	過去の制度と新しい制度との調整規定など
・他法令の改正	「条文が移動した」「法律の題名が変わった」など機械的な改正は附則で行う。他法令の改正が一つの政策判断なら本則で改正する

307

業ができる」といった内容の経過措置があったとする。この場合、施行の日から1年を経過すれば対象がなくなるので、この規定も対象を失い、意味のない規定となる。

4　法令の階層構造を知る

1　法令の階層性

　法令の階層構造は、憲法→法律→政令→省令（内閣府の場合は府令）の順となっている。ただ、憲法は法令のトップに位置するというよりも、すべての法令がよって立つ"土俵"のようなものということができるかもしれない。憲法を"土俵"として、各法令の階層性と制定権者を示すと［図表16］のようになる。

2　政省令への委任

　憲法を除けば法令の中で一番上位にあるのが法律である。何が「重い」といって、国民を代表する国会により制定されたことほど「重い」ものはない。そのため、法律と政令以下の法令との間には大きな隔たりがあるといってもよい。「代表なくして課税なし」という言葉を聞いたことがあるだろう。税金は

図表16 ● 法令の階層性と制定権者

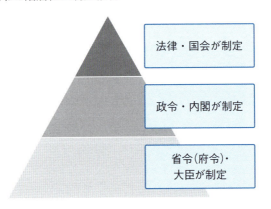

第 6 章　労働法の見方・読み方

国民に義務を課す最たるものだが、国民の権利を制限したり、義務を課したりするには法律によらなければならない。

　もちろん、政令や省令・府令（以下「政省令」という）で国民の権利や義務に関する規定を置く場合もある。しかし、その場合には法律に「○○については政令（省令・府令）で定める」といった規定が必要となる。こうした規定を「委任規定」という。

　国民の権利や義務の内容を政省令に委任する場合も、いわゆる「白紙委任」は許されない。やる気のない殿様が「よきにはからえ」というように政省令に任せることはもってのほかだ。古い法律などを中心に雑な委任規定も見受けられるが、行政が勝手に政省令を定めてしまうことを防ぐためにも、国会がきちっとした法律を制定することが重要となる。

Column

代表なくして課税なし

　アメリカ独立戦争の契機となった有名なスローガン。1765 年にイギリスがアメリカ東部の 13 植民地に対して印紙法を制定して増税を行ったことに対して、ヴァージニア植民地の政治家パトリック・ヘンリーが、植民地の代表がいないイギリス議会の決定によって行われる課税は不当であり、植民地人の権利と自由を侵すものとして、租税を払う必要はないと唱えた。

3　政省令への委任事項の振り分け

　政令に委任するか省令（府令）に委任するかの基準はあるようでない。しかし、一般論でいえば、政令への委任事項のほうが省令（府令）への委任事項より重要ということはできる。社長が部長に命じることと課長に命じることではおのずと重要度が違うであろうが、それと同じである。

　なお、政省令は、国民の権利や義務に関することでなければ、委任規定がなくても法律を施行する上で細かい事務的なことを定めることはできる。部長や課長だって社長に命じられなくても、自分の権限でできる仕事はあるはず。それと同じである。

309

4 施行令・施行規則以外の政省令

その法律の施行に必要な政令や省令は「施行令」や「施行規則」としてまとめられていることが多い。例えば、労働者災害補償保険法の政令には「労働者災害補償保険法施行令」が、省令には「労働者災害補償保険法施行規則」がある［図表17］。ただ、労働基準法のようにこうした「施行令」や「施行規則」とは別に政省令が定められることもあるので、見落としに注意が必要だ。

5 条例と規則

自治体の法令としては条例と規則がある。条例は地方議会が定めるもので、規則は知事や市区町村長などが定めるものだ。規則には教育委員会や公安委員会などが定めるものもあるが、これは委員会規則と呼ばれ、知事や市区町村長が定める規則とは区別されている。規則は条例とは離れ、単独で定められるものも多いが、条例の委任を受けるなどして、その内容の細かい定めをするものもある。その場合の規則を条例施行規則と呼ぶ。

図表 17 ● 政令、省令のパターン

ケース1：法律、政令（施行令）、省令（施行規則）のパターン

［法律］　労働者災害補償保険法
［政令］　労働者災害補償保険法施行令
［省令］　労働者災害補償保険法施行規則

ケース2：ケース1以外の政省令のパターン

［法律］　労働基準法
［政令］　労働基準法第37条第1項の時間外及び休日の割増賃金に係る率の最低限度を定める政令
［省令］　• 労働基準法施行規則
　　　　　• 労働基準法の災害補償に相当する給付に関する法令を指定する省令
　　　　　• 労働基準法第76条第2項の規定による常時100人未満の労働者を使用する事業場に使用される労働者に対して行う休業補償の額の改訂及び改訂後の休業補償の額の改訂の方法の特例に関する省令
　　　　　• 労働基準法第18条第4項の規定に基づき使用者が労働者の預金を受け入れる場合の利率を定める省令

第6章　労働法の見方・読み方

⑥ 通達（通知）

　通達は国民に向けられた法令ではなく、上級行政機関の下級行政機関に対する命令にすぎない。

　2000（平成12）年の地方分権改革で機関委任事務が廃止され、国と地方自治体は対等関係に立つことが明らかとなった。そのため国が地方自治体へ出す通達は現在では「通知」と名前を変え、地方自治体へのアドバイスという形をとっている。

通達の略称と番号のルール　Column

　通達の略称は慣れないうちはピンとこないものだ。例えば、労働基準法関係の代表的な通達の略称には次のようなものがある。

基発	労働省（現厚生労働省）労働基準局長名通達
発基	労働基準局関係の労働事務次官（現厚生労働事務次官）名通達
基収	労働省（現厚生労働省）労働基準局長が疑義に答えて発する通達

　通達を識別する番号は各省庁でバラバラである。もっといえば、同じ労働関係であっても時代によりそのルールが異なる。現在は「令和6年2月16日付け基発0216第8号」というように示されている。「基発0216第8号」というのは、2月16日に厚生労働省労働基準局長名で発せられた、その年の8番目の通達であることを示している。

311

5 労働法を通じて法令用語を読む

1 法令用語学習の意味

少し前まで「法令を学ぶこと」は「法令用語を学ぶこと」であった。現在では、法令用語以前に法令全体の構造の把握が求められているが、法令用語を知っていれば条文の正確な理解が進むことに変わりはない。

法令用語を解説する書籍は多いので、ここでは詳しく説明しないが、多くの人が苦手意識を持っている「又は・若しくは」と「及び・並びに」の関係だけは実際の条文を引きながら解説しておこう。この2対の用語は条文の構造を知る上で欠くことができない用語である。

2 又は・若しくは

「又は・若しくは」は、どちらも英語でいえば「or」に当たるが、ただ、少し使い方のコツがある。

選択する内容が一つのグループである場合には最後だけに「又は」を使い、それ以外の場所では「、」でつなぐ。「A、B、C又はD」といったようにだ。

しかし、選択する内容にいくつかのグループ分けができる場合には、「又は」は一番大きなグループ分けだけに使い、その他のグループ分けには「若しくは」を使う [図表18]。

3 及び・並びに

「又は・若しくは」と似たような関係にある用語に「及び・並びに」がある。こちらは英語でいえば「and」だ。

加えようとする内容が一つのグループである場合には最後だけ「及び」を使い、それ以外の場所では「、」でつなぐ。「A、B、C及びD」といったようにだ。

しかし、加えようとする内容にいくつかのグループ分けができる場合には、「及び」は一番小さな結びつきに使い、ほかの部分は「並びに」を使う [図表19]。

第6章 労働法の見方・読み方

図表 18 ● 「又は・若しくは」の構造を図で理解する

○**雇用の分野における男女の均等な機会及び待遇の確保等に関する法律**
（報告の徴収並びに助言、指導及び勧告）
第 29 条　厚生労働大臣は、この法律の施行に関し必要があると認めるときは、事業主に対して、報告を求め、又は助言、指導若しくは勧告をすることができる。
2　略

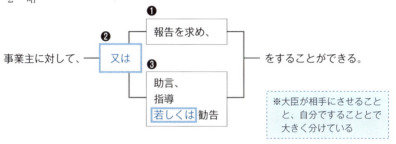

図表 19 ● 「及び・並びに」の構造を図で理解する

○**労働安全衛生法**
（財務諸表等の備付け及び閲覧等）
第 50 条　登録製造時等検査機関は、毎事業年度経過後 3 月以内に、その事業年度の財産目録、貸借対照表及び損益計算書又は収支決算書並びに事業報告書（略）を作成し、5 年間事務所に備えて置かなければならない。
2〜4　略

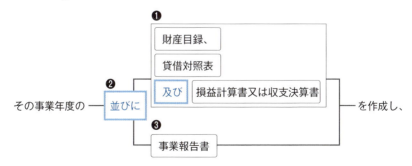

313

Column

送り仮名に困ったら…

　会社で使われるオフィシャルな文書は公文書の用字や用語に従って作られることも多いだろう。用字や用語の中でも特に難しいのが「送り仮名」だ。公文書の送り仮名のルールは「送り仮名の付け方」（昭和48年内閣告示第2号）に定められている。これによれば、例えば動詞だと「取り扱う」だが、名詞になると「取扱い」となる。しかし、「事務取扱」といった「慣用が固定していると認められるもの」については送り仮名が消えてしまう。ただ、「慣用が固定している」かどうかなんて誰に聞いてよいか分からないことだ。こんなときに頼りになるのが文化庁のウェブページ上の「国語施策情報」（https://www.bunka.go.jp/kokugo_nihongo/sisaku/joho/joho/index.html）だ。「国語表記の基準」のページの「内閣告示・内閣訓令」のところに「送り仮名の付け方」の内容が公開されている。迷ったときの参考にしたい。

吉田利宏　よしだ としひろ

元衆議院法制局参事

1963年兵庫県神戸市生まれ。早稲田大学法学部卒業後、衆議院法制局に入局。15年にわたり、法律案や修正案の作成に携わる。現在、大学講師の傍ら、法律に関する書籍の執筆・監修、講演活動を展開。
著書に『元法制局キャリアが教える 法律を読む技術・学ぶ技術（改訂第4版）』（ダイヤモンド社）、『新法令用語の常識（第2版）』『新法令解釈・作成の常識』（いずれも日本評論社）など多数。

第 7 章

人事が知っておくべき
重要労働判例

高仲幸雄

中山・男澤法律事務所 パートナー 弁護士

はじめに

　一般的には、裁判所が言い渡した判決を「判例」と呼ぶが、厳密な意味での「判例」とは最高裁判所（最高裁）の判決を指す。最高裁の判断（判例）は、他の裁判所の判断を拘束するので、裁判では、判例の判断枠組みを意識した主張の組み立てが必要である。また、裁判前の紛争防止の観点でも、労働事件の判例（労働判例）の理解は必須である。

　本章では、人事担当者が実務を円滑に進める上で知っておくべき以下の10件の判例を取り上げる。

1　試用期間と本採用拒否　三菱樹脂事件

2　有期労働契約と試用期間　神戸弘陵学園事件

3　就業規則変更の合理性　第四銀行事件

4　合意による労働条件の変更　山梨県民信用組合事件

5　使用者の指揮命令と労働時間の概念　三菱重工業長崎造船所事件

6　転勤命令と権利濫用　東亜ペイント事件

7　過労自殺と使用者の法的責任　電通事件

8　能力不足を理由とする解雇　高知放送事件

9　旧労働契約法20条で禁止される「不合理な労働条件」への該当性　ハマキョウレックス事件

10　セクハラを理由とする停職の相当性　加古川市事件

第7章　人事が知っておくべき重要労働判例

1　試用期間と本採用拒否

三菱樹脂事件　最高裁大法廷　昭 48.12.12 判決
入社前（学生時代）の活動を理由とした試用期間満了後の本採用拒否について、企業には採用の自由があり、採否決定に当たり本採用拒否や思想・信条の調査が当然に違法となるものではないとした例

■1 事案の概要
　X は、大学卒社員として 3 カ月の試用期間を設けて Y 社に採用されたが、試用期間満了直前に、採用試験の際の回答内容が実際の事実（学生運動その他の活動）と異なるとして、試用期間満了とともに本採用を拒否された。X は、Y 社に対し労働契約関係存在確認訴訟を提起し、1 審および控訴審は X の請求を認めた。Y 社が上告。

■2 判断の要旨
破棄差し戻し。
　「労働者を雇傭するにあたり、いかなる者を雇い入れるか、いかなる条件でこれを雇うかについて、法律その他による特別の制限がない限り、原則として自由にこれを決定することができるのであつて、企業者が特定の思想、信条を有する者をそのゆえをもつて雇い入れることを拒んでも、それを当然に違法とすることはできない」
　「労働者の採否決定にあたり、労働者の思想、信条を調査し、そのためその者からこれに関連する事項についての申告を求めることも、これを法律上禁止された違法行為とすべき理由はない」

■3 実務への影響
　使用者（企業）には採用の自由があり、思想・信条を理由に採用拒否できることを明らかにした判例が本件である。最高裁は、Y 社が X の採用のための調査に当たって、思想・信条に関する事項の申告を求めたことについて控訴審が違法行為とした点には、法令の解釈、適用の誤りがあると判断した。
　行政は、公正な採用選考や個人情報保護の観点から、採用に当たっての調査・情報収集について制限を加えている（平 11.11.17　労告 141。最終改正：令 5. 3.31　厚労告 165）。もっとも、現行法制では、思想・信条により不採用

317

とした点が違法となった場合でも、そのことを理由に労働者の採用を企業に強制する（労働契約の締結を擬制する）ことはできない。

採用に関する問題を検討する場合には、[**図表 1**] のどの段階にあるかを意識することが重要である。

例えば、①内定後には「内定取り消し」を巡る問題、②入社後には「本採用拒否」の問題がある。①では「内定取り消し事由」が論点となる。②については、判例は、試用期間中の労働契約関係を「解約権留保付労働契約」とし、解約権行使は「解約権留保の趣旨、目的に照らして、客観的に合理的な理由が存在し社会通念上相当として是認することができる場合にのみ許される」と限定している（大日本印刷事件　最高裁二小　昭 54. 7.20 判決）。そこで、本採用拒否に当たっては、労働基準法上の解雇手続き（解雇予告手当の支払い等）のほか、試用期間中の注意書等によって本採用拒否の理由を裏づける証拠を準備しておく必要がある。

図表 1 ● 採用を巡る問題の所在

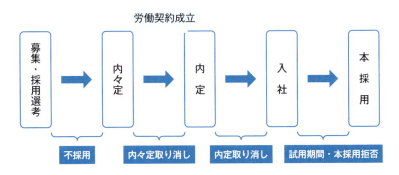

第7章　人事が知っておくべき重要労働判例

② 有期労働契約と試用期間

神戸弘陵学園事件　最高裁三小　平2.6.5判決
契約期間を1年とした教員との有期労働契約について、期間を設けた趣旨が
労働者の適性を評価・判断するためのものであるときは、上記期間は試用期間
であると判断した例

■1 事案の概要
　Xは、Yが設置する学校の教員として採用され、Yの理事長は契約期間中
の勤務状態を見て再雇用するかを判断すると述べ、契約書には1年の契約期間
が記載された。契約期間満了後に再雇用されなかったXが地位確認等を求め
て訴えを提起した。1審および控訴審はXの請求を棄却し、Xが上告。

■2 判断の要旨
破棄差し戻し。

　使用者が定めた雇用期間が「趣旨・目的が労働者の適性を評価・判断するた
めのものであるときは、右期間の満了により右雇用契約が当然に終了する旨の
明確な合意が当事者間に成立しているなどの特段の事情が認められる場合を除
き、右期間は契約の存続期間ではなく、試用期間であると解するのが相当であ
る」

　「試用期間中の労働者が試用期間の付いていない労働者と同じ職場で同じ職
務に従事し、使用者の取扱いにも格段変わったところはなく、また、試用期間
満了時に再雇用（すなわち本採用）に関する契約書作成の手続が採られていな
いような場合には、他に特段の事情が認められない限り、これを解約権留保付
雇用契約であると解するのが相当である」

　「試用期間付雇用契約が試用期間の満了により終了するためには、本採用の
拒否すなわち留保解約権の行使が許される場合でなければならない」

■3 実務への影響
　最高裁は、本件における契約期間を「試用期間」とみなし、当初の独立した
有期労働契約を「解約権留保付の期間の定めのない労働契約」と解釈した［図
表2］。この判例を受け、試用目的で有期労働契約を用いる場合には、①契約
期間満了時に契約終了となること、②正社員登用は別途の手続きを行う旨を労

319

図表2 ● 試用目的による有期契約社員の契約期間の扱い

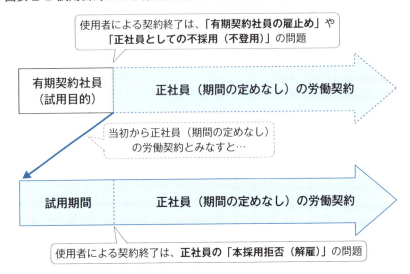

働契約書等で明記し、実際の労務管理でも有期労働契約の期間が「試用期間」と誤解されないような説明・取り扱いをすることが必要とされた。

　もっとも、その後の福原学園（九州女子短期大学）事件（最高裁一小　平28.12.1判決）では、最高裁は、3年を上限とする有期労働契約について無期雇用への移行を否定し、当初の3年の契約期間を試用期間とは捉えなかった。近時は、本件における最高裁の判断は、「契約期間自体の認定が難しかったケースにおける解釈」と射程範囲を限定的に捉える学説が有力になっている（荒木尚志『労働法　第5版』［有斐閣］540ページ）。

　本件は評価や射程範囲の捉え方が難しい判例であり、正社員採用を視野に入れた有期労働契約のトラブルにおいては、同事件の解釈が争われることがある。

第 7 章　人事が知っておくべき重要労働判例

これも重要！　～有期労働契約の雇止め～

Column

　有期労働契約の雇止め（企業による更新拒否）については、①労働契約法 19 条 1 号で期間の定めのない状態と実質的に異ならない状態になっている場合（東芝柳町工場事件　最高裁一小　昭 49. 7.22 判決のケース）と②同条 2 号で雇用継続の合理的期待がある場合（日立メディコ事件　最高裁一小　昭 61.12. 4 判決のケース）に、雇止めが客観的に合理的な理由を欠き、社会通念上相当であると認められないときは、これを無効とするルール（いわゆる「雇止め法理」）が明文化されている。契約更新・雇止めを巡っては、契約更新時の労働条件変更も問題となることがある（河合塾事件　最高裁三小　平 22. 4.27 判決）。

　なお、有期労働契約における契約期間中の解雇は「やむを得ない事由」（労働契約法 17 条 1 項）が必要であり、雇止めとは判断枠組みが全く異なる点に注意を要する。

321

3 就業規則変更の合理性

第四銀行事件　最高裁二小　平 9 . 2 .28 判決

就業規則の不利益変更の判断枠組みを整理し、賃金・退職金等の重要な権利・労働条件に関する不利益変更は、高度の必要性に基づいた合理的な内容である場合に効力を生じるとした例

■ 事案の概要

　Ｙ銀行には、①定年を満55歳とし、②その後3年間を上限とする定年後在職制度があった。Ｙ銀行は、約9割の行員で組織する労働組合と定年を60歳とする労働協約を締結し、就業規則も変更した。非組合員である行員Ｘは、この就業規則の変更によって②の制度で支給されるはずの賃金等を減額したことは無効であるとして、差額分の支払いを求めて訴訟を提起。1審および控訴審ともにＸの請求を棄却した。Ｘが上告。

■ 判断の要旨

上告棄却。

　「賃金、退職金など労働者にとって重要な権利、労働条件に関し実質的な不利益を及ぼす就業規則の作成又は変更については、当該条項が、そのような不利益を労働者に法的に受忍させることを許容することができるだけの高度の必要性に基づいた合理的な内容のものである場合において、その効力を生ずる」

　「労働者が被る不利益の程度、使用者側の変更の必要性の内容・程度、変更後の就業規則の内容自体の相当性、代償措置その他関連する他の労働条件の改善状況、労働組合等との交渉の経緯、他の労働組合又は他の従業員の対応、同種事項に関する我が国社会における一般的状況等を総合考慮して判断すべきである」

■ 実務への影響

　「就業規則の不利益変更」に関する判例の判断枠組みを整理したのが本件である。

　最高裁は、■ のように述べた上で、①60歳定年のための人件費削減の必要性、②同業他社・世間相場を踏まえた変更後の労働条件の相当性、③行員の約9割で組織する多数派労働組合が同意していることを総合考慮して変更の合理

性を肯定した。

　就業規則変更の合理性の判断枠組みは、その後に労働契約法9条および10条で明文化されたが、個別要素を総合考慮するため、合理性が認められるかどうかの事前予測は困難である。そのため、実務では、就業規則の変更と併せて、①労働者からの個別同意の取得（山梨県民信用組合事件〔後掲❹参照〕）、②経過措置や調整給等の不利益緩和措置を講じることが多い。

これも重要！　～労働協約による不利益変更～

Column

　朝日火災海上保険（石堂・本訴）事件（最高裁一小　平9.3.27判決）は、労働協約によって組合員の労働条件を引き下げること（規範的効力）を原則として認めつつも、当該協約が「特定の又は一部の組合員を殊更不利益に取り扱うことを目的として締結されたなど労働組合の目的を逸脱して締結された」場合は、規範的効力が及ばないという例外も示した。この「労働組合の目的を逸脱して締結された」か否かは、個別事案ごとの判断にはなるが、対象組合員の不利益の内容・程度や組合内部の手続きを検証していくことになり、組合内部において一部の組合員（少数派）に不当な不利益を課していないかという、労働協約締結に当たっての労働組合内部のプロセスが重要になる。

　また、既発生の個人の権利を侵害する、あるいは強行法規違反・公序良俗違反となるような労働協約を締結することはできない。

　上記判決とともに論じられることが多いのが朝日火災海上保険（高田）事件（最高裁三小　平8.3.26判決）である。同事件は、労働組合法17条の「事業場単位の一般的拘束力（拡張適用）の限界」の問題であり、最高裁は、未組織労働者に対して「著しく不合理」である場合に、労働協約の拡張適用の効力を否定している。

4 合意による労働条件の変更

山梨県民信用組合事件　最高裁二小　平 28. 2.19 判決

就業規則で定められた退職金支給基準を労使間の個別合意で不利益変更した事案において、労働者側の同意の有無は、労働者の自由な意思に基づくものと認めるに足りる客観的合理的理由の存否を考慮して慎重に判断されるべきとした例

1事案の概要

　A 信用組合は、Y 信用組合への吸収合併前に規程変更を提案し、A 信用組合の職員であった X らは、上記変更に関する同意書に署名押印した。合併後に自己都合退職した X らは、変更後の規程では退職金が不支給となったこと等から、変更前の規程に基づく退職金の支払いを求めて訴訟を提起。1 審および控訴審は X らの請求を棄却し、X らが上告。

2判断の要旨

破棄差し戻し。

　「使用者が提示した労働条件の変更が賃金や退職金に関するものである場合には、当該変更を受け入れる旨の労働者の行為があるとしても（中略）当該行為をもって直ちに労働者の同意があったものとみるのは相当でなく、当該変更に対する労働者の同意の有無についての判断は慎重にされるべきである」

　「就業規則に定められた賃金や退職金に関する労働条件の変更に対する労働者の同意の有無については、当該変更を受け入れる旨の労働者の行為の有無だけでなく、当該変更により労働者にもたらされる不利益の内容及び程度、労働者により当該行為がされるに至った経緯及びその態様、当該行為に先立つ労働者への情報提供又は説明の内容等に照らして、当該行為が労働者の自由な意思に基づいてされたものと認めるに足りる合理的な理由が客観的に存在するか否かという観点からも、判断されるべきものと解するのが相当である」

3実務への影響

　就業規則の不利益変更において、労働者側から労働契約法 9 条の「合意」を得ることで、同法 10 条の「就業規則の不利益変更」の紛争リスクを回避する方法がとられることがある。

就業規則変更時に不利益を受ける労働者からの合意（同意）の効力が問題となったのが本件である。最高裁は、**2**のように述べた上で、「同意」の有無を規範的・実質的に判断するとともに、同意取得の手続き面も考慮して、①退職金額が不支給となるケースもあるほどの大きな不利益なのに情報提供・説明が不十分であること、②労働協約を締結した労働組合側の担当者（執行委員長）に締結権限があったか不明であることから、原判決を破棄差し戻しとした。

労働条件の変更に対する労働者の同意の有無について、「労働者の自由な意思に基づいてされたものと認めるに足りる合理的な理由が客観的に存在するか否か」という判断枠組みは、以下でも用いられている。

争点	事件名
賃金債権の放棄の意思表示	シンガー・ソーイング・メシーン事件（最高裁二小　昭 48. 1.19 判決）
賃金債権の合意相殺の有効性	日新製鋼事件（最高裁二小　平 2.11.26 判決）
妊娠中の軽易業務への転換を契機とする降格（不利益取り扱い）が許容される「特段の事情」となる労働者側の承諾	広島中央保健生活協同組合事件（最高裁一小　平 26.10.23 判決）

最高裁の判断枠組みからすると、就業規則の不利益変更への同意については、労働者ごとに変更後の労働条件の不利益の内容・程度について、抽象的・曖昧な説明ではなく、変更前後の金額面のシミュレーション資料を示すなどして具体的に説明する必要がある。実際、個別同意を得ていたケースでも、後から同意の有無・有効性が争われることもあり、実務では、説明内容を意識的に記録に残し、説明方法においても、全体説明だけでなく、希望者には個別面談も行うなどの対応が必要になる。

労働者側に不利な同意・合意については、①労働者側に不利益の内容・程度について情報提供をすること、②上記①の情報を踏まえて労働者側に不当な誘導・圧力を与えずに判断させること、③労働者側の意思は明確に、特定して表示させること——を意識した対応が必要になる。

5 使用者の指揮命令と労働時間の概念

三菱重工業長崎造船所事件　最高裁一小　平12.3.9判決
労働基準法における「労働時間」の該当性の判断は「使用者の指揮命令下か否か」を基準とし、就業規則等の規定により決定されるものではないと判断した例

■1 事案の概要

　Y社は、従業員の始業・終業を以下のように管理していた。
①所定の始業時刻に作業場で実作業を開始できるようにしておくこと
②始業時刻に間に合うように作業服・保護具等を装着し、作業場に到着すること。資材や消耗品等の受け出し、粉じん防止のための散水が必要な部門では当該作業を始業時刻までに行っておくこと
③終業時刻に作業場にいること

　Y社の従業員であるXらは、所定労働時間以外に行った上記行為の時間について、Y社に割増賃金を求めて訴訟を提起した。1審および控訴審ともにXらの請求を一部認容。Y社が上告。

■2 判断の要旨

上告棄却。

　労働時間とは「労働者が使用者の指揮命令下に置かれている時間をいい、右の労働時間に該当するか否かは、労働者の行為が使用者の指揮命令下に置かれたものと評価することができるか否かにより客観的に定めるものであって、労働契約、就業規則、労働協約等の定めのいかんにより決定されるべきものではないと解するのが相当である」

　「労働者が、就業を命じられた業務の準備行為等を事業所内において行うことを使用者から義務付けられ、又はこれを余儀なくされたときは、当該行為を所定労働時間外において行うものとされている場合であっても、当該行為は、特段の事情のない限り、使用者の指揮命令下に置かれたものと評価することができ、当該行為に要した時間は、それが社会通念上必要と認められるものである限り、労働基準法の労働時間に該当すると解される」

■3 実務への影響

　残業代を巡る多くの裁判では、その行為をした時間が労働基準法上の労働時

間に該当するか否かが問題となり、その判断基準を示したのが本件である。

最高裁は、①実作業前の作業服・保護具の装着、資材等の受け出し、散水等の時間、②終業時刻後に更衣室等において作業服・保護具の脱離等を終えるまでの時間は、使用者の指揮命令下にあり、労働時間に該当すると判断した。

注意すべきなのは、就業規則等で「労働時間に該当しない（始業時刻前・終業時刻後の行為）」と規定しても、「使用者の指揮命令下」と判断されれば、当該時間は「労働時間」となるという点であり、その判断枠組みは、以下の最高裁判例でも踏襲されている。

争点	事件名
守衛の仮眠時間	大星ビル管理事件（最高裁一小　平 14. 2. 28 判決）
住み込み管理員の労働時間	大林ファシリティーズ（オークビルサービス）事件（最高裁二小　平 19. 10. 19 判決）

残業代を巡る裁判では、割増賃金以外にも労働基準法 36 条の労使協定（36協定）の締結・届け出にも留意する必要がある。

Column

これも重要！　～過半数代表者の選出～

労働者の過半数を組織する労働組合（過半数組合）がない場合、36協定等の労使協定を締結する場合は、社内で過半数代表者の選出が必要になる。トーコロ事件（最高裁二小　平 13. 6. 22 判決）は、社内の親睦会（友の会）の代表者が締結した 36 協定について「協定当事者が労働者の過半数を代表する者ではない」とし、36 協定の有効性を否定している。36 協定以外でもさまざまな場面で労使協定の締結は必要であるが、前提となる代表者選出に瑕疵があると協定の効力が否定されるリスクがあるので注意を要する。

労働基準法施行規則では、過半数代表者の要件として「使用者の意向に基づき選出されたものでないこと」を挙げており（6条の2第1項2号）、選出に当たって案内文書や投票システムを用いる場合、民主的な手続きを確保した体制を整える必要がある。

6 転勤命令と権利濫用

東亜ペイント事件　最高裁二小　昭61.7.14判決
配転命令が権利濫用に該当するかについて、①業務上の必要性、②不当な動機・目的、③通常甘受すべき程度を著しく超える不利益を判断基準とするとした例

■1 事案の概要
　Y社の就業規則には配転命令の規定があり、営業社員は頻繁に転勤していた。Y社は、神戸営業所の営業社員Xに対し、広島営業所への転勤を内示したが、Xは、高齢の母親や仕事を持つ妻がいるなどの家庭事情を理由に拒否した。Y社は、Xの代わりに名古屋営業所の営業社員を広島営業所に赴任させる一方、Xには後任として名古屋営業所への転勤を内示したが、Xは上記転勤も拒否した。そこで、Y社はXを懲戒解雇としたが、Xは当該解雇が無効であるとして、訴訟を提起した。1審および控訴審は、配転命令が権利濫用としてXの地位確認や賃金支払い等の請求を認めた。Y社が上告。

■2 判断の要旨
破棄差し戻し。
　「転勤命令につき業務上の必要性が存しない場合又は業務上の必要性が存する場合であつても、当該転勤命令が他の不当な動機・目的をもつてなされたものであるとき若しくは労働者に対し通常甘受すべき程度を著しく超える不利益を負わせるものであるとき等、特段の事情の存する場合でない限りは、当該転勤命令は権利の濫用になるものではないというべきである」
　「被上告人の家族状況に照らすと、名古屋営業所への転勤が被上告人に与える家庭生活上の不利益は、転勤に伴い通常甘受すべき程度のものというべきである」

■3 実務への影響
　配転命令が権利濫用となる場合の判断方法を示したのが本件であり、最高裁は、転勤拒否を理由とする懲戒解雇を無効とした原判決を破棄し、原審に差し戻した。
　その後の判例・裁判例も、本判決が示した①業務上の必要性がない場合、②配転が不当な動機・目的によるものである場合、③労働者に通常甘受すべき程

度を著しく超える不利益を負わせる場合を判断枠組みとして用いている。また、判例（日産自動車村山工場事件　最高裁一小　平元.12.7判決）は、職種変更命令の有効性においても、本件の判断枠組みを用いている。

　本件の後に、育児・介護休業法26条が設けられ、使用者側は労働者への配転に当たって、「当該労働者の子の養育又は家族の介護の状況に配慮しなければならない」ことになった。また、労働契約法3条3項は「仕事と生活の調和にも配慮」することを労働契約の締結・変更に当たっての基本理念とした。裁判例においても、労働者側の育児・介護等の家庭内の事情に配慮して配転命令を無効とするものがあり（明治図書出版事件　東京地裁　平14.12.27決定、ネスレ日本事件　大阪高裁　平18.4.14判決）、使用者側が配転命令を行う場合には、労働者側の育児・介護等の家庭状況の確認が必要になっている。

　配転命令が権利濫用に該当せず有効な場合でも、配転命令に従わないことを理由とする懲戒処分の可否は別途検討を要する。配転命令は有効でも、同命令の不服従を理由とした懲戒処分が権利濫用（労働契約法15条）として、その効力が否定される場合があるからである（三和事件　東京地裁　平12.2.18判決、メレスグリオ事件　東京高裁　平12.11.29判決）。

Column

これも重要！
～配転範囲の限定合意・労働条件明示のルール変更～

　就業規則で配転命令権が規定されている場合でも、職種や就業場所（勤務地）の範囲を限定する個別合意があれば、労働契約法7条ただし書きにより当該範囲を超えた配転命令権は認められない（滋賀県社会福祉協議会事件　最高裁二小　令6.4.26判決）。配転を検討する際には、就業規則に配転命令の根拠規定があることに加えて、労使間で配転範囲を限定する個別合意がないかを確認する必要がある。

　なお、2024（令和6）年4月施行の改正労働基準法施行規則では、労働契約締結および有期労働契約の契約更新のタイミングで、雇入れ直後の就業場所・業務の内容に加えて、就業場所と従事すべき業務の「変更の範囲」を明示することを求めている。配転範囲の限定を確認する際には、労働条件通知書等に「変更の範囲」がどのように記載されているのかも確認する必要がある。

7 過労自殺と使用者の法的責任

電通事件　最高裁二小　平12.3.24判決
連日の長時間労働でうつ状態となり労働者が自殺した事案において、使用者には労働者の心身の健康を損なうことがないよう注意する義務があるとして、労働者の両親から会社に対する損害賠償請求を認容した例

■1 事案の概要
　Y社に勤務していたA（新入社員・大学卒）は、恒常的な長時間労働により健康状態を悪化させていた。上司は十分な睡眠をとるよう指導したが、業務軽減等の具体的措置は講じなかった。Aはうつ病に罹患し、出張から帰宅後に自殺した。Aの両親Xらは、Y社に対し、損害賠償請求を行い、1審は安全配慮義務違反を理由としてY社に損害賠償の支払いを命じた。控訴審は、1審を基本的に維持しつつ、過失相殺規定（民法722条2項）の類推適用によって、損害額の3割を減じた。Y社およびXらが上告。

■2 判断の要旨
Xら敗訴部分について破棄差し戻し。

　「使用者は、その雇用する労働者に従事させる業務を定めてこれを管理するに際し、業務の遂行に伴う疲労や心理的負荷等が過度に蓄積して労働者の心身の健康を損なうことがないよう注意する義務を負う」

　「ある業務に従事する特定の労働者の性格が同種の業務に従事する労働者の個性の多様さとして通常想定される範囲を外れるものでない限り、その性格及びこれに基づく業務遂行の態様等が業務の過重負担に起因して当該労働者に生じた損害の発生又は拡大に寄与したとしても、そのような事態は使用者として予想すべきものということができる」

　「労働者の性格が前記の範囲を外れるものでない場合には、裁判所は、業務の負担が過重であることを原因とする損害賠償請求において使用者の賠償すべき額を決定するに当たり、その性格及びこれに基づく業務遂行の態様等を、心因的要因として斟酌することはできない」

3 実務への影響

最高裁は、使用者に安全配慮義務があること自体は本件以前から認めており（陸上自衛隊八戸車両整備工場事件　最高裁三小　昭 50. 2.25 判決、川義事件　最高裁三小　昭 59. 4.10 判決）、本件の後に制定された労働契約法 5 条でも明文化されている。

安全配慮義務は、本件のような過労死（過労自殺）の事案でも問題となり、最高裁は、Y 社の上告を棄却し（Y 社の義務違反・使用者責任を肯定）、X らの敗訴部分について破棄差し戻し（過失相殺を否定）とした。

企業は、労働契約に伴う義務として安全配慮義務を負っており（労働契約法 5 条）、その義務は、器具・設備等の物的な面での安全確保だけではなく、労働者の心身の健康への配慮も含まれる。過労死が発生した場合、企業は安全配慮義務違反等を理由として多額の損害賠償責任を問われるリスクがあり、企業イメージにも大きなダメージを与える。また、取締役個人に会社法上の損害賠償責任が課せられることもある（大庄ほか事件　大阪高裁　平 23. 5.25 判決）。

過重労働に気づいた場合には、単に労働時間を短縮して休息するように指示するだけではなく、業務軽減等の具体的措置を講じる必要がある。なお、本件では、労働者側の心因的要因について、過失相殺の類推適用を限定している点も重要である（労働者側の精神的健康に関する情報の不申告を理由とした過失相殺の適用を否定した事案として、東芝事件　最高裁二小　平 26. 3.24 判決）。

図表 3 ● 電通事件のポイント

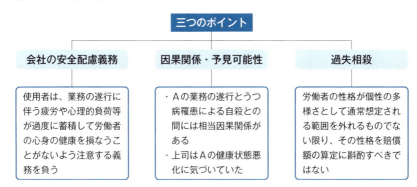

8 能力不足を理由とする解雇

高知放送事件　最高裁二小　昭 52. 1.31 判決

朝寝坊による遅刻を 2 回行ってラジオニュースの放送事故を起こした放送会社のアナウンサーについて、会社が行った普通解雇を権利濫用として無効と判断した例

■1 事案の概要

　放送会社である Y 社のアナウンサーである X は、朝寝坊による遅刻を 2 週間の間に 2 回行い、ラジオニュースを 1 回目は 10 分間、2 回目は 5 分間放送できなくする放送事故を起こした。2 回目の放送事故について、X は上司に報告せず、後にこれを知った上司から報告書提出を指示されたが、事実と異なる報告書を提出した。Y 社は X を普通解雇としたところ、X がその効力を争い、訴訟を提起。1 審および控訴審とも当該解雇は解雇権濫用に当たり無効と判断した。Y 社が上告。

■2 判断の要旨

上告棄却。

　「就業規則所定の懲戒事由にあたる事実がある場合において、本人の再就職など将来を考慮して、懲戒解雇に処することなく、普通解雇に処することは、それがたとえ懲戒の目的を有するとしても、必ずしも許されないわけではない。(中略) 普通解雇として解雇するには、普通解雇の要件を備えていれば足り、懲戒解雇の要件まで要求されるものではない」

　「普通解雇事由がある場合においても、使用者は常に解雇しうるものではなく、当該具体的な事情のもとにおいて、解雇に処することが著しく不合理であり、社会通念上相当なものとして是認することができないときには、当該解雇の意思表示は、解雇権の濫用として無効になるものというべきである」

■3 実務への影響

　労働契約法 16 条は「客観的に合理的な理由」と「社会通念上の相当性」を欠く解雇を権利濫用として無効と規定している。これは判例法理として確立していた解雇権濫用法理を明文化したものである（本件のほかにも、リーディングケースとして、日本食塩製造事件　最高裁二小　昭 50. 4.25 判決）。

本件で、最高裁は、就業規則の普通解雇事由である「その他、前各号に準ずる程度の已むをえない事由があるとき」に該当するとしつつ、Xの解雇を解雇権濫用（無効）とした原審を正当とした。

最高裁が挙げた理由は、XはY社の対外的信用を失墜させ、アナウンサーとしての責任感に欠けるとしつつも、①Xを起こすことになっていた担当者も寝坊していたこと（当該担当者は譴責処分のみ）、②事実と異なる報告書を提出した点についても、Xの誤解や気後れがあったことを考えると、Xを強く責めることはできない、というものである。

本件でY社は、Xを「懲戒解雇」とはせずに「普通解雇」としている。一般に裁判所は、懲戒解雇を有効とする場合のハードルを高く設定していることから、企業側がリスク軽減の観点から（退職金も支給される）普通解雇を選択することがある。

これも重要！　～退職勧奨における留意点～　**Column**

解雇の有効性については、事案ごとの個別判断であるため、いかなる場合に解雇が有効となるかの予測が難しいのが使用者側にとっては悩ましいところである。

そこで、使用者は、解雇に先立って、まずは労働者側から「退職願（届）」を提出するように勧奨（退職勧奨）することが実務では多く行われている。この退職勧奨について最高裁で判断されたのが、下関商業高校事件（最高裁一小　昭55.7.10判決）である。同事件では、使用者が行う退職勧奨がケースによっては不法行為を構成し、損害賠償責任が発生することが示された。その後の裁判例でも、退職勧奨時の言動を巡って、不法行為の成立や退職の意思表示の有効性が問題となることがある。

使用者としては、①退職勧奨の対象労働者を誤信させたり、強迫したりする発言はしない、②名誉感情を傷つけるような侮辱や人格否定に当たるような言葉は用いない、③対象労働者が退職拒否の意思を明らかにした場合は、長時間・継続的な勧奨（執拗な勧奨）はしないことが必要である。

9　旧労働契約法20条で禁止される「不合理な労働条件」への該当性

ハマキョウレックス事件　最高裁二小　平30.6.1判決

運送会社の正社員と有期契約労働者の待遇差について、一部の手当（無事故手当、作業手当、給食手当、通勤手当および皆勤手当）は不合理と判断して損害賠償請求を認めた例

■1 事案の概要

　運送会社であるY社では、正社員と契約社員との間で職務の内容に違いはないが、契約社員は出向や役職制度等で中核人材に登用されることが予定されておらず、正社員とは人材活用の仕組みが異なるという事情があった。非正規社員であるXは、正社員との待遇差として、無事故手当、作業手当、通勤手当等の各種手当、賞与や退職金の相違が労働契約法20条（平成30年法律第71号による改正前のもの。以下同じ）に違反すると主張し、正社員と同一の権利を有することの確認や差額の損害賠償請求を行った。1審は通勤手当の格差のみを労働契約法20条に違反するとし、控訴審は無事故手当、作業手当および給食手当も同条違反と判断し、不法行為に基づく損害賠償請求を認めた。Y社が上告（Xは附帯上告）。

■2 判断の要旨

Xの附帯上告に基づき原判決一部破棄差し戻し、Y社の上告棄却。

　「労働契約法20条は、（中略）有期契約労働者の公正な処遇を図るため、その労働条件につき、期間の定めがあることにより不合理なものとすることを禁止したものである。（中略）職務の内容等の違いに応じた均衡のとれた処遇を求める規定であると解される」

　「労働契約法20条が有期契約労働者と無期契約労働者との労働条件の相違は『不合理と認められるものであってはならない』と規定していることや、その趣旨が有期契約労働者の公正な処遇を図ることにあること等に照らせば、同条の規定は私法上の効力を有するものと解するのが相当であり、有期労働契約のうち同条に違反する労働条件の相違を設ける部分は無効となるものと解される。（中略）有期契約労働者と無期契約労働者との労働条件の相違が同条に違反する場合であっても、同条の効力により当該有期契約労働者の労働条件が比

較の対象である無期契約労働者の労働条件と同一のものとなるものではないと
解するのが相当である」

❸実務への影響

　有期契約労働者と正社員の不合理な待遇差の禁止（同一労働同一賃金）を巡
る一連の裁判について、最初に最高裁の判断が示されたのが本件である。

　本件では、待遇ごとに不合理性が検討され、無事故手当、作業手当、給食手
当、通勤手当および皆勤手当について同法違反による損害賠償が認められた。
本件における最高裁の判断により、不合理な待遇差があった場合の私法上の効
果、待遇差の合理性の判断枠組みが示された。

　本件と同じ日に、定年後再雇用者の待遇差が問題となった長澤運輸事件（最
高裁二小　平30. 6. 1判決）の最高裁判決も出ている。同事件は、再雇用時の
年収が定年退職前の79％程度と減額幅が比較的小さかった事案であり、一部
の手当のみ待遇差の不合理性を認めた。

　定年後再雇用の有期契約社員の賃金について、定年退職前の正社員時と比べ
て、どのくらいの減額が許容されるかが裁判で争われることがある。この点は
実務でも関心事ではあるが、事案ごとの個別判断になり、一律の基準は設定し
難いのが実情であり、同業種や類似制度における裁判所の判断を参考として、
個別に対応することになる（名古屋自動車学校事件　最高裁一小　令5. 7.20
判決）。

　なお、定年退職者が条件に不満で定年後再雇用契約を拒否した場合、再雇用
社員としての地位自体がないので、正社員との待遇差の問題にはならない。
もっとも、会社側が提示した労働条件が高年齢者雇用安定法の趣旨に反するよ
うなものである場合（あからさまな業務変更や賃金減額等）は、会社に対する
損害賠償請求として争われることがある（トヨタ自動車ほか事件　名古屋高裁
平28. 9.28判決）。

10　セクハラを理由とする停職の相当性

加古川市事件　最高裁三小　平30.11.6判決

地方公共団体の男性職員が、勤務時間中に訪れたコンビニエンスストアの女性従業員にわいせつ行為等をしたことで停職6カ月の懲戒処分となった事案において、当該処分を有効とした例

1 事案の概要

　Y市の男性職員であるXは、①勤務時間中に訪れたコンビニエンスストア（本件店舗）で勤務する女性従業員の手を握って店内を歩行し、同従業員の手をXの下半身に接触させようとする行動を取ったこと、②以前から本件店舗内で、従業員らを不快にさせる言動を取っていたことを理由に停職6カ月の懲戒処分を受けた（以下、①を「行為1」、②を「行為2」という）。Xは、上記処分は重すぎるとして取り消しを求め、訴訟を提起。1審および控訴審は停職6カ月の処分は重すぎるとしてXの請求を認容した。Y市が上告。

2 判断の要旨

原判決破棄、Xの請求棄却。

　「公務員に対する懲戒処分について、懲戒権者は、諸般の事情を考慮して、懲戒処分をするか否か、また、懲戒処分をする場合にいかなる処分を選択するかを決定する裁量権を有しており、その判断は、それが社会観念上著しく妥当を欠いて裁量権の範囲を逸脱し、又はこれを濫用したと認められる場合に、違法となるものと解される」

　「本件処分は、懲戒処分の種類としては停職で、最も重い免職に次ぐものであり、停職の期間が本件条例（筆者注：加古川市職員の懲戒の手続及び効果に関する条例）において上限とされる6月であって、被上告人が過去に懲戒処分を受けたことがないこと等からすれば、相当に重い処分であることは否定できない。しかし、行為1が、客と店員の関係にあって拒絶が困難であることに乗じて行われた厳しく非難されるべき行為であって、上告人の公務一般に対する住民の信頼を大きく損なうものであり、また、被上告人が以前から同じ店舗で不適切な言動（行為2）を行っていたなどの事情に照らせば、本件処分が重きに失するものとして社会観念上著しく妥当を欠くものであるとまではいえず、

第7章　人事が知っておくべき重要労働判例

市長の上記判断が、懲戒権者に与えられた裁量権の範囲を逸脱し、又はこれを濫用したものということはできない」

3 実務への影響

職場においてセクハラをした行為者に対する懲戒処分の有効性が問題となった裁判例は多い。近時は、取引先・顧客によるセクハラや悪質クレームなどのカスタマーハラスメントも問題となっている。本件において、最高裁は、行為1は客と店員との関係にあって拒絶が困難であることに乗じて行われた悪質な行為であること、行為2のようにXは従前から同じ店舗で不適切な言動を行っていたことなどを挙げ、原判決を破棄した。

セクハラの事案における懲戒処分が問題となった判例としては海遊館事件（最高裁一小　平 27. 2.26 判決）、パワハラの事案では氷見市事件（最高裁三小　令 4. 6.14 判決）や長門市事件（最高裁三小　令 4. 9.13 判決）があり、いずれも処分を有効としている。最高裁は、ハラスメント事案における加害者の問題性・責任を重く捉えている傾向がうかがえよう。

近時は、親会社がグループ会社向けに相談窓口等を設けている場合、子会社のハラスメント事案でも、親会社としての信義則上の対応義務が問題とされることがあるので留意が必要である（イビデン事件　最高裁一小　平 30. 2.15 判決）。

高仲幸雄　たかなか ゆきお

中山・男澤法律事務所 パートナー 弁護士

早稲田大学法学部卒業。平成 15 年弁護士登録、中山慈夫法律事務所（現 中山・男澤法律事務所）に入所。国士舘大学 21 世紀アジア学部非常勤講師。主な著書に『実務家のための労働判例読みこなし術』（労務行政）、『同一労働同一賃金 Q&A［第 3 版］―ガイドライン・判例から読み解く』（経団連出版）、『働き方改革関連法対応　Q&A 改正労働時間法制のポイント』（新日本法規）ほか多数。

第8章

人事施策の企画立案に関する実務対応

金井恭太郎
マーサージャパン株式会社
組織・人事変革コンサルティング部門 プリンシパル

1 はじめに

人事制度をはじめとする人事施策は、ビジネスを起点に検討することが重要である。時代に応じて「ジョブ型」「成果主義」など、人事制度の"正解"が存在するような報道も時折目にするが、絶対的に正しい人事制度、人事施策はどこにも存在しない。例えば、ある会社にフィットする人事制度が、別の会社ではうまく機能しないことは往々にして発生する。「ジョブ型」「成果主義」などの人事のトレンドは、その時代の多くの日本企業が直面した課題に対する専門的見地からの解決策の一つにすぎない。多くの示唆が含まれるものではあるが、無条件に導入して効果が出るものではない。

人事プロフェッショナルは、ビジネスを起点に、人事の専門性に裏づけられた課題解決の実現に資する人事施策を検討すべきである。近年、多くの人事プロフェッショナルにとって、人事の専門性を磨く機会は増えてきていると思う。一方で、ビジネスを起点に人事施策を検討することは、その重要性は言及されつつも、実務担当者レベルでは十分な機会が提供されていない場合も多いと感じる。本章では、人事プロフェッショナルとして、どのようにビジネスを考察し、人事施策の検討につなげるべきか、マーサーでの筆者のコンサルティング経験に基づく方法論を紹介する。

2 ビジネスモデルを把握する

1 ビジネス起点の重要性

本論に入る前に、まずはビジネス起点の意味について考察したい。本来、人事施策はビジネスを強化するための手段であるべきだ。ビジネスは戦略を描いただけでは実現せず、それを業務に落とし込み、人材を確保・活用することで動き出す。さらには、それにファイナンスの裏づけが伴って継続するのである。[図表1]は、ビジネス成長を通じて組織・人材・文化を強化するサイクルを示している。

まずは、経営戦略を考える上で重要な要素の一つであるビジネスモデルの確立・強化が起点となる。その実現に最適な形で、組織をつくり、人材を採用、育成、配置することでビジネスは動き出す。充足した人材がビジネスの成長を

図表1 ● ビジネス成長を通じた組織・人材・文化の強化

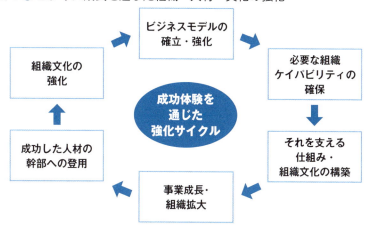

効果的、効率的に進められるよう、人事制度などの仕組みが構築され、共通の価値観など組織文化が醸成される。それが機能する場合は、ビジネスの成長を後押しし、組織の拡大がもたらされる。成功した人材は、組織拡大に伴い設置される主要なポジションに登用され、その人材が組織文化を強化し、ビジネスモデルを強固に支える。結果として、成功体験を通じた強化サイクルが形成される。

　このサイクルにおいて意識すべきポイントは二つある。一つ目は、人事施策はビジネスを起点として、初めて事業の成長に貢献できるという点である。二つ目は、ビジネスと密接に絡み合い、成功体験を重ねる中で、人事施策は組織内で共有される「固定観念」になりやすいという点だ。既存の延長線上で事業が成長している間は問題ないが、環境が変化した場合もこの「固定観念」は変化しにくいため、組織・人事は硬直化し、変化に取り残されやすい。例えば、年功賃金をベースとした人事の仕組みは、今後も市場が拡大し、同じビジネスモデルで事業を拡大する前提で構築されており、同様の環境下であれば問題なく機能するだろう。一方で、市場が飽和し、先の見通しが立たない中でビジネスモデルを変革して成長を実現するべき環境下では、こうした仕組みは人材に十分な魅力を提示することが難しい。環境が変化した際は、本来ならビジネス

に立ち戻った制度改定の検討が必要になる。それを怠って、ただトレンドに乗った改革を実施しても、ビジネスとの接続は担保されないため効果は得にくい。人事プロフェッショナルは、「組織・人事の施策はビジネスを起点に考える必要があること」「組織・人事の施策は硬直化し、ビジネスとの接続が失われやすいこと」の2点を常に意識する必要がある。

2 ビジネス起点の人事施策の企画立案

では、具体的にビジネスを起点としてどのように人事施策を検討するべきか、三つのプロセスと各プロセスにおいて検討に有用な視点・フレームワークを紹介したい[図表2]。

まずは自社のビジネスモデルを把握することから始めよう。検討の起点は経営戦略であり、特にビジネスモデルを的確に把握することが重要だ。人事プロフェッショナルとしては、組織ケイパビリティの確保、それを支える仕組み・組織文化の構築に向けて、検討の前提として必要な事項を的確に押さえることがポイントとなる。後掲 3 では、そのために有用な「顧客への提供価値」

図表2 ● ビジネスモデルを把握することが出発点

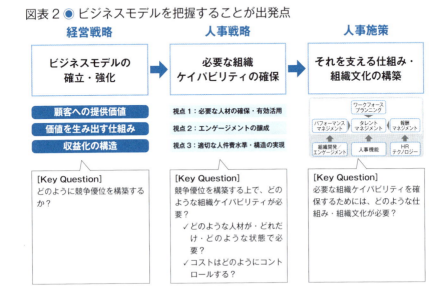

第8章　人事施策の企画立案に関する実務対応

「価値を生み出す仕組み」「収益化の構造」という三つの視点を紹介する。

　次に、人事戦略の策定に取り掛かる。必要な組織ケイパビリティの確保に向けて、組織・人事の大きな方向性を描くプロセスである。そのために有用な「必要な人材の確保・有効活用」「エンゲージメントの醸成」「適切な人件費水準・構造の実現」という人事戦略策定の三つの視点は、後掲❸人事戦略を策定する❶で紹介する。

　そして、人事施策へ展開する。ビジネスモデルを支える仕組み・組織文化の構築について、具体的な施策レベルに落とし込むプロセスである。後掲❹人事施策に展開する❶では、その上で有用な人事施策の体系的なフレームワークを紹介したい。

　経営戦略、人事戦略、人事施策の三つのプロセスを踏むことは、「固定観念」にとらわれずに、ビジネス起点に立ち戻る上で役立つ。また、各プロセスの視点・フレームワークは、検討の抜け漏れを最小化する。これらを使いこなすことで、ビジネスとの接続が担保された事業の成長に資する人事施策の検討が可能になる。

❸ ビジネスモデルの把握に有効な三つの視点

　人事施策を検討する上でのビジネス理解を促すカギとなるのは、①競争優位を構築するために人材がどのような役割を果たすか、②収益構造の中で人件費がどのような位置づけにあるかの二つのファクターを把握することである。そのためには、「顧客への提供価値」「価値を生み出す仕組み」「収益化の構造」の3点を押さえることが有効だ［図表3］。

　「顧客への提供価値」は、顧客が競合他社の製品・サービスと比較して自社

図表3 ● ビジネスモデル把握の視点

顧客への提供価値	価値を生み出す仕組み	収益化の構造
✓ 顧客は**なぜ自社の製品・サービスを購入する**のか？ ✓ **競合他社との差異化のポイント**は何か？	✓ **価値はどのように生み出されている**のか？ ✓ **競争優位の源泉**は何か？	✓ **利益を生み出す上で何が大切か**？ ✓ **何を失うことがクリティカルか**？

343

の製品を買う理由を指している。ポイントは、製品として必要不可欠な要素が、必ずしも顧客が製品を選択する理由にならない点である。例えば、街乗り用途のコンパクトカーであれば、人や物を安全かつ迅速に運ぶ、すなわち輸送が不可欠な価値ではあるが、輸送機能の良しあしを顧客に実感してもらうのは難しく、デザインや燃費、ディーラーの丁寧な対応といった要素のほうが顧客に訴求できるかもしれない。ITサービスであれば、システムやそれを構築するソフトウエア・ハードウエア単独の性能よりも、自社の課題解決に資するソリューションとしての完成度が重要視される可能性がある。

価値を生み出す仕組みを考察する際には、「バリューチェーン分析」が有効だ。バリューチェーンにおいて、競争優位の源泉をどのように設計するかは個社の戦略によって異なるが、イメージを持っていただくために、業界ごとの特徴を例示したい［図表4］。

モノづくりをなりわいとしている製造業であったとしても、必ずしも開発・製造が競争優位の源泉とはならない。例えば、化粧品会社であれば、高いブランドイメージを構築するために、マーケティング機能を重視するのも一案である。その場合は、優秀なマーケターの確保が競争優位を構築する上で不可欠だ。複写機やエレベーターを取り扱う企業であれば、購入後のサービスが収益を確保する上で効果的かもしれない。その場合は、サービスのオペレーションをどう組み立てるか、これを担う人材をどう確保・活用するかが論点になる。

図表4 ● 価値を生み出す仕組み：バリューチェーン（業界ごとの特徴例）

収益化の構造には、規模の経済（生産量が増えるほど固定費が分散され、単位当たりの製造コストが低減する）、範囲の経済（複数事業のコストを共有することで、単独で事業展開を行っている企業よりもコストが低減し、高い利益を確保できる）、密度の経済（エリア内の事業密度を高めることで、ユニット当たりの平均コストを引き下げることが可能）などの基本原則を押さえ、コストに占める人件費の割合を的確に管理することが求められる。例えば、労働集約性が高いビジネスモデルのシステムインテグレーターであれば、事業規模にかかわらず収益に占める人件費の割合は高くなる傾向にある。一方で、システムエンジニア等の人材が稼働することで顧客にフィーを請求するビジネスであるため、売り上げを確保するためには人材確保が必須となる。そのため、案件獲得状況に応じた人件費のコントロールが論点となる。

4 ビジネスモデルに基づき人事課題を特定する

ビジネスモデルを把握した上で人事課題を特定する流れを、架空の自動車メーカーを題材とした例を通じて紹介したい［図表5］。

図表5 ● ビジネスモデルに基づく人事課題の考察：自動車メーカーの例

顧客への提供価値	価値を生み出す仕組み	収益化の構造
✓ コアとなるのは輸送機能 ✓ ただし、**差異化の源泉は周辺機能**（安全機能、快適さ、エンターテインメントなど）	✓ 多数の部品を組み合わせ信頼できる車両を生産する、**擦り合わせ技術が競争優位の源泉** ✓ 周辺機能が差異化の源泉となるに伴い、**デジタル領域の取り込みが重要**に	✓ **設備投資が大きく、生産・販売の規模確保が有効** ✓ 規模拡大に向けた施策（営業戦略など）は重要だが、一方で**信頼を損なう不祥事はクリティカル**

人事課題
- 充実した**内部労働市場**の醸成、価値観レベルでの**高い同質性**の確保
- 営業パーソンを異なるインセンティブの仕組みで動機づける
- 中央でマネジメントする企画系人材の育成
- 近年は、**デジタル人材の中途市場からの調達が重要**になり変革が求められる

まず、提供価値としてコアとなるのは輸送機能であり、それは多数の部品を組み合わせて信頼できる車両を生産する「擦り合わせ技術」が競争優位の源泉だといえる。ただし、輸送機能自体は競合他社と差が付きにくく、差異化の源泉は周辺機能である安全機能、快適さ、エンターテインメントなどに移ってきている。そして、周辺機能で差異化を進める上では、デジタル領域の取り込みが重要となる。収益化の構造としては、設備投資が大きく、生産・販売の規模確保が有効となる。規模拡大に向けた営業戦略などは重要だが、規模のみを追求して信頼を損なうような不祥事が発生すると、深刻なダメージを負いかねないという懸念が残る。

　次に、把握したビジネスモデルに基づき人事課題を考察する。擦り合わせ技術の維持・向上は必要であり、そのためには充実した内部労働市場の醸成、価値観レベルで高い同質性を持った製造現場の人材の確保・育成が求められる。販売台数を伸ばすためには、営業機能は不可欠であり、営業パーソンの適切な動機づけが必要となる。営業パーソンの動機づけには、擦り合わせ技術の維持・向上とは異なる価値観が必要となるため、組織を切り離し、異なるインセンティブの仕組みを取り入れることが有効になる。また、今後の差異化の源泉となるデジタル領域を担う人材は、中途採用市場が確立しており、人材の流動性が高い。そのため、内部労働市場だけでなく、外部の市場原理を押さえた人材マネジメントへの変革が必要となる。市場がグローバルであることに加え、サプライチェーンもグローバルに展開する中で最適化を行う必要があるため、本社機能において全社最適のマネジメントを行う企画系人材の確保・活用も優先順位が高い。

　あくまで架空の例だが、このような流れでビジネスモデルを把握すれば、人事課題の特定へとつながる。

3　人事戦略を策定する

1　人事戦略策定の三つの視点

　ビジネスを起点に特定した人事課題に基づき、具体的な方針、すなわち人事戦略を策定するためには、重要な三つの視点がある。ビジネスモデルの実現のための、人材の「質・量」と「状態」、さらにその実現に必要な「コスト」で

第8章　人事施策の企画立案に関する実務対応

図表6 ● 人事戦略を策定する視点

視点1：必要な人材の確保・有効活用 ＝ 人材の「質・量」

・ビジネスモデルを踏まえると、**競争優位を築く上では、どのような人材が何人必要**
　か？

視点2：エンゲージメントの醸成 ＝ 人材の「状態」

・社員を動機づけ、活躍してもらうためには何が必要か？

視点3：適切な人件費水準・構造の実現 ＝ 必要な「コスト」

・収益構造を考えると、**人件費はどのような位置づけか？**
・社員を動機づけながら、**適切にコントロールする上では何が必要か？**

ある［図表6］。人材の「質・量」は後掲 **2**「必要な人材の確保・有効活
用」、「状態」は後掲 **3**「エンゲージメントの醸成」、「コスト」については
後掲 **4**「適切な人件費水準・構造の実現」で紹介する。

2 必要な人材の確保・有効活用

　一つ目の視点は「必要な人材の確保・有効活用」である。必要な人材の確
保・有効活用には「質」と「量」の観点があり、質は「価値」と「業務機能」
の二つに整理できる［図表7］。

　質的な定義の「価値」は、企業理念など企業が大切にしている価値観を表し
ている。経営者から社員まで全員が共有すれば、共通の判断や行動の基軸とな
る。「価値」は、創業者の想いなど、エモーショナルな要素も加味されるが、
ビジネスモデルとの整合性を担保することも重要である。例えば、「環境変化
をいち早く捉え、他社に先駆けて新規ビジネスを創出し、先行優位を築く」ビ
ジネスを重視するのであれば、「創造性、リスクテイク、挑戦」などの要素を
自社のバリューに組み入れるといったことが考えられる。

　一方で「業務機能」は、事業の要請を踏まえ、各業務機能に求められるスキ
ル・経験に基づき定義する「仕事の種類」であり、一般的な呼称としては

347

図表 7 ● 必要な人材の確保・有効活用（質的な定義）

	質的な定義	例
価値	企業理念など、企業が大切にしている価値観に基づき定義	当社は、これまで環境変化をいち早く捉え、他社に先駆けて新規ビジネスを創出することを大切にしてきた ▼ 創造性、リスクテイク、挑戦
業務機能	事業の要請を踏まえ、各業務機能に求められるスキル・経験に基づき定義	デジタル化 ▼ ITスタッフの増員 デジタルマーケティングの強化 ▼ データアナリストの確保・増員

「ジョブ」「職種」が該当する。それらは、個別の事業・機能戦略で描いたオペレーションから直接定義されることが一般的である。例えば、ある事業においてデジタル化、特にデジタル領域のマーケティング強化が主要課題であると定義した場合、従来のマーケティング以上にデータ解析の重要性が高まるため、それを担うデータアナリストの確保が命題になると落とし込める。「業務機能」を定義した後は、描いているオペレーションに応じて、何人の人材が必要となるかを具体化する。

　このように業務機能の質と量を定義し、必要な人材の充足を検討することを「人材ポートフォリオの検討」という［図表8］。

　人材ポートフォリオの検討では、「仕事の種類」×「レベル」のフレームを用いて、短中期で必要となるあるべき人員構成（To-Be）と、現状から成り行きで推移した場合の人員構成（As-Is）のギャップを特定し、ギャップを充足するための施策を検討する。ポイントとなるのは、戦略において将来的に必要となる「業務機能」を洗い出すこと、および各時間軸においてオペレーションを遂行する上で必要な人員数を算出することである。そのためには、経営戦略

348

図表8 ● 必要な人材の確保・有効活用（量的な定義）

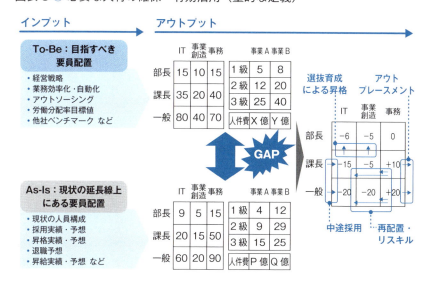

との密接な連携が不可欠となる。

❸ エンゲージメントの醸成

　二つ目の視点に、「エンゲージメントの醸成」がある。エンゲージメントは「制約、約束、契約」などの意味を持つ言葉であるが、人事戦略や人事施策の文脈においては、「企業と社員が相互に提供する価値に合意し、社員の自発的な貢献意欲が高まっている状態を示す概念」と定義できる。エンゲージメント向上を検討する上では、「やりがいだけ」「報酬だけ」にならないように、複数の観点から自社が提供可能な従業員体験を検討することが望ましい。その検討に有用な、マーサーのフレームワーク「社員への価値訴求（Employee Value Proposition：EVP）」を紹介したい［図表9］。

　EVPはエンゲージメントに寄与するだけでなく、競合他社に対する人材獲得上の差別化要素となり、人事戦略の根幹ともなる考え方の一つである。創業間もないベンチャーを例にすると、採用面では、大手企業と人材をとり合うのであれば、創業社長の近くで働ける環境を活かして、「ミッションやビジョン

図表9 ● エンゲージメントの醸成：EVP

への共感」や「創業社長から直接学べる経験」などを強く訴求する。報酬面では、キャッシュ（手元の資金）が潤沢ではないことから、ストックオプションなどの中長期のインセンティブで魅力を提示するといった方向性が考えられる。

EVPは「感情面」「経験面」「契約面」のフレームワークで整理できる。

「感情面」の訴求価値としては、会社で働く上での目的意識、すなわち会社の果たすべき使命、社会・顧客に提供している価値、そのために社員に求める行動様式への共感が挙げられる。共感を高めるためには、トップのメッセージ発信やトップとの対話の場、仕組みとしては自社が重視する行動指針を明確化し、社員とのコミュニケーションの場を増やすなどの施策が考えられる。

「経験面」の訴求価値としては、キャリアと生活の質、すなわち会社で得られる経験や実現できるワーク・ライフ・バランスなどが挙げられる。例えば、「社員がやりたい仕事を選択できる」ことを訴求するのであれば、会社主導の異動・配置（ゼネラルローテーション）よりは、職種別採用を行い、異動は社内公募で手挙げ制を中心に行うほうがより強く訴求するだろう。逆に、「一定の生活の質を担保する」ことを訴求するのであれば、経済的・心理的な安定を訴求しつつ、仕事は会社主導で個人にフィットするものを提供するマネジメン

第8章　人事施策の企画立案に関する実務対応

トも選択肢の一つだ。

　報酬や福利厚生は、「契約面」の訴求価値に該当する。人材は複数の候補企業から、報酬をはじめとした条件を比較して就職先を判断する。企業側としては総額人件費の制約がある中、他のEVPとのバランスを考慮した上で自社の報酬ポリシーを定めて、社員への説明性を担保する必要がある。報酬は、不満につながりやすい一方、動機づけへの効果は感情面や経験面との比較で低いといわれている。また、社員は他社の報酬について適切に比較するための十分な情報を保有しておらず、報酬水準の高低にかかわらず、仕事に対して十分な報酬を得ている実感を醸成しにくいのも特徴である。例えば、手当などを含めたトータルの報酬水準は同程度であったとしても、賞与の月数など一部の情報を他社の友人と情報交換し、社員が報酬を低いと感じる事態が起こり得る。そのため、納得感を醸成するためには、外部機関が提供する報酬ベンチマークサービス等を利用し、自社のポリシーや仕組みに関して丁寧に説明することが必要だ。

　福利厚生は、効果的に活用すれば少ないキャッシュアウトで高い効果を得られるが、報酬と比較して社員の認知が高まりにくい側面がある。そのため、自社のポリシーの明確化とポリシーに基づく設計が、訴求力を高める上では有効となる。例えば、健康経営を打ち出している企業であれば、福利厚生についても満遍なく投資するのではなく、社員の健康増進に関するものに重点的に投資することでメッセージ性を強めれば、より高い効果が得られるだろう。

④ 適切な人件費水準・構造の実現

　三つ目の視点に「適切な人件費水準・構造の実現」がある。企業が継続的に活動する上ではキャッシュが必要であり、人材を確保・活用する上では一定のコストが発生する。もちろん、必要なコストを支払えるように、事業成長や収益を確保することも重要な観点だが、不測の事態に備えて人件費をコントロールする観点も忘れてはならない。人件費コントロールの観点は「水準」と「構造」がある [図表10]。

　一つ目の「水準」とは、人件費を直接コントロールする観点である。人件費は「単価×人数」の構造になるため、単価である個人報酬を増減させる、あるいは人数を増減させることが考えられる。もう一つの「構造」は、状況に応じ

351

図表 10 ● 適切な人件費水準・構造の実現

コスト	=	平均単価	×	人数

	平均単価	人数
水準	個人報酬を コントロールする	人員数を コントロールする
構造	収益状況に合わせ 報酬を変動させる	業務繁閑に合わせ 要員を変動させる

た人件費の変動部分を持たせる観点を指している。インセンティブ報酬を一定比率設けて収益に応じて報酬を変動させる、あるいは派遣労働者などのテンポラリーの人材活用を組み込み、業務の繁閑に応じて人員の増減を行うなどの方法が考えられる。

報酬は社員の生活への影響が大きい。人件費をコントロールする上では、報酬を下げるマネジメントが時として人材の代謝や入れ替えを行う以上に難易度が高いことに留意すべきである。

経営状況と連動した報酬のコントロールを行う場合は、社員は必ずしも会社経営について十分な知識と情報を保有しておらず、「経営状況が社員の報酬や雇用に大きく影響する」という説明を受け入れられない場合が多い点を考慮する必要がある。緊急時の丁寧な説明だけでは不十分であり、日頃から「株式会社の仕組み」について、社員の理解を深める工夫や教育が必要となる。

降格や固定給の引き下げを行う場合は、対象となる社員の回復困難なモチベーションダウン、さらには対象者から派生する周囲への悪影響にも留意が必要である。対象となる社員を社内で継続活用する上では、現場のマネジャーによる丁寧かつ継続的なコミュニケーション、配置・業務分担の工夫などが必要になる。また、本章の主題ではないため詳細は割愛するが、解雇、降格、降給など社員に対して不利益となり得る人事施策を検討する場合は、法令遵守の観点も忘れてはならない。

人員数のコントロールを進める場合は、縮小する事業・機能から強化する事

第 8 章　人事施策の企画立案に関する実務対応

業・機能に再配置を行うなど、人員の再配置も論点となり得る。その際は、社員が新たなスキルを取得するには時間がかかるため、リスキルを伴う人材の再配置は容易ではないことを考慮しなければならない。ビジネス展開のスピードに合わせて社員のリスキルを行う上では、アセスメントなどを通じた適性の見極めを踏まえた選別的な育成投資を行うなどの工夫をする必要がある。

4　人事施策に展開する

1 人事施策の全体像

　人事戦略で描いた方向性に基づき、具体的な人事施策を検討する上では、まずは人事施策の全体像を押さえることが有効である。その全体像を分類したマーサーのフレームワークを紹介したい［**図表 11**］。

　施策は七つに大別される。①「ワークフォースプランニング」は、必要な人材の確保に向けた計画を描くものであり、人事戦略策定における三つの視点の

図表 11 ● 人事施策の全体像

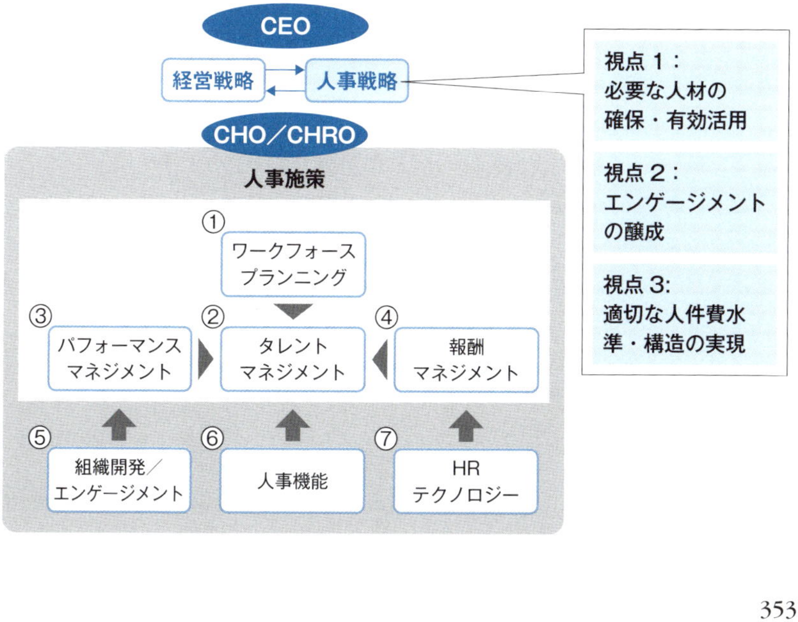

うち「必要な人材の確保・有効活用」を具体化する形で検討が進む。②「タレントマネジメント」は人事施策の中核となる。必要な人材の確保と活用に向けた一連の活動を範囲とし、育成、人材開発、配置施策を中心に取り扱う。③「パフォーマンスマネジメント」は、組織の方向性と一致する形で、個のパフォーマンスの最大化を実現するための活動を範囲とし、主に評価を取り扱う。④「報酬マネジメント」は個の動機づけと人件費の適切なコントロールを両立させる活動となり、主に報酬を取り扱う。それらの活動を支える形で、⑤全体と構成員の関係性に注目しつつ、組織全体の発展と変革を描く「組織開発／エンゲージメント」、⑥検討・運用の主体となる「人事機能」、⑦効果と効率を高めるための「HR テクノロジー」を位置づけている。

❷ 人事戦略を人事施策に展開する

　人事施策は単独ではなく、相互に連携して効果を発揮する。そのため、人事戦略で描いた方向性を実現する上では、人事施策の全体像を押さえた上で、複合的な施策の組み合わせが必要となる場合が多い。以下、人事戦略策定における三つの視点のうち「エンゲージメントの醸成」を進めるために、EVP の見直しを進め、特に環境変化に応じたバリューの再定義と、会社主導から社員主導のキャリア形成への転換を中核に方針を描いた例を紹介したい [図表 12]。

　計画段階では、社員主導のキャリア形成をコンセプトに EVP の全体像を再定義し、新たな事業環境下で推奨される行動様式と整合する形でバリューの再定義を行う。描いた EVP やバリューは他の人事施策が不整合なままだと "絵に描いた餅" になるため、実行面では人材マネジメントの変革も必要となる。社員主導のキャリア形成を進める上では、タレントマネジメントにおいては社内労働市場を形成し、ジョブポスティングを中心に組み立てる。報酬マネジメントは主体的な仕事選択へのインセンティブをつけるために職種別・市場価値ベースの体系に組み立てることが整合的といえそうだ。また、再定義したバリューの発揮を動機づける上では、パフォーマンスマネジメントにバリュー評価を組み入れることが効果的だ。大きな変革となるため、着実に効果を得るためには、定着度合いをモニタリングして、適宜必要な軌道修正を行い、変革に要する時間を短縮したい。そのためには、HR テクノロジーの活用が有効だろう。

第8章　人事施策の企画立案に関する実務対応

図表12 ● 人事戦略を施策に展開する：エンゲージメントの醸成の例

エンゲージメントの醸成		概要（例）	対応領域
EVP **感情面の訴求価値： 目的意識** **経験面の訴求価値： キャリア・生活の質** **契約面の訴求価値： 報酬・福利厚生**	計画	・社員に訴求する EVP 全体像を具体化 ・感情（目的意識）に訴求するバリューを再定義	組織開発／ エンゲージメント
	実行	・社内労働市場を形成、ジョブポスティングを中心とした配置の仕組みを構築	タレント マネジメント
		・新バリューの評価制度への組み込み	パフォーマンス マネジメント
		・職種別・市場価値ベースの報酬体系を構築	報酬 マネジメント
	定着	・状況を継続的にモニタリングし、各施策を軌道修正	組織開発／ エンゲージメント
		・それを支えるテクノロジーを整備	HR テクノロジー

　このように、人事戦略で描いた方向性について、人事施策の全体像を見据えながら、「計画」「実行」「定着」の各フェーズで何が必要かを検討するアプローチが、効果的かつ効率的といえる。

5　おわりに

　本章では、ビジネスを起点とした人事施策の企画立案を進める上で有用なプロセスとフレームワークを紹介してきた。実務的な観点では、企画は立案して終了ではなく、その実行に向けて時間をかけて多くの関係者を巻き込み、進めていくことになるだろう。人事施策は、社員の生活に直接的に影響するものも少なくないため、さまざまな立場から多くの意見が出てくる。そのため、予定していたとおりに進まず、壁にぶつかり、軌道修正を迫られる場面も生じるだろうが、それらをあらかじめ計画の中に織り込んでおきたい。壁にぶつかった際に、都度場当たり的な対応をしてしまうと、企画は骨抜きになり、効果を得られないからだ。

355

また、企画の際に常に意識してもらいたいことは、検討の指針に沿って説明する、あるいは軌道修正を行う場合も検討の指針に立ち戻って組み立て直すという視点だ。この指針とは、最終的には経営戦略であり、特にビジネスモデルの的確な把握は欠かせない。ビジネスを起点とすることは、戦略を立案する一部の仕事だけに求められるものではなく、広く人事実務に携わる人事プロフェッショナルにとって必要不可欠な考え方といえる。

金井恭太郎　かない きょうたろう

マーサージャパン株式会社
組織・人事変革コンサルティング部門 プリンシパル
東京大学文学部歴史文化学科卒業。人事領域を中心に、事業戦略、マーケティング領域などの幅広いコンサルティング経験を有する。マーサー参画前は大手電機メーカー（人事部）、ベンチャー企業（新規事業開発）を経て、会計系総合コンサルティングファーム、日系総合シンクタンクを経験。

第 9 章

労働組合・労使関係
対応の基礎知識

向井 蘭

杜若経営法律事務所 パートナー弁護士

1 はじめに―増加する個別労使紛争と最近の傾向

　労働組合全体の組織率は、年々減少の一途をたどり、大規模な労働争議は近年ほとんど起きなくなった。

　一方で、従業員が個別労使紛争（解雇、残業代の未払いなど）によって労働組合（**合同労組**［※］）に駆け込み、労使トラブルに発展することは、むしろ増えているように思われる。

　法律には書いてあっても、判例があっても、特に中小企業では、従業員に知識がないために、これまでは残業代の未払いや解雇問題、年次有給休暇の取得拒否などを問題にすることは多くなかった。まして、従業員が労働組合に加入したり、労働基準監督署に駆け込んだりすることは、少なかったのではないだろうか。

　ところが、インターネットやSNSの普及により、情報を容易に取得できるようになったこと、従業員の権利意識が高まったことなどから、従業員が突然労働組合に加入したり、労働基準監督署に相談したりするケースが年々増えている。従業員が労働組合に加入し、労使紛争に発展した経験をお持ちの人事担当者も少なくないと思う。

　そこで本章では、労働組合・労使関係にまつわるトラブルへの備え・対応の仕方を、実務的な視点から分かりやすく解説する。まず、前段で、実務担当者として最低限知っておきたい基礎知識（近年増加している、合同労組への対応の仕方を含む）を説明した上で、後段では、ケーススタディーを中心に、具体的に「どのような場合に、何を・どうしたらよいのか」について、詳しく触れることとしたい。

> ※**合同労組**とは、従来の企業別組合とは異なり、労働者が個人で加入し、企業の枠を超えて組織される労働組合である。解雇や賃金引き下げ、本人の意に沿わない配転など、各種処遇の不利益変更に不満を持った労働者が、その問題を解決するために加入するケースが多い（なお、以下の内容は、特記のない限り、従来の企業別組合、合同労組を問わず該当するルールである）。

第9章　労働組合・労使関係対応の基礎知識

2　基礎知識編—押さえておきたい労働組合・労使関係対応の実務ポイント

❶ 不当労働行為に関わる実務知識—労働組合法7条は、何をどう規定しているか

　労働組合法（以下、労組法）7条は、その1～4号において、次の各行為を禁止している。

- 1号：労働組合の結成・加入、および労働組合活動を理由とする解雇、その他不利益取り扱い、および黄犬契約（労働組合への非加入、もしくは労働組合からの脱退を雇用条件とすること）
- 2号：団体交渉拒否
- 3号：支配介入と経費援助（経費援助も支配介入に該当する）
- 4号：労働委員会への申し立てなどを理由とする解雇、その他不利益取り扱い

　以下、**1**不利益取り扱い、**2**団体交渉拒否、**3**支配介入・経費援助について説明する。

1不利益取り扱い（労組法7条1号）

　具体的には、①労働者が労働組合活動などを行ったこと、②そのことのゆえをもって、③労働者に対する解雇、その他不利益な取り扱いがなされたこと——の3点が成立要件となる。

　しかし、実際にいかなる場合が、同条1号が禁止する「不利益取り扱い」となるかは難しい問題である。当然、労働組合員に対する能力や実績などを理由とした解雇・配転等は、不当労働行為にならない。したがって、上記②「そのことのゆえをもって」との要件が、労働委員会や訴訟などで激しく争われる。使用者の言動、他の同種事例との均衡、当該行為（労働組合活動など）の必要性の有無・程度、従業員の被る不利益・受ける利益、労働組合活動に与える影響などを考慮して判断されることになる。

2団体交渉拒否（労組法7条2号）

　具体的には、①使用者が、②雇用する労働者の代表による団体交渉申し入れを、③正当な理由なしに拒むこと——が成立要件である。

　一見すると、どのような場合が「団体交渉拒否（以下、団交拒否）」に当たるか否かは明白であるように思えるが、実務上は、そうではないケースが多い。

359

団交拒否は、以下の二つに分けられる。

①全く団体交渉のテーブルにつかない場合

②団体交渉のテーブルにはついたものの、これに誠実に対応しない場合（不誠実団体交渉。以下、不誠実団交）

したがって、労働組合が「不誠実団交である」と主張するのは、労組法上、「団交拒否に当たる」と主張することと同義である。

①全く団体交渉のテーブルにつかない場合

全く団体交渉のテーブルにつかないときでも、単に「使用者が団体交渉を行うのを嫌がって、全く団体交渉に応じない」というケースはまれである。実際は、①使用者側の担当者が多忙で、結果として団体交渉開催時期が遅れてしまった場合、②労働組合が、遠方に団体交渉開催場所を設定して、使用者が都合を合わせられなかった場合、③使用者と労働組合の主張の隔たりが大きく、何度も団体交渉を行ったが、使用者がこれを途中で打ち切って、その後団体交渉を開催しなかった場合——などについて、労働組合が「団交拒否である」と主張することが多い。

②不誠実団交に当たる場合

まず、不誠実団交についての正確な定義を知っておく必要がある。

使用者は労働組合の要求や主張に対して、①回答や自己の主張の根拠を具体的に説明し、あるいは、必要な資料を提示する、②結論において、労働組合の要求に譲歩できないとしても、その論拠を示して反論する——などの努力をすべき義務があるとされている（カール・ツアイス事件　東京地裁　平元.9.22判決　労判 548 号 64 ページ）。

使用者が労働組合の要求や主張に対し譲歩しないと、労働組合から「不誠実だ」などと指摘されることがあるが、上記のとおり、使用者が労働組合の要求や主張に対し譲歩しないこと自体は、不誠実団交ではない。日本の労組法は、使用者に対し、労働組合の主張や要求に対して、譲歩し、あるいは合意することを要求するものではなく、使用者の回答や主張の根拠を具体的に説明し、または必要な資料を提示すること等を要求しているにとどまる。

また、「団体交渉において合意事項の労働協約化を拒否すること」「団体交渉を経ないで労働条件を一方的に変更すること」も、不誠実団交に当たると解されている。

第9章　労働組合・労使関係対応の基礎知識

❸支配介入・経費援助（労組法7条3号）

「支配介入」とは、

①労働者が労働組合を結成し、もしくは運営することを支配し、もしくはこれに介入すること

②労働組合の運営のための経費の支払いにつき、経理上の援助を与えること（経費援助）

を指す。

①支配介入行為

支配介入行為には、多種多様な形態がある。「労働組合結成の妨害」「労働組合を敵視する使用者の発言」「労働組合からの脱退勧奨」などは、支配介入行為に当たる。

また、労働組合が、使用者が管理する施設を利用して組合活動を行おうとして、使用者がこれを拒んだ場合、それが支配介入行為に当たるかが問題となる。この点、「労働組合が、使用者の許可なく、使用者の施設を使用してよいか」について、最高裁判例（国労札幌支部事件　最高裁三小　昭54.10.30判決　労判329号12ページ）は、以下のとおり判断している。

- 労働組合またはその組合員であるからといって、使用者の許諾なしに、その物的施設を利用する権限を持っているとはいえない
- 利用の必要性が大きいことから、①労働組合またはその組合員において、企業の物的施設を組合活動のために利用し得る権限を取得し、また、②使用者において、労働組合またはその組合員の組合活動のためにする企業の物的施設の利用を受忍しなければならない義務を負う——とすべき理由はない

要するに、上記最高裁判決は、「労働組合は原則として、使用者の許可なく使用者が管理する施設を利用できない」と判断したわけである。

ただし、例えば、「社内にある他の労働組合には掲示板を貸しているにもかかわらず、別の労働組合の利用申請については拒否した」といったケースでは、組合間差別となり、支配介入行為に当たるので、注意しなければならない。

②経費援助

労組法7条3号は、使用者の労働組合に対する経費援助を禁止する一方、そのただし書きにおいて、

361

- 「労働者が労働時間中に時間または賃金を失うことなく使用者と協議し、または交渉すること」を使用者が許すこと
- 「厚生資金または経済上の不幸もしくは災厄を防止し、もしくは救済するための支出に実際に用いられる福利その他の基金」に対する使用者の寄附
- 最小限の広さの事務所の供与

については、ここで禁止する「経費援助」から除くとしている。

　現実的には、労働組合は、使用者に対してさまざまな便宜供与を求め、使用者がそれに応じるか否かが問題になるのであって、「使用者が労働組合に対して経費援助を行ったことが、不当労働行為に当たるかどうか」が問題になることは、ほとんどない。

❷ 合同労組など、社外の労働組合からの団体交渉申し入れにどう備えるか─押さえておきたい三つのチェックポイント

　それでは実際、会社に労働組合結成通知、あるいは団体交渉申入書が届いた場合、具体的な交渉に入る前に、どのような点に留意すべきだろうか。

　まず、ほとんどのケースでは、前触れもなく、会社に労働組合結成通知［**書式1**］や労働組合加入（加盟）通知［**書式2**］、団体交渉申入書（交渉を要求している場合。議題、団体交渉日時、団体交渉開催場所、団体交渉出席者について記載）［**書式3**］が届く。郵送の場合もあれば、労働組合の上部団体のスタッフと自社の従業員が、労働組合加入通知と団体交渉申入書を直接持参することもある。

　なお、［**書式1**］は、企業内に支部や分会を結成した際に作成される一般的な例である。［**書式2**］は、従業員個人が労働組合に加入し、支部や分会を結成しない場合のものである。

　以下、合同労組など、社外の労働組合からの団体交渉申し入れがなされた場合を例に、まずは押さえておくべきポイントを見ていこう。主に、労働組合結成通知をチェックすることで、ある程度対応の目安をつけることが可能である。

■ ポイント1：労働組合に加入した者が、すでに退職した従業員か否か

　退職者や被解雇者など、会社を一度退職した（少なくとも、会社が「退職した」と考えている）元従業員が、合同労組など社外の労働組合に加入し、団体

第9章　労働組合・労使関係対応の基礎知識

書式1 ● 労働組合結成通知の例

労働物産株式会社
代表取締役　○○○○殿

令和○年○月○日
○○○労働組合
執行委員長　○○○○
○○○労働組合労働物産支部
支部長　○○○○

労働組合結成通知

　このたび、私たちは、労働物産株式会社の社員をもって、労働組合の結成をいたしました。ここにご通知いたします。

　なお、労働組合を結成したことをもって、労働組合員に対して不利益な取り扱いを行うこと、団体交渉の申し入れを拒否することなどは不当労働行為として労働組合法上禁止されておりますので、あらかじめ申し添えます。

以上

交渉を申し入れてきたときは、未払い残業代、解雇問題など、いずれの議題でも、金銭で解決することが多い。金銭面で合意できれば、団体交渉の開催回数も比較的少なく済み、短期で終わることがままある。

　ただし、労働組合が法外な金銭を要求してきたり、元従業員が職場復帰を強く求めたりするケースでは、団体交渉を何度も開催しなければならなくなり、場合によっては、訴訟に発展することもある。

2 ポイント2：支部や分会を結成したか否か

　労働組合の上部団体が、「○○支部」「○○分会」と称して、支部や分会を結成した場合は、労働組合員を増やし、あわよくば組織拡大を図りたいとの意欲を有していることが多い。こうしたケースでは、支部や分会が1～2カ月程度で消滅することはまずなく、長ければ何年にもわたって活動を続けることがある。

書式２ ● 労働組合加入（加盟）通知の例

労働物産株式会社
代表取締役　○○○○殿

　　　　　　　　　　　　　　　　　　　　　　令和○年○月○日
　　　　　　　　　　　　　　　　　　　　　　○○○労働組合
　　　　　　　　　　　　　　　　　　　　　　執行委員長　○○○○

　　　　　　　　　　　　労働組合加入通知

　貴社の従業員である○○○○氏が当労働組合に加入しましたので、通知いたします。

　なお、貴社が、当労働組合員に対して不利益な取り扱いを行うこと、団体交渉の申し入れを拒否することなどは不当労働行為として労働組合法上禁止されておりますので、あらかじめ申し添えます。

　　　　　　　　　　　　　　　　　　　　　　　　　　　　　　以上

　労働組合結成後も、社内の従業員に対して、組合員になるよう勧誘活動を行うことがある。ただし、労働組合の上部団体は、その支部や分会を結成する前にひととおり勧誘を終えていることが多く、支部や分会結成後に、労働組合に加入する従業員が大幅に増えたという事例は少ない。したがって、送付されてきた労働組合結成通知をチェックし、支部や分会を結成したかどうかを把握することで、労働組合の今後の活動をある程度予測することは可能である。

３ ポイント３：上部団体はどこか

　社内に支部や分会が結成された場合は、上部団体に加盟しているはずである（結成通知には通常、上部団体名が記載されている）。しかし、よほど労働組合について知識を有していない限り、この上部団体がどのような団体であるかは、その名称だけでは分からない。

　こうした場合は、インターネットで上部団体の名称を検索してみることである。こうした団体は、たいていホームページを開設しており、掲載されている記事や写真などから、その団体の考えなり思想なりを随所にうかがうことがで

第9章　労働組合・労使関係対応の基礎知識

書式３● 団体交渉申入書の例

労働物産株式会社
代表取締役　○○○○殿

令和○年○月○日
○○○労働組合
執行委員長　○○○○
○○○労働組合労働物産支部
支部長　○○○○

団体交渉の申し入れ

標記の件について下記のとおり申し入れます。

記

1　議題
- 未払い残業代について
- 年次有給休暇について
- 組合事務所の貸与について
- その他便宜供与について

2　団体交渉日時
令和○年○月○日、午後５時から

3　団体交渉開催場所
当労働組合事務所内会議室

4　団体交渉出席者
貴社社長は必ず出席すること

以上

きるだろう。
　また、ホームページを見つけたら、リンクの部分をチェックするとよい。リンク先には、その上部団体が加盟している、さらに上部の団体などが載ってい

るはずである。労働組合は大きく分けて、連合系、全労連系、全労協系などに分かれる。合同労組にも、独立系の労働組合があるが、大体は、これらのいずれかに加盟しているはずである。どの団体がどのような性格を有しているかは、ここでは触れないが、リンク先のホームページを見ることで、その団体がどのような思想を有しており、どのような活動をしているかは、分かるものである。

したがって、この点についても、労働組合結成通知を基に、上部団体のホームページを確認すれば、労働組合の今後の活動をある程度予測することが可能である。

3　実務対応編─企業内労組・合同労組との交渉対応に迷わないためのケーススタディー 6

ケース 1 ：団体交渉を会社施設で行うよう求められた
→労使双方で協議の上、決定するものであり、必ずしも応じる必要はない

団体交渉の開催場所は、労使双方で協議して決めるものであり、労働組合の求めに応じ、会社施設や労働組合事務所で行う必要はない。

会社施設で団体交渉を開催してしまうと、そのままなし崩し的に、「次回から組合活動に会社施設を使用してもよい」などと受け取られかねない。団体交渉と労働組合活動は異なるものの、これらはすべて会社施設外で行うという原則を徹底することが望ましく、そのためにも、団体交渉は会社施設外で行うよう、労働組合に申し入れるべきである。

また、労働組合事務所でも、団体交渉を開催すべきではない。全く関係のない者まで団体交渉に参加することがあり、無用の混乱を招くおそれがあるからだ。

ケース 2 ：団体交渉の開催場所として、社外施設を借りることに。
使用料は労使折半とすることでよいか
→企業実務としては、使用者が開催場所についての費用をすべて負担するのがよい

会社外の施設で団体交渉を開催する場合、外部の会議室を借りることがある（商工会議所の貸し会議室など）。こうしたケースでは、金額の多寡はともか

第9章　労働組合・労使関係対応の基礎知識

く、会議室の使用料が発生する。使用者によっては、会議室の使用料を労使双方で折半したいと主張することがある（労組法上は、この取り扱いで全く問題ない）が、ここはあえて使用者が団体交渉の開催場所についての費用をすべて負担すべきである（同費用の会社全額負担も、労組法上は問題ない。前掲361 ～ 362 ページ②経費援助を参照）。

　使用者が団体交渉の開催場所についての費用を負担することで、団体交渉の開催場所、開始時刻、開催時間について、主導権を握れるからである。もちろん、労働組合にとって、団体交渉に赴くのが著しく負担に感じられるような場所・時間でないことが前提である。そうでないと、実質的に団体交渉を拒否したことになり、不当労働行為であると認定されるおそれがあるので、注意すべきである。

ケース３：団体交渉を就業時間中に行うよう求められた
→団体交渉中の賃金支払いの有無が問題になることもあり、就業時間中の開催には応じないほうがよい

　労働組合が、就業時間中に団体交渉を開催するよう要求してくることがある。しかし、これを認めてしまうと、仕事を中断して団体交渉を開催することになり、後に団体交渉開催時間の賃金を支払うべきか否かが問題となることがある。

　使用者は、従業員が団体交渉や労働組合活動に費やした時間に対して、賃金を支払う必要はない。就業時間中に仕事をせず、労働組合活動をしたのであれば、その時間部分は賃金カットをしても問題はない（ノーワーク・ノーペイの原則）。

　しかし、ひとたび就業時間中に団体交渉を開催してしまうと、結果として賃金カットを行えず、団体交渉開催時間について、仕事をしていないのに賃金を支払ってしまうことにもなり得る。

　一度でも慣例を認めてしまうと、その後の団体交渉に対しても賃金が支払われることになり、今後の労務管理に支障を来すことがある。就業時間中に団体交渉を開催する必要はなく、したがって、こうした要求にも応じないほうがよい。

367

ケース４：団体交渉に当たり、労働組合の上部団体の役員が同席して きた。社外の者であり、交渉への同席を拒否したいが、問 題ないか

→上部団体の役員の団体交渉への同席を拒否すべきではない

　会社の従業員ではない、社内労働組合の上部団体の役員が、団体交渉に同席 することはよくある。むしろ、同席しないほうがまれである。

　団体交渉の議題は、会社と従業員の間の労働条件などであるため、会社側の 担当者は、「自社とは何ら関係のない労働組合の上部団体の人間と、なぜ協議 しなければならないのか」と思うようである。

　しかしながら、労組法７条２号では、「使用者が雇用する労働者の代表者と 団体交渉をすることを正当な理由がなくて拒むこと」を不当労働行為と定めて いることから、たとえ支部や分会と会社との団体交渉であっても、会社は、上 部団体の役員の同席を拒めない。

　会社側の担当者が、明確に団体交渉への上部団体の役員の同席を拒んだ場 合、労働組合は猛烈に抗議する。その時点で、担当者は初めて、自分の行った 行為が違法であることに気づくことが多いようである。その結果、労働組合 は、会社に対し、団交拒否行為について謝罪を求めるなどして、自分たちの ペースで団体交渉を進めることになる。

　余計な紛争を抱えず、スムーズに団体交渉を進めるためにも、上部団体の役 員の団体交渉への同席を拒否することなく、団体交渉を行うべきである。

ケース５：団体交渉終了後、労働組合から議事録（覚書）へのサイン をよく求められる。拒否しているが、問題ないか

→どのような文書であっても、団体交渉の場では、サインすべきではない。 「持ち帰って検討する」などと応対すべき

　労働組合によっては、団体交渉終了後に、議事録（覚書）と称した書類に、 会社側の出席者のサインを求めることがある。会社側の担当者としては、「議 事録（覚書）だから、まあいいか」などと思って安易にサインしてしまうかも しれない。

　しかし、「議事録」「覚書」など、文書の名称は何であれ、労使双方の代表者 が、労働条件その他の労働者の待遇に関し、同一の文書において署名もしくは

記名押印すれば、それは労働協約としての効力を有することになる。労働協約とは、労働組合と会社との約束事であり、その文書に記載されている事項を、会社は守らなければならなくなる。

団体交渉の終了直後で、頭に血が上っていたり、労働組合の圧力に押されていたりする場合は、通常であれば、「同意しない」旨の文書にサインするものであるが、労働組合は、自分に有利なように文書を用意していることが多い。交渉後の興奮した、冷静な判断力を欠く状態では、よほど気をつけてサインするようにしないと、会社に不利益を与えることになりかねない。

したがって、まずはどのような文書であっても、「今もらったばかりで、内容をよく把握できていないので、持ち帰って検討したい」などと言って、団体交渉の場ではサインしないようにしたほうがよい。合意できる内容であるかどうかは、改めて冷静に、弁護士や社会保険労務士などの専門家と相談しながら検討することである。その内容で特に問題なければ、そのまま合意し、修正・削除を加える必要があれば、改めて対案を労働組合に提出すればよいのである。

なお、労働組合が団体交渉において作成する議事録の例を、[書式4]に示した（したがって、会社側から見て、必ずしも合意〔サイン〕すべき内容のものではない点に留意いただきたい）。

同書式中の「1」は、労働契約法、労働基準法以上の制約を使用者に課するものである。このような議事録に使用者がサインした場合は、今後の労務管理に多大な支障を来すことになる。

同じく「2」は、一見すると何ら問題ないようにも思えるが、「前向きに検討する」の意味合いは、読む人間によって異なり、トラブルを招く危険性が高い。労働組合からすれば、「前向きに検討する」とは、「会社が、労働組合の要求に譲歩することを約束した」と解釈することになり得る。

このように、（特に）第1回目の団体交渉では、労働組合が提出した議事録や覚書にその場でサインすることは、後々問題になることが多く、注意が必要である。

369

書式4 ● 労働組合が、団体交渉において作成する議事録の例

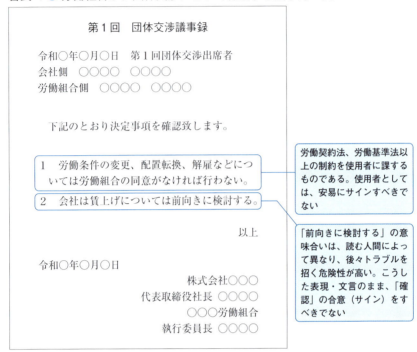

ケース6：団体交渉が行き詰まり、これ以上の進展は見込めそうにない。見切りをつけ、交渉を打ち切りたいのだが

→労働組合と使用者の双方が意見や資料を出し尽くすまでは、使用者から一方的に打ち切るべきではない

　労使双方の主張に隔たりが大きく、団体交渉が膠着状態に陥ることがある。労働組合から団体交渉を打ち切る場合はよいが、使用者から、一方的に団体交渉を打ち切ることはできるのだろうか。

　使用者が団体交渉に応じなければならないとしても、特定の事項について、際限なく応じなければならないものではない。ただし、どのような場合に団体交渉を打ち切ってよいかは、非常に難しい問題である。少なくとも、1回や2回の交渉で打ち切ってよいものではなく、労働組合と使用者の双方が意見や

（提出し得る）資料を出し尽くすまでは、使用者から一方的に打ち切るべきではない（不当労働行為となり得る）。

使用者が団体交渉を打ち切ることで、労働組合が訴訟や不当労働行為の救済申し立てを行うならまだしも、さまざまな運動（代表者の自宅や顧客・取引先等に押し掛けるなど）を行うきっかけを与えることになりかねず、労使紛争の解決がさらに困難となる。極力、使用者からは打ち切るべきではない。

なお、仮に団体交渉を打ち切っても、それ以降に事情が変更した場合（例えば、被解雇者が再就職したため、今度は退職を前提とした解決を求めてきた場合など）には、改めて応じなければならない（応じたほうが紛争の解決に資する）。

向井 蘭　むかい らん

杜若経営法律事務所 パートナー弁護士

2003 年弁護士登録（第一東京弁護士会）。一貫して使用者側で労働事件に取り組み、団体交渉、ストライキなど労働組合対応から、解雇、未払い残業代等の個別労使紛争まで取り扱う。近年、企業法務担当者向けの労働問題に関するセミナー講師を務めるほか、雑誌に寄稿し情報提供活動も盛んに行っている。

主な著書に『2020 年 6 月施行「パワハラ防止法」に完全対応　管理職のためのハラスメント予防 & 対応ブック』『社長は労働法をこう使え！』（いずれもダイヤモンド社）、『改訂版　書式と就業規則はこう使え！』（労働調査会）、『ケースでわかる　実践型　職場のメンタルヘルス対応マニュアル』（共著、中央経済社）など。各種専門誌・新聞等への寄稿・講演多数。

カバーデザイン／株式会社パラドックス
印刷・製本／株式会社加藤文明社

第2版
人事担当者が知っておきたい、
8の実践策。7つのスキル。
（ステップアップ編）

2010年8月10日　初版発行
2024年12月25日　第2版発行

編　者　一般財団法人 労務行政研究所
発行所　株式会社 労務行政
　　　　〒141-0031　東京都品川区西五反田3-6-21
　　　　　　　　　　住友不動産西五反田ビル3階
　　　　TEL：03-3491-1231
　　　　FAX：03-3491-1299
　　　　https://www.rosei.jp/

ISBN978-4-8452-4483-6
定価はカバーに表示してあります。
本書内容の無断複写・転載を禁じます。
訂正が出ました場合、下記URLでお知らせします。
https://www.rosei.jp/store/book/teisei